高等院校专业建设实践与探索丛书

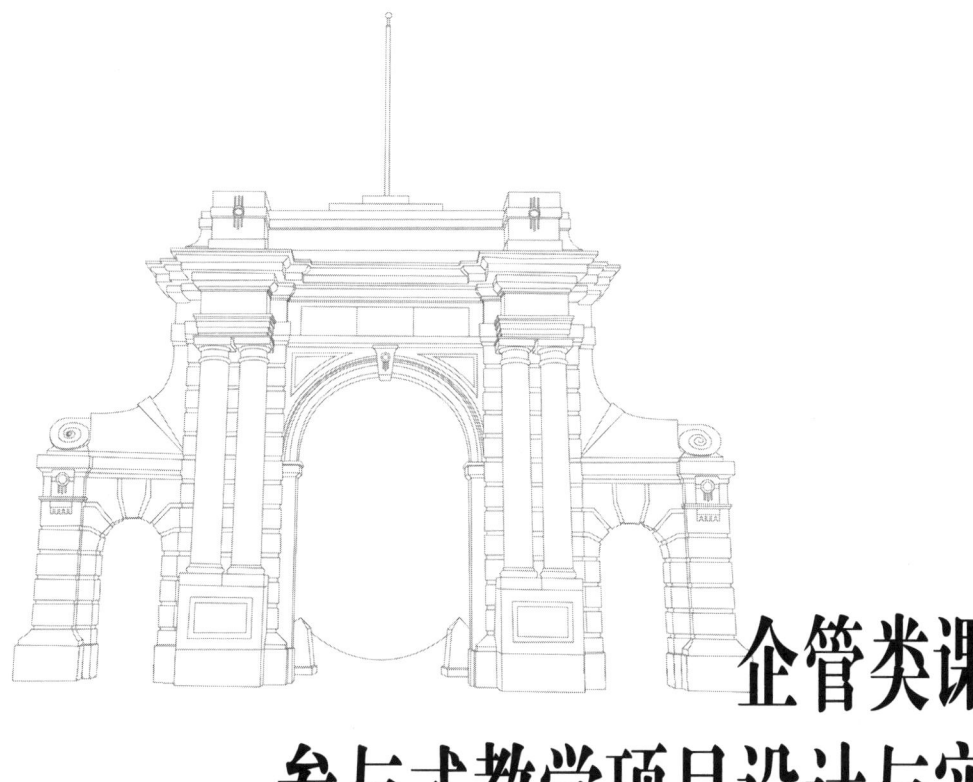

企管类课程参与式教学项目设计与实施

主　编　鄢　奋
副主编　黄志斌　雷金英

经济管理出版社
ECONOMY & MANAGEMENT PUBLISHING HOUSE

图书在版编目（CIP）数据

企管类课程参与式教学项目设计与实施 / 鄢奋主编 .—北京：经济管理出版社，2016.11
ISBN 978-7-5096-4743-1

Ⅰ.①企⋯　Ⅱ.①鄢⋯　Ⅲ.①企业管理—课程设计—高等学校—教学参考资料
Ⅳ.① F272

中国版本图书馆 CIP 数据核字（2016）第 289575 号

组稿编辑：王光艳
责任编辑：许　兵
责任印制：黄章平
责任校对：张　青

出版发行：经济管理出版社
（北京市海淀区北蜂窝 8 号中雅大厦 A 座 11 层 100038）
网　　址：www.E-mp.com.cn
电　　话：（010）51915602
印　　刷：北京玺诚印务有限公司
经　　销：新华书店
开　　本：787mm×1092mm/16
印　　张：18
千　　字：394 千字
版　　次：2017 年 4 月第 1 版　2017 年 4 月第 1 次印刷
书　　号：ISBN 978-7-5096-4743-1
定　　价：68.00 元

·版权所有　翻印必究·

凡购本社图书，如有印装错误，由本社读者服务部负责调换。

联系地址：北京阜外月坛北小街 2 号
电话：（010）68022974　邮编：100836

代　序

——实践的力量

实践教学是一个历久弥新的问题，它与理论教学相互依存、相互支撑，也一直是教育领域关注和研究的重点，对于应用型本科高校更是如此。针对当前大学生普遍实践能力较弱、创新精神不足的状况，我们有必要重新思考大学实践教学的内涵，立足于人才培养的要求改革实践教学体系。

可喜的是，福建师范大学协和学院管理学系的教师团队跨出了可贵的一步。围绕学院"实基础、高素质、强技能"应用型人才的培养目标，他们将实践教学融入到人才培养系统的整体规划之中，将参与式教学作为所授企业管理类课程实践教学的重要形式，在有限的课堂教学时间中，强调民主、平等的教学氛围，师生积极交流和互动，在认识共振、思维同步、情感共鸣中完成教学目标，体现了对大学实践育人内涵新的诠释与发展。

将31门课程实践技能参与式教学项目设计方案汇集出版，更是独树一帜的首创。全书按照企业管理教学体系，分为"营销管理篇"、"物流管理篇"、"人力资源管理篇"、"财务管理篇"四个部分，基本涵盖现有高校企业管理类专业的核心课程以及近半数的专业课程，系统性强。每门课程的设计方案都紧紧围绕应用型本科人才培养定位，挖掘和凝练学生所需掌握的各项技能点，逐个设计与技能点相贴合的参与式实践教学项目，辅以完善的教学过程的组织和实施，让学生轻松高效地掌握专业技能。这些设计方案既有理论层面的探讨，又兼具操作层面的思索，都是教师在长期的教学实践中凝练的经验成果，均由详细的教学目标、教学任务、教学内容、技能要求、活动组织、评价标准等组成，借鉴者可以按图索骥，可操作性和实用性强。

我以为，这本集子不是一次简单的教学设计方案的叠加，而是管理学系教学改革探索的一次集体展示，体现了实践教学"行"与"思"的结合。尽管卷帙并不丰厚，但"管理人"专业思想的演变、以生为本追求卓越的精神风貌已跃然纸上。它不仅传递了教师教学改革研究的真实体会，更可以看成是管理学系近年发展历程的生动注脚，能够从中感知"管理人"不懈追求、勇于实践的精神气息。

作为一种尝试，力求不局限于"管理人"的孤芳自赏中；希望能抛砖引玉，同时引发更多的同仁进一步重视和参与实践教学的改革。若能实现这个初衷，这本集子就已远远超越其原本的使命。

既然是一种尝试，不足之处在所难免，恳请方家不吝赐教。

福建师范大学协和学院院长、教授、博士生导师

袁勇麟

目 录

第一篇 营销管理

市场调查参与式教学项目设计与实施 / 鄢 奋 ·········· 3
    一、课程介绍 ·········· 3
    二、课程设计总纲 ·········· 3
    三、课程教学内容、重点和课时结构 ·········· 4
    四、课程教学目标和实践技能目标设计 ·········· 4
    五、课程实践技能参与式教学组织 ·········· 5
    六、课程实践技能参与式教学内容设计 ·········· 6
    七、课程实践技能参与式教学评价标准 ·········· 8
    八、课程实践技能培养的教学项目设计与实施总结 ·········· 12

整合营销参与式教学项目设计与实施 / 陈 量 ·········· 13
    一、课程简介 ·········· 13
    二、课程教学目的 ·········· 13
    三、课程教学内容、重点、难点及学生需要掌握的技能点 ·········· 14
    四、课程实践技能培养教学方法说明 ·········· 14
    五、课程实践技能点与对应参与式教学项目设计 ·········· 15
    六、课程实践技能参与式教学项目设计具体内容 ·········· 15
    七、课程实践技能参与式教学评价方法及标准 ·········· 16
    八、实践项目设计总结 ·········· 16

网络营销参与式教学项目设计与实施 / 王晓艳 ·········· 18
    一、课程简介 ·········· 18
    二、课程教学目的 ·········· 18
    三、课程重点与难点 ·········· 18
    四、课程教学方法说明 ·········· 19
    五、课程实践技能点与对应参与式教学项目设计 ·········· 19
    六、课程实践技能参与式教学项目设计具体内容 ·········· 20
    七、课程实践技能参与式教学评价标准 ·········· 28

  八、实践项目设计总结 28

商场竞争与危机管理参与式教学项目设计与实施 / 吴　琳 29

  一、课程简介 29
  二、课程教学目的 29
  三、课程的重点与难点 30
  四、课程教学方法说明 30
  五、课程实践技能点与对应参与式教学项目设计 31
  六、课程实践技能参与式教学项目设计具体内容 32
  七、课程实践技能参与式教学评价标准 34
  八、课程实践项目设计总结 34

商务沟通参与式教学项目设计与实施 / 黄　媛 36

  一、课程简介 36
  二、课程教学目的 36
  三、课程重点与难点 36
  四、课程教学方法说明 37
  五、课程实践技能点与对应参与式教学项目设计 37
  六、课程实践技能参与式教学项目设计具体内容 38
  七、课程实践技能参与式教学评价标准 40
  八、课程实践项目设计总结 41

企业伦理参与式教学项目设计与实施 / 黄志斌 42

  一、课程简介 42
  二、课程教学目的 42
  三、课程教学内容重点、难点及参与式教学需要掌握的技能点 42
  四、课程教学方法说明 43
  五、课程实践技能点与对应参与式教学项目设计 43
  六、课程实践技能参与式教学项目设计具体内容 44
  七、课程实践技能参与式教学评价方法及标准 46
  八、实践项目设计总结 47

营销策划参与式教学项目设计与实施 / 卢师林 48

  一、课程简介 48
  二、课程教学目的 48
  三、课程重点与难点 48
  四、课程教学方法说明 49

  五、课程实践技能点与对应参与式教学项目设计 ……………………… 49
  六、课程实践技能参与式教学项目设计具体内容 ……………………… 51
  七、课程实践技能参与式教学评价标准 ………………………………… 54
  八、实践项目设计总结 …………………………………………………… 55

市场营销学参与式教学项目设计与实施／陈文秀 ……………………………… 56
  一、课程简介 ……………………………………………………………… 56
  二、课程教学目的 ………………………………………………………… 56
  三、课程重点与难点 ……………………………………………………… 56
  四、课程教学方法说明 …………………………………………………… 57
  五、课程实践技能点与对应参与式教学项目设计 ……………………… 58
  六、课程实践技能参与式教学项目设计具体内容 ……………………… 59
  七、课程实践技能参与式教学评价标准 ………………………………… 65
  八、课程实践技能参与式教学设计总结 ………………………………… 65

企业战略管理参与式教学项目设计与实施／石嘉婧 …………………………… 66
  一、课程简介 ……………………………………………………………… 66
  二、课程教学目的 ………………………………………………………… 66
  三、课程重点与难点 ……………………………………………………… 66
  四、课程教学方法说明 …………………………………………………… 67
  五、课程实践技能点与对应参与式教学项目设计 ……………………… 67
  六、课程实践技能参与式教学项目设计具体内容 ……………………… 68
  七、课程实践技能参与式教学项目的评判标准 ………………………… 71
  八、实践项目设计总结 …………………………………………………… 72

第二篇　物流管理

物流学参与式教学项目设计与实施／欧伟强 …………………………………… 75
  一、课程简介 ……………………………………………………………… 75
  二、课程教学目标：学以致用 …………………………………………… 75
  三、课程重点与难点 ……………………………………………………… 76
  四、课程教学方法说明 …………………………………………………… 76
  五、课程实践技能点与对应参与式教学项目设计 ……………………… 78
  六、课程实践技能参与式教学项目设计具体内容 ……………………… 79
  七、教学评价标准 ………………………………………………………… 82
  八、课程时间教学项目设计总结 ………………………………………… 82

电子商务与物流管理参与式教学项目设计与实施 / 钟晓燕 …… 83

- 一、课程简介 …… 83
- 二、课程教学目的 …… 83
- 三、课程重点与难点 …… 83
- 四、课程教学方法说明 …… 84
- 五、课程实践技能点与对应参与式教学项目设计 …… 86
- 六、课程实践技能参与式教学项目设计具体内容 …… 86
- 七、未来思考与需求 …… 88
- 八、实践项目设计总结 …… 89

国际货运代理实务参与式教学项目设计与实施 / 陈言国 …… 90

- 一、课程简介 …… 90
- 二、课程教学目的 …… 90
- 三、课程重点与难点 …… 90
- 四、课程教学方法说明 …… 91
- 五、课程实践技能点与对应参与式教学项目设计 …… 91
- 六、课程实践技能参与式教学项目设计具体内容 …… 92
- 七、课程实践技能参与式教学评价标准 …… 96
- 八、课程实践技能参与式教学项目设计与实施总结 …… 97

企业运营管理参与式教学项目设计与实施 / 沈庆琼 …… 99

- 一、课程简介 …… 99
- 二、课程教学目的 …… 99
- 三、课程重点与难点 …… 100
- 四、课程教学方法说明 …… 100
- 五、课程实践技能点与对应参与式教学项目设计 …… 101
- 六、课程实践技能参与式教学项目设计具体内容 …… 102
- 七、课程实践技能参与式教学评价标准 …… 104
- 八、课程实践项目设计总结 …… 106

物流系统分析与设计参与式教学项目设计与实施 / 范秋英 …… 107

- 一、课程简介 …… 107
- 二、课程教学目的 …… 107
- 三、课程重点与难点 …… 107
- 四、课程教学方法说明 …… 108
- 五、课程实践技能点与对应参与式教学项目设计 …… 108

六、课程实践技能参与式教学项目设计具体内容 …………………… 110
　　七、课程实践技能参与式教学评价标准 ………………………………… 117
　　八、课程实践项目设计总结 ……………………………………………… 118

项目管理参与式教学项目设计与实施 / 李　芬 ……………………………… 120
　　一、课程简介 ……………………………………………………………… 120
　　二、课程教学目的 ………………………………………………………… 120
　　三、课程重点与难点 ……………………………………………………… 120
　　四、课程教学方法说明 …………………………………………………… 121
　　五、课程实践技能点与对应参与式教学项目设计 ……………………… 121
　　六、课程实践技能参与式教学项目设计具体内容 ……………………… 122
　　七、课程实践技能参与式教学评价标准 ………………………………… 123
　　八、课程实践技能参与式教学项目设计总结 …………………………… 124

管理经济学参与式教学项目设计与实施 / 王招治 …………………………… 125
　　一、课程简介 ……………………………………………………………… 125
　　二、课程教学目的 ………………………………………………………… 125
　　三、课程重点与难点 ……………………………………………………… 125
　　四、课程教学方法说明 …………………………………………………… 126
　　五、课程实践技能点与对应参与式教学项目设计 ……………………… 126
　　六、课程实践技能参与式教学项目设计具体内容 ……………………… 128
　　七、课程实践技能参与式教学评价标准 ………………………………… 131
　　八、课程实践项目设计总结 ……………………………………………… 132

第三篇　人力资源管理

公司组织与管理参与式教学项目设计与实施 / 陈太盛 ……………………… 135
　　一、课程简介与教学目标 ………………………………………………… 135
　　二、课程重点与难点 ……………………………………………………… 135
　　三、课程教学方法说明 …………………………………………………… 135
　　四、课程实践技能点参与式教学项目设计 ……………………………… 136
　　五、课程实践技能参与式教学项目设计具体内容 ……………………… 137
　　六、课程实践技能参与式教学评价标准 ………………………………… 139
　　七、课程实践技能参与式教学评价实施总结 …………………………… 140

薪酬管理参与式教学项目设计与实施 / 郭 珍 …… 141
    一、课程简介 …… 141
    二、课程教学目的 …… 142
    三、课程重点与难点 …… 142
    四、课程教学方法说明 …… 142
    五、课程实践技能点与对应参与式教学项目设计 …… 143
    六、课程实践技能参与式教学项目设计具体内容 …… 146
    七、课程实践项目设计总结 …… 151

绩效管理参与式教学项目设计与实施 / 陈 娜 …… 152
    一、课程简介 …… 152
    二、课程教学目的 …… 152
    三、课程重点与难点 …… 152
    四、课程教学方法说明 …… 153
    五、课程实践技能点与对应参与式教学项目设计 …… 154
    六、课程实践技能参与式教学项目设计具体内容 …… 154
    七、课程实践技能参与式教学评价标准 …… 158
    八、课程实践项目设计总结 …… 159

组织设计与工作分析参与式教学项目设计与实施 / 刘 飞 …… 160
    一、课程简介 …… 160
    二、课程教学目的 …… 160
    三、课程重点与难点 …… 160
    四、课程教学方法说明 …… 161
    五、课程实践技能点与对应参与式教学项目设计 …… 161
    六、课程实践技能参与式教学项目设计具体内容 …… 163
    七、课程实践技能参与式教学项目成果展示 …… 165
    八、课程实践教学项目设计总结 …… 168

人力资源培训与开发参与式教学项目设计与实施 / 江 珺 …… 169
    一、课程简介 …… 169
    二、课程教学目的 …… 169
    三、课程重点与难点 …… 169
    四、课程教学方法说明 …… 170
    五、课程实践技能点与对应参与式教学项目设计 …… 170
    六、课程实践技能参与式教学项目设计具体内容 …… 171
    七、课程实践技能参与式教学评价标准 …… 174

八、课程实践项目设计总结 ··· 175

公共关系管理参与式教学项目设计与实施 / 李　莉 ················· 176
　　一、课程简介 ·· 176
　　二、课程教学目的 ·· 176
　　三、课程教学基本要求 ··· 176
　　四、课程重点与难点 ··· 177
　　五、课程教学方法说明 ··· 177
　　六、课程实践技能点与实践任务设计 ··· 178
　　七、课程实践技能"任务"设计具体内容 ······································· 180
　　八、课程实践教学项目设计总结 ·· 185

国际人力资源管理参与式教学项目设计与实施 / 杜　燕 ············ 186
　　一、课程简介 ·· 186
　　二、课程教学目的 ·· 186
　　三、课程重点与难点 ·· 186
　　四、课程教学方法说明 ··· 187
　　五、课程实践技能点与对应参与式教学项目设计 ···························· 188
　　六、课程实践技能参与式教学项目设计具体内容 ···························· 190
　　七、课程实践技能参与式教学评价标准 ·· 195
　　八、课程实践教学项目设计总结 ·· 198

企业危机管理参与式教学项目设计与实施 / 翁清清 ················· 199
　　一、课程简介 ·· 199
　　二、课程教学目的 ·· 199
　　三、课程重点与难点 ·· 199
　　四、课程教学方法说明 ··· 200
　　五、课程实践技能点与对应参与式教学项目设计 ···························· 200
　　六、课程实践技能参与式教学项目设计具体内容 ···························· 202
　　七、课程实践技能参与式教学评价标准 ·· 207
　　八、课程实践技能参与式教学设计总结 ·· 208

第四篇　财务管理

基础会计参与式教学项目设计与实施 / 高培玲 ························ 213
　　一、课程简介 ·· 213

二、课程教学目的 …………………………………………………………… 213
三、课程重点与难点 …………………………………………………………… 213
四、课程教学方法说明 …………………………………………………………… 214
五、课程实践技能点与对应参与式教学项目设计 …………………………………… 214
六、课程实践技能参与式教学项目设计具体内容 …………………………………… 215
七、课程实践项目设计总结 …………………………………………………………… 218

基础会计模拟实验参与式教学项目设计与实施 / 蔡赛容 …………………………… 219

一、课程简介 …………………………………………………………………… 219
二、课程教学目的 …………………………………………………………… 219
三、课程重点与难点 …………………………………………………………… 219
四、课程教学方法说明 …………………………………………………………… 220
五、课程实践技能点分析 …………………………………………………………… 220
六、实践技能参与式教学项目设计具体内容 …………………………………… 221
七、课程实践技能参与式教学评价标准和总结 …………………………………… 228

出纳实务参与式教学项目设计与实施 / 何李坚 …………………………………… 229

一、课程简介 …………………………………………………………………… 229
二、课程教学目的 …………………………………………………………… 229
三、课程重点与难点 …………………………………………………………… 229
四、课程教学方法说明 …………………………………………………………… 229
五、课程实践技能教学项目设计 …………………………………………………… 230
六、课程实践技能参与式教学项目设计具体内容 …………………………………… 230
七、课程实践技能参与式教学评价标准 …………………………………… 240
八、课程实践项目设计总结 …………………………………………………………… 240

财务报告分析参与式教学项目设计与实施 / 柯 芳 ………………………………… 242

一、课程简介 …………………………………………………………………… 242
二、课程教学目的 …………………………………………………………… 242
三、课程重点与难点 …………………………………………………………… 242
四、课程教学方法说明 …………………………………………………………… 243
五、课程实践技能点分析 …………………………………………………………… 243
六、课程实践技能参与式教学项目设计具体内容 …………………………………… 244
七、课程参与式教学项目设计总结 …………………………………………………… 247

会计综合模拟实训参与式教学项目设计与实施 / 何 颖 ………………………… 248

一、课程简介 …………………………………………………………………… 248
二、课程教学目的 …………………………………………………………… 248

三、课程重点与难点 …… 248
四、课程教学方法说明 …… 249
五、课程实践技能点与对应参与式教学项目设计 …… 249
六、课程实践技能参与式教学项目设计具体内容 …… 251
七、课程实践技能参与式教学评价标准和总结 …… 254

企业内部控制与风险管理参与式教学项目设计与实施／雷金英 …… 255
一、课程简介 …… 255
二、课程教学目的 …… 255
三、课程重点与难点 …… 255
四、课程教学方法说明 …… 256
五、课程实践技能点与对应参与式教学项目设计 …… 256
六、课程实践技能参与式教学项目设计具体内容 …… 257
七、课程实践技能参与式教学组织与评价标准 …… 262
八、课程参与式实践项目设计总结 …… 263

保险学参与式教学项目设计与实施／杨 丽 …… 264
一、课程简介 …… 264
二、课程教学目的 …… 264
三、课程重点与难点 …… 264
四、课程教学方法说明 …… 265
五、课程实践技能点与对应参与式教学项目设计 …… 265
六、课程实践技能参与式教学项目设计具体内容 …… 267
七、课程实践技能参与式教学评价标准 …… 272
八、课程实践技能参与式教学设计总结 …… 272

第一篇　营销管理

市场调查
参与式教学项目设计与实施

鄢 奋

一、课程介绍

市场调查是管理学本科专业的核心课程。课程教学主要围绕市场调研的基本概念、原理、方法、相关延伸知识以及应用型实践技能等内容展开教学活动。目的在于培养学生的市场调研意识和实际实施市场调研活动的能力。教材通过介绍市场调查概念、内容、方法、组织实施以及各种市场预测的基本方法，旨在培养学生的认知、分析、判断和实践能力。同时，为了让学生能够了解当前国内外市场调研的发展情况，在教材中还介绍了国内外市场调研基本情况和一些具体做法。本课程的教学重点在于培养学生的市场调查实践能力，因此，在课程教授过程中，除通过讲授法阐明市场调查的相关理论知识要点和原理之外，还运用案例分析法，培育学生的判断和分析能力，同时，通过任务驱动法让学生自主完成一项市场调查活动。鉴于上述内容及目标，本课程比较适合应用型本科大学三年级管理类学生学习，设计学分4学分。课程使用的市场调查教材是2015年3月由经济管理出版社出版的。

二、课程设计总纲

培养目标：培养应用型本科大学生的市场调研综合能力，以满足学生未来企业管理岗位的工作需求。

教学理念：教师为主导，学生为主体，知识掌握为前提，技能运用为根本。

教学内容：以培养学生的调研综合能力为主线，建立"551"能力链的教学内容体系。

教学方法：以调动学生积极性为核心，以实践教学为主线，主要采用讲授法、案例分析法、讨论法以及任务驱动法。

教学条件：以多媒体教学为主线，建立多媒体课件、立体化教材、企业为一体的教学条件体系。

考核方式：期末考45%＋市场调查项目40%＋课程参与度5%＋项目参与度10%。

三、课程教学内容、重点和课时结构

本书的结构体系共十章，分四部分。第一部分是市场调查概述，主要介绍与市场调查相关的理论知识体系以及市场调查发展的历史与现状；第二部分主要阐述市场调查的内容、方法以及样本选择的技术；第三部分主要是围绕市场调查的三个基本文案设计以及市场调查的组织实施展开，重点是三个文案，即市场调查计划书制定、市场调查问卷设计以及市场调查报告的撰写；第四部分是对作为市场调查延伸内容的市场预测问题的简单阐释。

鉴于本课程教学重点是培养学生的市场调查计划书制定、市场调查问卷设计以及市场调查报告撰写的能力，因此，课程教学课时结构安排是2+2，理论教学2学分，实践技能参与式教学2学分。

四、课程教学目标和实践技能目标设计

本课程根据市场调查活动五大不可分割的环节，且每个环节又具相对的独立性与完整性，对应一项专门能力，将其最终组合成一个具有市场调查综合能力特点的教学体系，设计五块内容，对应五项能力，建成"551"能力链体系（如图1-1所示）。

第一，学习市场与市场调查基本知识，市场调查基本内容和市场调查发展概况，从总体上认识市场与市场调查——培养学生的认识能力。

第二，学习市场调查总体方案设计，市场调查问卷设计——培养学生的设计能力。

第三，学习市场调查方法选择——培养学生搜集市场信息的能力。

第四，学习市场调查资料的整理步骤、内容与方法，市场调查资料的动态与静态分析方法，市场调查报告的撰写——培养学生的资料整理与分析能力。

第五，学习市场预测基本原理，市场预测基本内容和预测方法——培养学生市场预测能力。

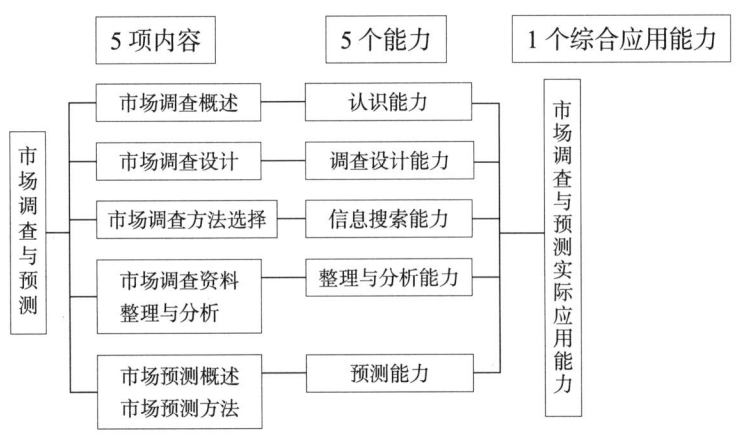

图1-1 "551"能力链体系

在上述五项能力的培养中，课程参与式教学拟实现的学生实践技能目标是调查设计能力与整理分析能力中的调查活动策划书设计、调查问卷设计以及调查报告写作三项实践技能。

五、课程实践技能参与式教学组织

课程实践技能参与式教学组织主要包括学生调查团队构成、实践教学内容构成以及实践教学活动组织、实践教学组织时间安排等内容，详见表1-1。

表1-1 课程实践技能参与式教学组织表

项　目	要　求	实施时间	备　注
学生调查团队	（1）人数：5~8人 （2）性别：男+女 （3）身份：同一教学班级 （4）标识：特色标识	教学第1周：陈述课程教学目标、要求、形式，布置团队组建任务 教学第2周：提交纸质版调查团队成员名单	调查团队的人数视教学班级具体情况而定。学生调查团队成员名单一旦形成，不得更改，直至本课程结束
实践教学内容构成	（1）以教材第五章"市场调查策划"、第六章"市场调查问卷设计"、第八章"调查报告"为主要参研内容 （2）三份文案设计与制作需围绕同一问题实施设计、访谈、撰写 （3）最终定稿前的文案调整、补充、完善是改进学习的重要方法 （4）调查内容需是企业或市场真实的需求、现象和行为	教学第3周：确定调查任务 教学第6周：《市场调查策划书》评价与修正 教学第9周：《市场调查问卷》评价与修正 教学第12周：《市场调查报告》评价与修正 教学第14周：调查团队《口头调查报告》PPT展演	具体时间安排依照该学期教学整体进度表，适度微调 调研内容需体现必要性、可行性、经济性、时效性原则
实践教学活动流程	（1）调查团队形成 （2）调研项目寻找、论证 （3）调查策划书撰写与修正 （4）调查问卷设计与修正 （5）调查活动实施与管理 （6）调查报告写作与修正 （7）口头调查报告展演	教学第1~15周	文案设计、撰写以及调查活动实施均需在课后完成。文案及调研成果评价与修正在课堂教学时间内完成。市场调查项目综合成绩＝市场调查策划成绩＋市场调查问卷设计成绩＋调查报告成绩＋团队协作关系＋项目展示影响力

六、课程实践技能参与式教学内容设计

市场调查课程实践技能参与式教学内容设计,主要围绕培养学生"551"能力链展开,重点强调培养学生在调查活动中三大文案(调查策划书、调查问卷、调查报告)的设计与制作能力。为此,形成本课程学生需掌握的三大实践技能以及相关的参与式教学实践,如表1-2所示。

表1-2 课程实践技能参与式教学内容设计

技能训练单元一: 培育学生市场调查策划书的设计与制作技能
【学习要求】①重要性。市场调查策划书是指在调查项目实施之前对调查的目的、内容、研究方法、时间安排、经费预算等所做的统一安排和规划以及由这些内容所形成的文字资料。它具有针对性、时间性和可操作性特征。市场调查策划是整个调查过程的开始,十分重要,是市场调查资料收集、整理和分析研究的前提。市场调查策划中,需要把已经确定的市场调查问题转化为具体的调查内容,通过调查指标方式表现出来,并对调查指标做出明确的定义。②原则。在市场调查策划时,市场策划人员必须遵循整体性原则、目的性原则、科学性原则、可行性原则和有效性原则。③类型。市场调查策划根据调查目的可以归纳为三种基本类型:探索性调查策划、描述性调查策划和因果性调查策划。④程序和内容。一般情况下,市场调查团队在进行市场调查策划时,应先考虑以下内容:调查的必要性、调查项目背景、调查的内容、调查机构的业务能力等。一个完整的市场调查策划的程序一般要经过以下程序:确定调查目的和任务;确定调查的对象和调查单位;确定调查内容;设计调查表;确定调查时间和调查期限;确定调查方式与调查方法;确定资料整理方案;确定分析研究的方案;确定市场调查的进度和安排;确定调查经费预算;确定调查组织计划;撰写调查策划书。⑤格式。一个合理的市场调查策划书一般由以下几部分组成:扉页、目录、前言、正文、附件
【训练目标】①学生充分了解市场调查策划的学习要求。②学生能够按照规范格式,比较完整地体现市场调查策划书所需体现的基本内容
【成果呈现】Word文本+PPT
【交流学习】①学生调查团队在充分讨论,并与任务企业接触后,依据课程进度要求以及任务企业实际要求,按照分工协作原则,在课堂教学以外的时间,共同完成调查策划书。②各学生调查团队依次陈述并展示本团队文案作品,陈述内容:选题背景、必要性、可行性、规范性、独特性。③教师评述与矫正。④各学生调查团队之间交流学习。⑤课后修正策划书文本并提交,时间期限为一周
技能训练单元二: 培育学生调查问卷的设计与制作技能
【学习要求】①问卷格式。问卷是市场调查中经常使用的重要工具,通过结构与非结构式的问题,就调查者关注的问题向被调查者了解其想法及需求,据此为管理者决策提供相应的依据。一般来说,一份完整的调查问卷通常由标题、问卷说明、填表指导、调研主题内容、编码、被访者基本情况以及作业记载等内容构成。②设计六原则。一是要有明确的主题。二是问卷整体结构要合理、逻辑性要强。三是所问的问题要通俗易懂,避免使用专业术语。四是问题设置要客观。问题设置要中性,提问者不能参与提示或主观臆断,要完全将被访问者置于独立与客观的条件下。五是要适当控制问卷的长度。六是要便于资料的校验、整理和统计。③问句类型。理想的问句设计应能使调查人员获得所需的信息,同时被调查者又能轻松、方便地回答问题。这就要求调查人员能依据具体调查内容的要求,设计选用合适的问句进行调查。问句的类型很多,按问题的内容可分为:事实问句、意见问句、阐述问句;按问句的回答形式可分为:自由回答式问句、多项选择式问句、顺位式问句、程度评等式问句、过渡式问句,下面分别介绍。④问句设计技巧。对问句设计的总的要求是,问卷中的问句表达要简明、生动,注意概

续表

技能训练单元二：培育学生调查问卷的设计与制作技能
念的准确性，避免提似是而非的问题，具体应注意以下几点：第一，避免笼统、抽象，或过于专业化的问题。第二，避免用不确切的词。第三，避免使用含糊的形容词、副词，特别是在描述时间、数量、频率、价格等情况的时候。像有时、经常、偶尔、很少、很多、相当多、几乎这样的词，对于不同的人有不同的理解。第四，避免使用含糊不清的句子。在问题中尽量明确什么人、什么时间、什么地点、做什么、为什么做、如何做六要素。第五，问句要尽量获得具体或事实的答案。第六，问句要克服偏差，追求准确。第七，问句应不带有引导的含义，否则将失去客观性。第八，问句不应引起反感。第九，问句没有给予被调查者充分的答案选择。第十，避免提令被调查者难堪、禁忌和敏感的问题。如各地风俗和民族习惯中忌讳的问题、涉及个人利害关系的问题、个人隐私问题等。在设计时，应采取以下方式避免以上问题：一是释疑法，在问题前面写一段消除顾虑的功能性文字，或在问卷引言中写明严格为被访问者保密，并说明保密措施；二是假定法，用一个假定条件句作为问句的前提，然后再询问被访者的看法；三是转移法，即把本应由被访者根据自己的实际情况填答的问题，转移到由被访者根据他人的情况来阐述自己的想法。第十一，问句要考虑时间性。要对问句确定界限，避免混淆。第十二，问句语气和内容要适合调查总体内各集团和阶层的被访问者。⑤答案设计技巧：一是答案要穷尽。二是答案须互斥。三是定距、定比问题的答案设计划分的档次不宜太多，每一档的范围不宜太宽。各档的数字之间应正好衔接，无重叠、中断现象。四是注释和填答标记应恰当。五是答案的形式应尽量满足分析的需要
【训练目标】①学生充分了解市场调查问卷的学习要求。②学生能够按照规范格式，依据市场调查策划书的调查目标和任务，设计一份调查问卷
【成果呈现】Word 文本 +PPT
【交流学习】①学生调查团队在充分讨论，并与任务企业接触后，依据课程进度要求以及任务企业对市场问卷调查内容的实际要求，围绕问卷格式、题型、问题设置的必要性、问题间逻辑关系等，初步完成调查问卷设计。②调查问卷（初稿）先在团队成员之间进行模拟调查，而后向任务企业征询第一轮意见。③各学生调查团队依次陈述并展示本团队文案作品，陈述内容：调查目标、任务与问卷问题的关联性；问题设计的意图和作用；题型设计的特色与作用。④各学生调查团队之间的"纠错"环节，依据问卷设计的各类规范要求，找出演示问卷存在的各类问题，如格式、问句表达、问句设计、答案设计等可能存在的问题。⑤教师评述与矫正。⑥课后修正调查问卷文本、提交任务企业征询第二轮建议，提交问卷文本，时间期限为一周。⑦学生调查团队正式实施问卷调查

技能训练单元三：培育学生调查报告的撰写与制作技能
【学习要求】①重要性。调查报告是调查结果的集中表现。能否撰写出一份高质量的调查报告是决定调查本身成败与否的重要环节。市场调查报告是市场调查研究成果的一种表现形式。它是通过文字、图标等形式将调查的结果表现出来，以使人们对所调查的市场现象或问题有一个全面系统的了解和认识。市场调查报告撰写的意义归纳起来有三点：一是市场调查所有活动的综合体现，也是调查成果的集中体现。二是通过市场调查分析，透过数据现象分析数据之间隐含的关系，对事物的认识能从感性认识上升到理性认识，使其更好地指导实践活动。三是市场调查报告是为社会、企业、各管理部门服务的一种重要形式。一个好的调查报告，能对企业的市场活动提供有效的导向作用。②基本要求。市场调查报告是调查与分析成果的有形产品。调查报告要以文字和图表的形式表达出来。调查报告所表达的信息要具备准确性、客观性、完整性以及建设性。并且调查报告的表述形式要易于报告对象的理解，调查报告内容要能够提供企业决策者和营销策略制定者所需要的信息并能够给予其充分的启示。③格式及内容要求。封面、扉页、摘要、正文（调查样本描述、调查方法及抽样说明、调查情况描述与分析、原因分析、对策建议）、结语、注释与参考文献、附录一调查策划书、附录二调查问卷、附录三统计数据、附录四调查实践记载、附录五其他。④应注意的问题。在撰写调查报告时，主要注意以下几个方面的问题：第一，考虑谁是读者。第二，满足用户的需求。

续表

技能训练单元三：培育学生调查报告的撰写与制作技能
第三，遵循必要的撰写步骤。第四，注意定量分析与定性分析相结合。第五，市场调查报告应做到客观真实。第六，行文流畅，易读易懂。第七，内容客观、资料的解释要充分和相对准确。第八，切忌将分析工作简单化。第九，提出的建议应该是积极的、正面的。第十，报告中引用他人的资料，应加以详细注释。第十一，打印成文，字迹清楚、外观美观。 【训练目标】①学生充分了解市场调查报告的学习要求。②学生能够按照规范格式，在市场调查问卷数据统计分析的基础上撰写一份调查报告 【成果呈现】Word 文本 +PPT 【交流学习】①学生市场调查团队在问卷调查实施基础上，通过数据收集整理，按市场调查报告的撰写格式和基本要求，秉承分工协作的原则，初步完成调查报告。②在调查报告 Word 文本完成基础上，按要求完成 PPT 形式的口头调查报告。③各学生调查团队依次陈述并展示本团队文案作品，重点是 PPT 的口头调查报告，陈述内容：调查情况介绍；调查数据分析；调查结论；调查报告的新颖之处；调查策划书、调查问卷与调查报告的关联性分析；调查实践总结。④各学生调查团队之间交流学习，依据调查报告的规范要求，找出调查报告存在的各类问题，如格式、分析模型、逻辑结构等问题。⑤教师评述与矫正。⑥课后修正调查报告文本、提交任务企业征询第三轮建议，提交报告文本，时间期限为两周。⑦学生调查团队正式提交完整版调查报告一份

七、课程实践技能参与式教学评价标准

依据市场调查课程对学生实践技能培育的目标，结合学习要求，课程参与式教学评价标准设计如表 1-3、表 1-4、表 1-5 所示。

表 1-3　×××调查团队《调查策划书》设计评价表

参考标准	优	良	中	合格	不合格	满分	成绩
规范格式	作品格式非常规范，能够按要求完成，无缺漏项目，图文表述新颖、明晰	作品格式比较规范，能够按要求完成，基本没有缺漏项目	作品格式基本规范，能够按要求完成，主要项目无明显缺漏	作品格式能够符合基本要求，主要内容无缺漏	作品格式不规范，不能够按要求完成，有明显项目缺漏	20	
文献资料使用情况	使用材料翔实、恰当，掌握较多的背景资料和数据。有参考文献	有比较丰富的文献材料和较充足的理论依据	持论有据	理论根据及客观材料有少部分欠缺	缺乏理论根据，客观材料空泛	10	
必要性、可行性、创新性	调查项目有明确的任务企业；调查内容挖掘透彻，研究视角或方法等独具特色	调查项目有明确的任务企业；调查内容有研究价值，研究视角或方法等颇具特色	调查项目自主设计；调查内容挖掘透彻，研究视角或方法有特色	调查项目自主设计；调查内容有一定的调查价值	调查项目自主设计；调查内容无明显研究价值	20	

续表

参考标准	优	良	中	合格	不合格	满分	成绩
写作水平	理论分析准确，思路清晰，逻辑严密，层次分明。结构合理，语言流畅	理论分析恰当，条理清楚，层次比较分明，语言通顺	条理清楚，有一定的分析能力和说服力，有少许语病	材料陈述较为清楚。但分析力不强，个别地方语言不通顺	分析能力差，论证不准确，材料简单堆砌。语言不准确	20	
团队协作关系	任务按时完成，分工协作关系明晰，PPT展示流畅，演示者对内容熟悉	任务按时完成，分工协作关系明晰，PPT展示比较流畅，演示者对内容比较熟悉	任务基本按时完成，分工协作关系不明晰，PPT演示者对内容熟悉程度一般	任务按时完成，团队无明确分工协作关系，PPT演示者对内容不太熟悉	任务无法按时完成，无明确分工协作关系，PPT展示有障碍，演示者照本宣科	20	
作品影响程度	任务企业对作品响应积极。团队间交流学习状态热烈	任务企业对作品响应程度一般。团队间交流学习状态热烈	任务企业对作品无明显反应。团队间交流学习状态一般	团队间交流学习状态一般	团队间交流学习状态冷场	10	
指导教师评价（百分制）：							

表1-4 ×××调查团队《调查问卷》设计评价表

参考标准	优	良	中	合格	不合格	满分	成绩
规范格式	作品格式非常规范，能够按要求完成，无缺漏项目，图文表述新颖、明晰	作品格式比较规范，能够按要求完成，基本没有缺漏项目	作品格式基本规范，能够按要求完成，无明显缺漏	作品格式能够符合基本要求，主要项目无明显缺漏	作品格式不规范，不能够按要求完成，有明显项目缺漏	20	

续表

参考标准	优	良	中	合格	不合格	满分	成绩
问卷设计的逻辑性	调查问题围绕调查目标和任务展开，问题间逻辑关系清晰，结构安排合理	调查问题围绕调查目标和任务展开，问题间逻辑关系比较清晰	调查问题基本围绕调查目标和任务展开，问题间逻辑关系不明晰，结构安排不合理	调查问题仅仅围绕调查目标和任务部分内容展开，问题间逻辑关系模糊，结构安排不合理	调查问题与调查目标和任务脱节，各问题间无明显逻辑性	20	
题型、问题、答案设计	问题、答案设计良好，题型结构合理	问题、答案设计较好，题型结构略显简单	问题、答案设计有部分错误，题型结构单一	问题、答案设计有明显错误，题型结构单一	问题、答案设计有重大错误，题型结构不合理	30	
团队协作关系	任务按时完成，分工协作关系明晰，PPT展示流畅，演示者对内容熟悉	任务按时完成，分工协作关系明晰，PPT展示比较流畅，演示者对内容比较熟悉	任务基本按时完成，分工协作关系不明晰，PPT演示者对内容熟悉程度一般	任务按时完成，团队无明确分工协作关系，PPT演示者对内容不太熟悉	任务无法按时完成，无明确分工协作关系，PPT展示有障碍，演示者照本宣科	20	
作品影响程度	任务企业对作品响应积极。团队间交流学习状态热烈	任务企业对作品响应程度一般。团队间交流学习状态热烈	任务企业对作品无明显响应。团队间交流学习状态一般	团队间交流学习状态一般	团队间交流学习状态冷场	10	

指导教师评价（百分制）：

表1-5 ×××调查团队《调查报告》撰写评价表

参考标准	优	良	中	合格	不合格	满分	成绩
格式规范化	报告格式符合要求，无错别字，达到正式出版物水平	格式基本符合要求，有个别错误，基本达到正式出版物水平	内容提要和正文基本符合要求，但注释和参考文献格式有问题	行文基本规范，但不符合学习规定的要求	报告的格式不规范，无法达到学习要求	20	
文献资料	使用材料翔实、恰当，掌握较多的背景资料和数据。有参考文献	有比较丰富的文献材料和较充足的理论依据	持论有据	理论根据及客观材料有少部分欠缺	缺乏理论根据，客观材料空泛	20	
综合知识与技能的运用	具有综合运用专业知识以及计算机、英语等各方面的能力	具有运用专业理论以及计算机、英语等各方面的能力。有较好的理论基础和专业知识	基础知识和综合能力一般，但能按时完成报告	基础知识和综合能力较差，经过修正可以完成报告	缺乏应有的专业基础知识和综合能力，不能完成报告	20	
写作水平	理论分析准确，思路清晰，逻辑严密，层次分明。结构合理，语言流畅	理论分析恰当，条理清楚，层次比较分明，语言通顺	条理清楚，有一定的分析能力和说服力，有少许语病	材料陈述较为清楚。但分析力不强，个别地方语言不通顺	分析能力差，论证不准确，材料简单堆砌。语言不准确	20	
团队协作关系	任务按时完成，分工协作关系明晰，口头报告PPT展示流畅，演示者对内容熟悉	任务按时完成，分工协作关系明晰，口头报告PPT展示比较流畅，演示者对内容比较熟悉	任务基本按时完成，分工协作关系不明晰，口头报告PPT演示者对内容熟悉程度一般	任务按时完成，团队无明确分工协作关系，口头报告PPT演示者对内容不太熟悉	任务无法按时完成，无明确分工协作关系，口头报告PPT展示有障碍，演示者照本宣科	10	
作品影响程度	任务企业对作品响应积极。团队间交流学习状态热烈	任务企业对作品响应程度一般。团队间交流学习状态热烈	任务企业对作品无明显响应。团队间交流学习状态一般	团队间交流学习状态一般	团队间交流学习状态冷场	10	
指导教师评价（百分制）：							

八、课程实践技能培养的教学项目设计与实施总结

市场调查课程是应用型本科大学中管理类专业的核心课程。本课程为实现"培养学生市场调研综合能力，以满足学生未来企业管理岗位的工作需求"的目标，除常规课堂教学之外，专门设计了上述旨在培养学生课程实践技能的教学项目。项目设计力求做到以下三方面的结合：一是实践教学内容设计与课程时数相结合。在有限的课程时数中充分完成实践教学的内容。二是实践教学内容与学生实现条件相结合。实践教学内容设计充分考虑学生可能完成的条件，让多数学生能够在实践教学内容中愉快地学习。三是实践教学内容与课程成绩相结合。目的在于调动学生参与实践教学项目的积极性以及提高作品质量。在实践教学项目实施过程中应妥善处理好以下关系：第一，常规课堂教学与实践教学的关系问题；第二，学生调查团队的结构、协作效果以及部分学生"搭便车"问题；第三，学生调查团队调查内容的确定、设置的偏好问题；第四，教师的合理评价与引导问题。

实践教学改革是应用型本科大学教学改革的趋势和必然，因此，如何逐步完善实践教学项目设计与实施中存在的缺点和疏漏，将成为本课程实践教学改革的主要任务。

整合营销
参与式教学项目设计与实施

陈 量

一、课程简介

整合营销传播（IMC）是 20 世纪 90 年代以来，在市场营销和营销传播领域兴起的一种新型观念。它把营销与传播全面结合在一起，进而认为"营销即传播，传播即营销"。

整合营销传播是指企业在经营活动过程中，以由外而内 (Outside-in) 战略观点为基础，为了与利害关系者 (Stakeholders & Interest Groups) 进行有效的沟通，以营销传播管理者为主体所展开的传播战略。即为了对消费者、从业人员、投资者、竞争对手等直接利害关系者 (Interest Groups) 和社区、大众媒体、政府、各种社会团体等间接利害关系者 (Stakeholders) 进行密切、有机的传播活动，营销传播管理者应该了解他们的需求，并反映到企业经营战略中，持续、一贯地提出合适的对策。为此，应首先决定符合企业实情的各种传播手段和方法的优先次序，通过计划、调整、控制等管理过程，有效地、阶段性地整合诸多企业传播活动。

二、课程教学目的

通过整合营销课程的学习，教育和培养学生树立牢固的整合营销理念，认识在发展社会主义市场经济的进程中，企业整合营销管理的重要性；帮助学生全面、系统地掌握整合营销的基本理论、基本知识和基本方法。整合营销传播的终极目标是塑造品牌形象，在品牌传播过程中，要以一个声音说话，要视消费者为伙伴。围绕这一核心，把在营销过程中的所有相关利益者当作信息传播的端点，而不仅仅是信息的发送者或接收者。在整合过程中，还要注意充分利用数据库将传统的广告、人员推销、公共关系以及销售促进等方式与现代的网络媒体进行整合，综合作用于市场营销活动，达到塑造品牌的不同于以往的效率与效果。在讲授过程中，注重培养和提高学生正确分析和解决整合营销传播问题的能力，以便其在毕业后能较好地适应市场营销工作的需要。

三、课程教学内容、重点、难点及学生需要掌握的技能点

课程的主要内容包括整合营销传播理论嬗变、整合营销传播方案、整合分析传播过程、品牌与消费者关系、媒介形态与接触点、数据库与直接营销、广告策略与管理、促销中的偏好建立、整合运用公共关系、网络营销传播形态、设计达成视觉效果、整合营销传播发展趋势等。课程难点是如何将整合思想有机地融入与贯穿营销管理和策划的整体过程中。

通过本课程的学习，要求学生掌握整合营销的基本理论和方法，使其具备从事整合营销工作所必需的基本知识和工作技能。本课程是一门应用性学科，与实践联系密切，因此要求学生通过观察生活，参加社会实践，提高学习的兴趣，进而加深对整合营销理论的理解。本课程的教学重点内容是各个模块之间的整合，而重中之重是整合的理论、方法和技巧。

整合营销课程要求学生掌握如下实践技能：

第一，整合营销方案的编写技能。

第二，在整合营销方案制定过程中的整合思想应用技能。

四、课程实践技能培养教学方法说明

课程教学部分主要设置形式多样的实训内容。如课堂讨论、案例分析、小组实践作业的方式，实现了学生从被动的传统学习方式向开放式的自主学习模式的转变，使学生的综合营销策划技能得到充分训练与培养。

在实践教学部分，主要采用的是以小组实践作业为主要任务的基于"课程+企业"平台的实景化教学方法。

基于"课程+企业"平台的实景化教学方法，通过理论学习与企业实践操作同时展开的方式，即让学生能够在真实的市场营销环境中边学习边实践，在"课程体系+实践教学体系"的平台上更好地将理论和实践紧密而有机地结合在一起，最终实现市场营销专业毕业生与企业需求的无缝对接并在此基础上尽可能实现学生创业的孵化。

五、课程实践技能点与对应参与式教学项目设计

整合营销课程实践技能点与对应参与式教学项目设计如表 1-6 所示。

表 1-6　整合营销课程实践技能点与对应参与式教学项目设计

序号	课程技能点	参与式教学项目设计	教学时间安排
1	整合营销方案的编写技能。通过基础理论的学习，对整合营销的历史、概念及相关的基础理论有初步的认识以及学习如何撰写整合营销传播方案。在此阶段，根据课程实践技能的要求布置小组作业	课堂讨论、案例分析	第1~4周
2	在整合营销方案制定过程中的整合思想应用技能。通过小组实践作业，主要从整合分析传播过程、品牌与消费者关系、媒介形态与接触点、数据库与直接营销、广告策略与管理、促销中的偏好建立、整合运用公共关系、网络营销传播形态、设计达成视觉效果九个模块分别结合实际企业的整合营销传播的策划和实施过程完成整合营销策划方案	"课程+企业"平台的实景化教学方法	第5~16周

六、课程实践技能参与式教学项目设计具体内容

整合营销课程实践技能参与式教学项目设计具体内容如表 1-7 所示。

表 1-7　整合营销课程技能参与式教学项目设计具体内容

技能训练单元一：整合营销方案的编写技能
【课堂讨论】主要通过对以下问题的讨论厘清整合营销的含义： （1）现代营销观念与推销观念有什么不同 （2）比较 USP 理论与品牌形象理论的异同 （3）传统营销组合包括哪些内容？它们各有什么特点 （4）如何理解传统营销传播的共同特征 （5）传统营销传播在新的市场环境下面临哪些困境和挑战 （6）为什么说"营销即传播，传播即营销" （7）谈谈对整合营销传播概念的理解 【案例分析】以小组所寻找到的企业作为分析对象，加深对上述关键问题的理解和认识，并为小组课程作业做理论和实践准备 【训练目标】进一步认识整合营销的内涵，并为课程作业的开展做准备

续表

技能训练单元二：在整合营销方案制定过程中的整合思想应用的技能
"课程+企业"平台的实景化教学方法（以其中一个小组的学生作业——《金誉整合营销传播方案》为例） 主要从整合分析传播过程、品牌与消费者关系、媒介形态与接触点、数据库与直接营销、广告策略与管理、促销中的偏好建立、整合运用公共关系、网络营销传播形态、设计达成视觉效果九个模块分别结合实际企业的整合营销传播的策划和实施过程完成整合营销策划方案 （1）整合分析传播过程。公司概述：公司简介、企业文化、店面选址、主要产品及商圈分析；金誉SWOT分析 （2）品牌与消费者关系。金誉消费者行为分析 （3）媒介形态与接触点 （4）数据库与直接营销 （5）广告策略与管理、促销中的偏好建立、整合运用公共关系、网络营销传播形态、设计达成视觉效果 （6）金誉营销活动策划和预算 （7）营销预案 在此过程中，以之前掌握的课程理论为基础和依托，通过分模块的调研—分析—形成基础方案—再次调研—进行修正的实践—理论分析与指导—实践—理论的反反复复的循环过程，最终将九个模块融汇成一个完整的整合营销策划方案。同时，在反反复复的过程中，帮助各个课程作业小组将整合营销思想逐步、逐层地应用到整合营销方案的制定过程中

七、课程实践技能参与式教学评价方法及标准

本课程为必修课。总成绩＝考勤＋平时课堂表现＋小组课程作业成绩，其中，考勤＋平时课堂表现占30%，小组课程作业成绩占70%。

课程实践技能参与式教学主要通过学期的小组课程作业的方式完成。具体要求如下：

第一，做一次真实的实体店（公司）经营的作业，作业全部批阅，作为学期主要成绩。小组报告题目为"××企业（或公司或零售店）整合营销传播方案"。

第二，要求每小组从现实生活环境中选择一家已开办的企业（或公司或零售店）或想真实开办的企业（或公司或零售店），从整合传播目标、战略开发、战术管理、系统优化、消费者行为分析、品牌策略、传播方式、数据库的应用、促销方式的整合应用、线上与线下的结合以及视觉的应用设计等方面进行分析和策划，最终形成一份完整的整合营销传播方案。评分标准：内容50%、团队组织30%、课堂展示及讲解20%。

八、实践项目设计总结

整合营销的参与式教学模式，鼓励学生自己探究、动脑思考，理论联系实际，自己寻

找答案。教师不再用讲授和灌输的方法进行教学，而是引导和启发学生自己去发现、去探索，让不同层次的学生同等参与和发展。它以营销专业的学生为中心，充分应用灵活多样、直观形象的教学手段，鼓励学生积极参与教学过程，加强信息交流与反馈，使学生能深刻地领会和掌握所学知识，并能将这种知识运用到实际工作中去。

网络营销
参与式教学项目设计与实施

王晓艳

一、课程简介

网络营销是高等院校市场营销、电子商务、信息管理等专业的一门重要的专业课程。它既具有较深和较宽的理论基础,又是一门实践性很强的学科。主要讲述在线市场调研、网络广告、网络文案创作、企业网站策划和评价、搜索引擎营销、网络推广、网络营销效果评价与管理等内容。

二、课程教学目的

通过对本课程的学习使学生了解网络营销实践与管理的方法,掌握网络营销基本策略的制定和实施等网络营销相关岗位技能,具备从事企事业单位网络营销工作的职业能力。不仅能使其从事在线调研、网络文案创作、网络广告投放、网站策划、网络推广、搜索引擎营销等基本网络营销工作,并且具有网络营销策略制定和网络营销组织管理等高级管理工作能力。

三、课程重点与难点

本课程的重点:网络营销是一门实践性很强的课程,培养学生的实践应用能力是本课程的重点,其内容包括掌握网络营销的常用工具和方法、常见网络营销平台应用等。

本课程的难点:本课程力求给学生搭建一个逼真的模拟运营环境,因此如何利用有限的条件让学生获得接近现实的体验成为本课程的难点。此外,如何提炼出学生需要掌握的职业技能,并将其分割成具有一定操作性和独立性的实训项目也是需要仔细斟酌的问题。

四、课程教学方法说明

本课程理论与实践并重。在理论教学过程中,综合运用案例分析、课堂讨论、视频教学等方法展开;在实践教学过程中,主要采用"项目驱动式"教学方法,将团队作业与个人练习结合在一起。具体来说,是以企业真实业务为背景(每组学生选择一个企业),设计由若干工作任务构成的虚拟实训项目,指导学生边做、边学、边总结,以确保学生的知识、技能、素质均衡发展和职业技能的整体提升,从而将课堂变成职业能力培养的有效阵地。这种任务驱动、项目导向、教学做一体的教学模式突出了学生的主体地位,有利于教学目标的实现,在操作上又切实可行。

五、课程实践技能点与对应参与式教学项目设计

网络营销课程技能总目标:以学生就业岗位要求为导向,通过本课程的实训,使学生理论和实践充分结合,掌握利用互联网进行营销的实践技能。

网络营销课程技能具体目标:商务信息在线收集技能、网络广告方案制定及投放技能、网络文案创作技能、营销型网站策划与实施技能、企业网站评价及优化技能、关键词广告设计与投放技能、搜索引擎优化技能、网络推广技能、网络营销效果评价技能。

因各实践技能点通过课堂讲授方式无法达到预期教学效果,所以需要设计多样性的参与式教学方式辅以教学。网络营销课程实践技能点与对应参与式教学项目设计如表1-8所示。

表1-8　网络营销课程实践技能点与对应参与式教学项目设计

序号	课程技能点	参与式教学项目设计	教学时间安排
1	商务信息在线收集技能	商务信息收集	第1~2周
2	网络广告方案制定及投放技能	网络广告投放	第3~4周
3	网络文案创作技能	软文创作	第5周
4	营销型网站策划及实施技能	网站建设与维护	第6周
5	企业网站评价及优化技能	网站诊断与网站优化	第7~8周
6	关键词广告设计及投放技能	关键词广告投放	第9周
7	搜索引擎优化(SEO)技能	搜索引擎友好性分析	第10~11周
8	网络推广技能	网络推广综合实训	第12~15周
9	网络营销效果评价技能	网站流量统计分析	第16周

六、课程实践技能参与式教学项目设计具体内容

本课程实践技能参与式教学项目设计具体内容如表 1-9 所示。

表 1-9　网络营销课程技能参与式教学项目设计具体内容

参与式教学项目一：商务信息收集
【实训目标】使学生掌握收集商务信息的工具、方法和技巧 【实训时间】学习完"网络市场调研"之后 【实训内容】根据本小组选定的企业背景，完成相关在线市场调研工作 调研包括三个步骤：策划，执行，结果统计分析 策划部分包括两个方面：第一，调研内容（即要收集哪些信息）；第二，收集途径 结果统计分析也包括两个方面：第一，调查结果的详细数据；第二，通过数据分析得出结论 【案例】茶叶网络市场调研 1. 确定调查目标 本次调研的目标是要明确主要的竞争对手，发现潜在的目标客户，最后形成一个完整的调查报告，为公司相关决策提供必要的依据。 2. 确定网络调查的内容及步骤 （1）了解茶叶市场行业动态和政策信息 （2）掌握国内主要的茶叶行业/专业网站 （3）了解网上茶市的主要竞争对手 （4）掌握潜在的目标客户信息 3. 信息的收集与整理 （1）搜索行业动态和政策信息。搜索方法如下： 第一步：以"茶叶"为关键词搜索有关资讯 第二步：使用高级搜索功能，搜索标题中包含"茶叶"的相关资讯 第三步：摘录和整理茶叶市场资讯 （2）访问茶叶行业/专业网站。访问的步骤如下： 第一步：搜索茶叶类行业或专业网站 第二步：访问主要的行业站点 （3）定位竞争对手。定位竞争对手的方法如下： 1）利用搜索引擎定位竞争对手（直接搜索相关关键词寻找竞争对手；通过竞价排名广告了解主要竞争对手） 2）通过行业网站找到竞争对手站点 3）通过茶叶新闻资讯或其他线索查找竞争对手站点 4）通过电子商务平台发现竞争对手 （4）收集潜在客户详细资料。收集客户资料的方法如下： 1）利用关键词工具了解市场需求 2）利用网站流量统计工具了解目标客户基本情况 3）在 B2B 电子商务平台上寻找茶叶买家和加工企业 4）在行业网站上寻找合适的买家 4. 形成调研报告 （1）调研报告内容。调研报告主要内容包括以下几点：

续表

参与式教学项目一：商务信息收集
1）行业动态及政策信息 2）国内主要行业/专业网站 3）主要竞争对手 4）目标用户情况 5）市场需求量 6）目标客户基本情况 7）具体买家 （2）调研报告的要求。调研报告的要求包括调研结果和结论；调研过程截图
参与式教学项目二：网络广告
【实训目标】使学生了解各大主流媒体中网络广告的类型及特点、各类网络广告投放平台的特点及功能，能根据预算确定网络广告的形式、投放平台及投放方式 【实训时间】学习完"网络广告"之后 【实训内容】实训内容如下： 第一，分别登录搜狐、优酷、网易邮箱、人人网等网站，比较其广告类型、特点及价格 第二，根据代表性公司了解各类网络广告投放平台的特点及功能 • 网络广告联盟（Ad Network）：九赢广告联盟 • 广告交易平台（Ad Exchange）：广告买卖网 • 网络广告资源供应方平台（SSP）/网络媒体资源需求方平台（DSP）/网络广告数据管理平台(DMP)：品友互动；好耶；AdMaster（精硕科技）；传漾科技 • 数字媒体交易平台（Media Trading Desk）：Chinapex 创略中国 第三，根据本小组选定的企业背景，拟定合理的广告投放方案，包括网络广告类型、投放平台及投放方式（如下表所示） 广告投放方案 	投放平台	广告类型	单价	投放数量	总价
---	---	---	---	---
某平台	类型1			
	类型2			
	类型3			
	……				
参与式教学项目三：软文创作
【实训目标】使学生掌握软文创作的方法、技巧及注意事项 【实训时间】学习完"文案写作"之后 【实训内容】根据本小组选定的企业背景，写一篇针对该企业产品的软文

续表

参与式教学项目四：网站建设与维护
【实训目标】使学生掌握域名申请、主机租赁（虚拟主机）及网站建设的方法和技能 【实训时间】学习完"网站策划与建设"之后 【实训内容】实训内容如下： 1. 域名注册、主机租赁 推荐网站：中国万网（www.net.cn） 2. 利用智能建站系统建设一个简单的网站 推荐自助建站系统：建站之星（http://www.sitestar.cn/default.aspx）
参与式教学项目五：网站诊断与网站优化
【实训目标】使学生掌握网站诊断的方法，网站优化的内容及技巧 【实训时间】学习完"网站评价与优化"之后 【实训内容】根据本小组选定的企业背景，对该企业及另外两家竞争对手企业进行网站优化情况分析。分析内容包括以下几点（每小项10分）： 1. 网站规划与网站栏目结构 （1）网站提供了哪些栏目？是否合理？（建设目标包括三种：品牌宣传；在线销售；在线服务）。分析内容如下表所示

网站栏目分析内容

网站名称	建设目标	栏目内容	栏目合理性分数

（2）网站布局是否符合用户的阅读习惯？图片是否适当？有无利用声频、视频手段？分析内容如下表所示

网站布局分析内容

网站名称	布局合理性	图片是否适当	是否应用声频、视频	分数

（3）网站导航是否合理？是否使用面包屑导航？通过任何一个页面是否很方便地返回上级页面或者首页？分析内容如下表所示

网站导航分析内容

网站名称	导航合理性	是否方便返回	分数

（4）各网站的栏目之间链接是否正确？分析内容如下表所示

网站栏目链接分析内容

网站名称	链接错误数量	分数

参与式教学项目五：网站诊断与网站优化

（5）从网站首页到达任何一个内容页面需要几次（不超过4次为合格，包括利用网站地图）？分析内容如下表所示

网站首页与网页链接情况分析

网站名称	点击次数	网页之间链接情况	分数

（6）网站是否有一个简单清晰的网站地图？分析内容如下表所示

网站地图分析

网站名称	有无网站地图	分数

2. 网站内容及网站可信度

（1）网站为用户提供的下表所示信息的详细情况

网站信息分析

网站名称	产品介绍		联系方式		销售信息		服务信息		服务承诺		总分数
	存在问题	分数	存在问题	分数	存在问题	分数	存在问题	分数	存在问题	分数	

（2）网站内容是否更新及时？过期信息是否及时清理？分析内容如下表所示

网站内容更新分析

网站名称	更新情况	过期信息清理	总分数

（3）网站首页、各栏目首页以及各个内容页面是否分别有能反映网页核心内容的网页标题？分析内容如下表所示

网站标题分析

网站名称	标题与内容的相关性分数

（4）网站首页以及各个内容页面HTML代码是否有合理的META标签设计（标题、关键词、摘要等）以及设计的合理情况。分析内容如下表所示

续表

参与式教学项目五：网站诊断与网站优化				
网站合理性分析				
网站名称	首页 META 设计分数		其他网页 META 设计分数	总分数

（5）公司介绍是否详细，是否有合法的证明文件（如网站备案许可）？分析内容如下表所示

公司情况分析内容			
网站名称	公司介绍分数	证明文件分数	总分数

3. 网站功能和服务

（1）对比三家网站打开网页的速度，记录时间（如下表所示）

网站运行速度记录			
网站名称			
打开时间			
分数			

（2）网站为用户提供了哪些在线服务手段（如下表所示）

网站服务手段分析		
网站名称	服务手段种类	分数

（3）用户真正关心的信息是什么？能否在网站首页直接找到（如下表所示）

首页信息分析内容			
网站名称	用户关心的信息	能否在首页找到	分数

（4）网站是否提供了在线订购、支付等电子商务功能（如下表所示）

网站电子商务功能分析内容			
网站名称	在线订购	在线支付	分数

请根据上述信息，拟定本企业网站的优化方案

续表

参与式教学项目六：关键词广告投放
【实训目标】了解搜索引擎关键词广告的特点、类型及投递方式，会利用各种关键词工具拟定关键词，并根据企业情况设计合理的关键词广告投放方案，包括关键词选择、广告系列设计、广告价格制定等 【实训时间】学习完"搜索引擎营销——关键词广告"之后 【实训内容】实训包含以下几点内容： 1. 登录百度和谷歌的推广官方网站，详细了解其广告业务： • 百度：http://e.baidu.com/ • 谷歌：http://www.google.com.hk/intl/zh-CN/adwords/start/?channel=et-product_page?sourceid=awo&subid=hk-zh-CN-et-about-products 2. 根据本小组选定的企业背景，利用下列关键词工具拟定关键词 • 谷歌关键词规划师：https://adwords.google.cn/select/KeywordToolExternal • 百度指数：http://index.baidu.com/ • 淘宝指数：http://shu.taobao.com/?spm=0.0.0.0.ZWSDNX • 站长之家—站长工具：http://tool.chinaz.com/baidu/words.aspx • 词库网：http://www.ciku5.com/（免费使用） • 淘词：数据魔方中的功能（收费使用） 3. 根据本小组选定的企业背景，进行广告系列设计（如下表所示） **广告设计** | 关键词（或组合） | CPC | 广告1 | 广告2 | …… | | --- | --- | --- | --- | --- | | 关键词（或组合）1 | | | | | | 关键词（或组合）2 | | | | | | …… | | | | | 4. 根据给定的费用预算，确定关键词广告价格、总预算及每日预算 5. 对广告投放方式的其他细节方面进行设定 注意：上述关键词广告投放方案必须注明是针对百度还是谷歌
参与式教学项目七：搜索引擎友好性分析
【实训目标】通过对选定网站进行搜索引擎友好性分析，深入研究网站建设的专业性对搜索引擎营销的影响 【实训时间】学习完"搜索引擎营销——搜索引擎优化"之后 【实训内容】根据本小组选定的企业背景，对该企业及另外两家竞争对手企业的网站在搜索引擎中的表现进行诊断，分析被调查网站的搜索引擎友好性，并提出搜索引擎优化方案 诊断内容包括以下几点： 1. 被知名搜索引擎收录情况（如下表所示） **知名搜索引擎收录情况** | | 网站 | Google | Baidu | Sogou | | --- | --- | --- | --- | --- | | 被收录页面数 | 本网站 | | | | | | 竞争网站 | | | |

续表

参与式教学项目七：搜索引擎友好性分析

2. 网站基本情况（如下表所示）

网站基本情况

网站	PR值	Alexa排名	百度权重	域名年龄	域名有效期	响应时间	死链数量	META完整否	PR输出值	百度快照时间
本网站										
竞争网站										

3. 友情链接情况（如下表所示）

友情链接情况

网站	出站链接数	其中带 nofollow 的链接数	反向链接数	其中带 nofollow 的链接数	出站链接中有几个没有本站链接
本网站					
竞争网站					

4. 关键词排名分析：网站核心关键词（3~5个）在知名搜索引擎的排名情况（如下表所示）

关键字排名分析

网站	主要关键字及排名							
	关键词1	优化难度	百度排名	谷歌排名	关键词2	优化难度	百度排名	谷歌排名	……
本网站								
竞争网站								

5. 关键词密度分析：网站主页的关键词分布（如下表所示）

关键词密度分析

网站	主要关键词及密度						
	关键词1	密度	关键词2	密度	关键词3	密度	……
本网站							
竞争网站							

附：常用站长工具

- 站长之家—站长工具：http://tool.chinaz.com/

第一篇　营销管理

续表

参与式教学项目七：搜索引擎友好性分析
- 爱站网：http://www.aizhan.com/ - 百度站长平台—站长工具：http://zhanzhang.baidu.com/keywords/index - 中国站长之家：http://indexed.webmasterhome.cn/ - 词库网：http://www.ciku5.com/ - 网站访问量：登录 http://www.alexa.com，输入网址 - 被收录页面数：登录 http://www.google.cn，输入"site: 网站地址" - 外部链接数量：登录 http://www.google.cn，输入"link: 网站地址" 根据调查所得信息，分析网站的搜索引擎友好性，并提出搜索引擎优化方案
参与式教学项目八：网络推广综合实训
【实训目标】熟悉企业网站、门户网站、商贸网站、搜索引擎、购物网站、团购网、黄页网、论坛、博客、微博等平台的营销推广方法 【实训时间】学习完"网络推广方法"之后 【实训条件】安装教学模拟软件 【实训内容】在模拟教学平台上，每个人注册企业角色和消费者角色各一名，完成某产品在虚拟环境下的推广任务
参与式教学项目九：网络流量统计分析
【实训目标】了解网站流量统计分析的内容和方法，以真实案例数据设计一个网站流量分析报告，重点分析网站流量统计数据对网络营销策略的指导意义 【实训时间】学习完"网络营销效果监控"之后 【实训内容】实训包括两个部分的内容：网站流量统计和网站访问分析 1. 网站流量统计 根据给出的网站流量统计数据设计一个网站流量统计月度报告，包括流量统计指标内容及统计报告摘要信息。主要统计指标包括以下几点： - 该月页面浏览总数 - 独立用户总数 - 每个用户平均页面浏览数 - 每天平均独立用户数量和页面浏览数量 - 日访问量最高的五天及其每天的页面浏览数和独立用户数 - 日访问量最低的五天及其每天的页面浏览数和独立用户数 - 搜索引擎带来的访问量占总访问量的比例 - 带来访问量最高的三个主要搜索引擎及其对访问量的贡献率 - 用户检索比例最高的五个关键词 - 访问量最高的五个网页 - 除搜索引擎之外带来访问量最高的五个网站（URL） - 其他对网站访问分析具有价值的信息

· 27 ·

续表

参与式教学项目九：网络流量统计分析
2. 网站访问分析 根据网站流量统计数据，分析网站访问量与网络营销策略之间的关系，主要包括下列几方面内容： • 网站访问量是否具有明显的变化周期 • 本月网站访问量的增长趋势 • 用户来源主要引导网站的特点及可能进一步增加访问量的改进方法 • 网站搜索引擎推广的效果及存在的问题分析 • 根据网站流量统计数据发现的问题及其对网络营销策略的影响，提出相应的改进建议

七、课程实践技能参与式教学评价标准

本课程的参与式教学项目大体上具有"先验证，后设计"的特征，即前半部分通过指定内容和步骤引导学生掌握该项目相关的流程、方法、工具和操作技巧；后半部分要求学生根据前面所得信息展开营销方案设计。针对"验证性"部分，由于实训内容和操作步骤已经设定，因此学生是否按要求完成任务，实训结果的完整度、真实度成为主要的评价指标；针对"设计性"部分，由于该部分实训任务主要考察学生分析问题和解决问题的能力，因此对问题的认知程度、原因剖析精准度以及解决方案的可行性、创新性成为主要的评价指标。

需要补充说明的是，"网络推广"实训项目所借助的教学模拟软件具备营销效果评估功能，因此可参考系统给出的营销效果统计数据对学生的实训结果进行评价。

八、实践项目设计总结

网络营销是一门操作性较强的课程，学生需要掌握的技能点也相对较多，本课程根据主要技能点设计了九个参与式教学项目，旨在通过这些项目使学生掌握相关营销技能并具备灵活应用的能力。但由于条件所限，这些教学项目还局限于课堂、局限于策划阶段，未能通过具体执行掌握实施效果等反馈数据。此外，网络营销是一门"与时俱进"的课程，课程内容更新较快，因此本文所述内容还具有一定的时代局限性。

商场竞争与危机管理
参与式教学项目设计与实施

吴 琳

一、课程简介

商场竞争与危机管理是管理类专业的专业进阶课程。在西方国家的教科书中，通常把危机管理(Crisis Management)称为危机沟通管理(Crisis Communication Management)，原因在于加强信息的披露与公众的沟通，争取公众的谅解与支持是危机管理的基本对策。企业的危机管理是指为应对各种危机情境所进行的规划决策、动态调整、化解处理及员工培训等活动过程，其目的在于消除或降低危机所带来的威胁和损失。具体包括企业危机的规避、危机的控制、危机的解决与危机解决后的品牌重塑等不断学习和适应的动态过程。

二、课程教学目的

危机管理学属于应用性很强的管理学科，在国内外均为前沿学科，它整合了管理科学、传播学、心理学、组织理论、行为学等学科，形成了一门综合性的学科体系。

通过本课程的学习，使学生能了解企业危机管理的相关概念、阶段分解及企业在各阶段应采取的措施，系统地掌握企业危机管理的基本理论和一般方法，并通过案例分析对近年来国内外发生的重磅危机事件做深度了解及复盘。

从分解到应用型教学的技能点来看，本课程作为工商管理大三的公共关系管理方向课之一，要求学生从易到难掌握以下四大技能：写的技能——写出完整、流畅的，清晰表明企业态度、立场和行动的文章，在课程中以致消费者的公开信等形式体现；说的技能——能当众用口头表达的方式进行自信、流畅的沟通；收集信息、归纳总结的技能——能在浩如烟海的危机事件报道中还原事件发展全过程的能力；分析、处理的技能——面对具体危机事件，如何处理的能力。如图1-2所示。

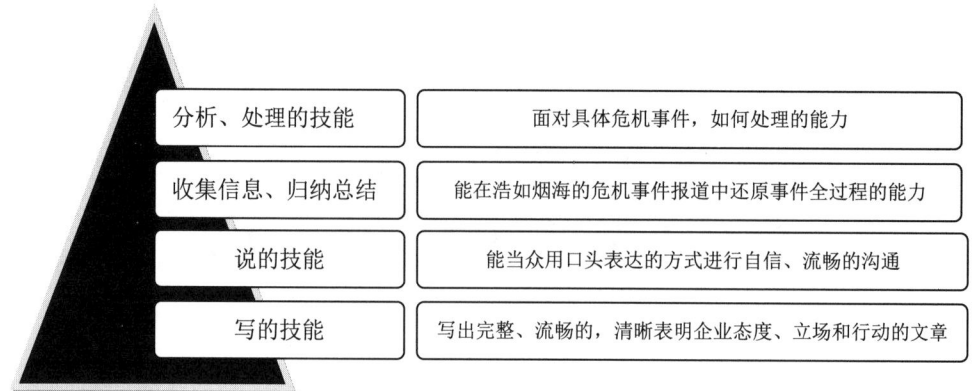

图 1-2　商场竞争与危机管理课程学生需掌握的技能

三、课程的重点与难点

商场竞争与危机管理课程的重点：①企业危机管理的相关概念、理论及处理策略。②对危机管理的战略性认知，面对危机时应体现的态度、理论及做法。③培养学生处理具体危机事件时的沟通能力。

本课程的难点：①如何引导学生树立危机管理的正确理念。②在处理实际案例时，如何提高学生的危机沟通能力。

四、课程教学方法说明

商场竞争与危机管理是一门应用性很强的科学，在教学上既要重视理论教学，又要强调对学生实践技能的培养以及管理智慧的提升。本课程在教学方法的设计上主要将重心放在以下两个方面：

1. 理论教学

在理论教学部分主要安排在学期前 2/3 的课时内，通过讲授，将危机预防与危机处理的相关理论、概念进行讲解，同时在每一章都以当下热点的案例讲解进行说理论证，在一些章节中还采用历史发生法、行业对比法等方法对危机案例进行梳理、排列。

2. 实践教学

在实践教学部分为了充分提升学生的危机沟通技能、在口头与笔头两个方面都能得到训练和培养，主要采用了个人演讲、危机事件分析并模拟新闻发布会这两个主要的实践方式进行。此外，配合各章节不同的内容，还设置了观看危机事件视频、写观后感、写危机事件发言稿、课堂讨论、案例分析等练习活动。

五、课程实践技能点与对应参与式教学项目设计

商场竞争与危机管理课程作为工商管理学大三的公共关系管理方向课之一，要求学生掌握如下技能：

写的技能——写出完整、流畅的，清晰表明企业态度、立场和行动的文章，在课程中以致消费者的公开信等形式体现。

说的技能——能当众用口头表达的方式进行自信、流畅的沟通。

收集信息、归纳总结的技能——能在浩如烟海的危机事件报道中还原事件发展全过程的能力。

分析、处理的技能——面对具体危机事件，如何处理的能力。

商场竞争与危机管理课程实践技能点与对应参与式教学项目设计如表1-10所示。

表1-10　商场竞争与危机管理课程实践技能点与对应参与式教学项目设计

序号	课程技能点	参与式教学项目设计	教学时间安排
1	学习危机公开信的写作技能	山西特大假酒中毒案 课堂讨论、公开信的写作	第4周
2	学习如何迅速对公众表明企业危机处理的积极态度的技能	埃克森油轮泄油事件 课堂讨论	第8周
3	学习准备新闻发布会的技能	康泰克PPA风波的专访 课堂讨论	第13周
4	培养商务演讲的技能	课堂个人演讲	第3~11周
5	培养综合处理危机事件的技能	模拟新闻发布会 危机案例分析	第12~14周

通过实施此方案，实现学生从被动的传统学习方式向开放式的自主学习模式的转变，积极探索与运用参与式教学、体验式教学和互动式教学。本课程的教学方法说明如表1-11所示。

表 1-11 商场竞争与危机管理课程实践技能训练教学方法说明

序号	教学方法	具体说明
1	课堂讨论	在危机管理课程的具体讲授中，会提供若干小型、短篇幅的案例，描述危机的背景及面临的困境，要求学生进行课堂讨论，给出他们认为合适、恰当的危机处理方案
2	视频教学	视频教学包括视频观看、教师讲解和学生思考三个部分。由于课堂内容的特殊性，适合于课堂播放的视频来源不多。在"精选"视频的情况下，更要好好利用视频内容展开教学活动。教师会在视频播放中就某些背景或需要学生关注的内容进行问题设置，让学生带着问题看视频，激发他们的自我思考能力；在看完视频后，要求进行组内讨论或者写观后感，以促成学生归纳、总结相关知识点
3	公开信的写作	就小型危机事件，模拟当事公司进行书面化的公开回应。要求书写者有较为清晰、流畅的商务书面写作能力
4	个人演讲	学生根据课程提供的演讲主题(与企业管理、危机管理、媒体、自我成长等相关)，由个人自行选择，并完成演讲稿的构思、写作、演讲
5	危机案例分析、模拟新闻发布会	（1）各小组应针对所选案例详细收集背景资料，并展开讨论。在讨论基础上，形成本小组的危机管理方案（各组选题不得撞车） （2）各小组根据所选案例，进行适合的角色模拟扮演，并在课堂上陈述。内容分为三大部分： ◎ 此案例的背景情况介绍，建议按时间先后顺序叙述案例发生的全过程。此部分要求陈述者能客观、全面地陈述危机案例的情况，不得做选择性介绍、不得故意隐瞒某些可能不利于公司的事实 ◎ 任选一个时点，模拟在此时点下，公司召开新闻发布会。要求各小组自拟一份此危机事件下"致消费者的一封信"，现场宣读并分发给媒体，各角色应先后就此危机进行符合身份的发言（发言席上应事先准备好姓名牌，或在 PPT 中注明哪位同学扮演何角色），如工程师主要从技术层面谈及事故原因等。此后，由班级其余同学扮演记者进行相关提问。案例小组成员应事先拟好发言稿及常见问题集 ◎ 最后，对此案例进行总结分析。主要有此危机事件的难点所在、当事企业处理方法的评点、小组在讨论此案例时的心得、延伸思考等

六、课程实践技能参与式教学项目设计具体内容

商场竞争与危机管理课程实践技能参与式教学项目设计具体内容如表 1-12 所示。

表 1-12 商场竞争与危机管理课程技能参与式教学项目设计具体内容

技能训练单元一：学习危机公开信的写作技能
1. 案例分析 在某年春节，正是白酒销售的黄金期，在山西朔州发生了一起举国震惊的假酒中毒案，不法商人用致命的工业酒精勾兑成白酒进行销售，产生了恶劣的社会影响。 【分析内容】分析内容有如下两点： （1）假设你是某知名白酒厂的负责人，面对这种情况，你会不会采取行动

续表

技能训练单元一：学习危机公开信的写作技能
（2）如果会，会采取怎么样的行动 【训练目标】树立风险意识，明确风险后第一时间展开行动 2. 公开信的写作 【练习内容】就此次白酒中毒事件，模拟当事公司进行书面化的公开回应 【训练目标】要求书写者有较为清晰、流畅的商务书面写作能力
技能训练单元二：学习如何迅速对公众表明企业危机处理的积极态度的技能
案例分析 埃克森油轮泄油事件 【分析内容】美国埃克森公司"瓦尔迪兹"号油轮在阿拉斯加州威廉王子湾搁浅，泄漏5万吨原油。沿海1300公里区域受到污染，当地鲑鱼和鲱鱼近于灭绝。这是美国历史上最严重的海洋污染事故 此例中，应如何迅速表明企业危机处理的积极态度 【训练目标】学习在第一时间，迅速且准确地对公众表明企业危机处理的积极态度
技能训练单元三：学习准备新闻发布会的技能
1. 视频教学 观看某些企业的危机事件新闻发布会（常常更新，以达芬奇家居为例） 【讨论内容】讨论以下两项内容： （1）一场危机事件新闻发布会需要做好哪些事前准备 （2）探讨影响新闻发布会的可控与不可控因素 【训练目标】学习如何对新闻发布会进行事先准备 2. 案例分析 康泰克PPA风波的新闻发布会 与会记者纷纷就康泰克是否已经停产、中美史克如何看待这次PPA事件、对消费者与各地经销商有个怎样的说法等问题进行了提问。由于会前做了充分的准备，中美史克对外发言人的回答给与会媒体留下了深刻印象 【分析内容】分析内容如下： （1）在当时的情景下，康泰克应如何表明态度？表明何种态度与立场 （2）作为中美史克的全权公关代表，请根据有关公关理论和企业实际情况提出对PPA危机的分析与对策 【训练目标】学习如何应对媒体就危机事件的追问
技能训练单元四：培养商务演讲的技能
个人演讲 学生根据课程提供的演讲主题（与企业管理、危机管理、媒体、自我成长等相关），由个人自行选择，并完成演讲稿的构思、写作、演讲
技能训练单元五：培养综合处理危机事件的技能
【训练目标】训练学生掌握较为清晰、流畅的商务书面写作及现场演讲能力

续表

技能训练单元五：培养综合处理危机事件的技能
危机案例分析并模拟新闻发布会 【分析内容】各小组针对所选案例详细收集背景资料，并展开讨论。在讨论基础上，形成本小组的危机管理方案 各小组根据所选案例，进行适合的角色模拟扮演，并在课堂上进行陈述。内容分为三大部分：此案例的背景情况介绍；任选一个时点，模拟在此时点下，公司召开新闻发布会；对此案例进行总结分析 【训练目标】收集信息、归纳总结的技能——能在浩如烟海的危机事件报道中还原事件发展全过程的能力；分析危机事件的技能——面对具体危机事件，如何处理的能力

七、课程实践技能参与式教学评价标准

商场竞争与危机管理课程重在对学生技能的培养，故在评价标准方面也侧重于通过学生提交的成果来考察其技能水平。在期末成绩的评定上，总分100被分解为三个部分：平时的出勤率、课堂参与度等表现占20分；个人演讲占30分，其中演讲现场的综合表现为25分，提交的演讲稿为5分；小组危机事件模拟占50分，其中危机事件模拟现场表现占25分，提交的案例分析及总结占15分，小组同学参与别的小组的危机事件模拟（扮演记者进行提问）占10分。详见表1-13。

表1-13 商场竞争与危机管理课程实践技能参与式教学评价标准

平时表现20%	个人演讲30%		小组危机事件模拟50%			总分100%
出勤率、课堂参与	演讲现场表现 5%	演讲稿写作 5%	危机事件模拟现场表现 25%	案例分析及总结 15%	参与别的小组提问 10%	

八、课程实践项目设计总结

在课程实践项目结束后，教师要有目的地引导学生回顾总结所学知识点及应用情况。具体到本课程，在个人演讲及小组危机事件模拟方面，教师将分别带领学生做如下总结。

1. 个人演讲

借助现场形象照片、演讲稿等，结合教师课堂所述演讲的框架、结构等内容，请学生进行演讲的自我回顾及提升。

2. 小组危机事件模拟

（1）发布会后的复盘。要求学生在危机事件的模拟新闻发布会后对以下问题进行反思，并形成文字。①整场发布会的情况与预想的在哪些方面有异？②关键性信息是否得以传达？③哪些问题被反复提及？④主持人及各发言人的表现如何？此部分每位同学均须评价并署名（如表达是否清晰、情绪控制、音调、肢体语言等）。⑤还有哪些工作需要改进？

（2）提交案例分析及总结。要求以小组为单位提交本案例的书面分析及总结，包括封面、目录、危机案例过程介绍、各角色发言稿、常见问题集等。

商务沟通
参与式教学项目设计与实施

黄 媛

一、课程简介

商务沟通作为一门理论和实务并重的技能型课程,是为提高学生的沟通水平而设立的专业课程。该课程主要包括商务沟通的基本理论、沟通操作技能和沟通基本方法三个层面的内容。

二、课程教学目的

通过课堂讲授,使学生能够系统地掌握商务沟通的理论体系,更深刻地理解商务沟通的基本原理,提高沟通意识,掌握商务沟通的策略,并能自觉地将其用于商务沟通实践,提高沟通策划能力,进一步提升学生的实践沟通技能。

三、课程重点与难点

商务沟通是一门实践性很强的课程,必须坚持理论与实践相结合的原则,在讲授基本理论知识的基础上,要特别重视案例教学和实践环节。

本课程的教学重点主要集中于以下几方面:

第一, 商务沟通的理论基础。
第二, 商务沟通的一般沟通工具。
第三, 商务活动中常用沟通工具的使用。
第四, 商务礼仪。
第五, 商务谈判过程及各阶段策略。
第六, 求职实用技能。

四、课程教学方法说明

商务沟通是一门实践性很强的课程,在教学手段的选择上要注意理论与实践相结合的原则,要特别重视加强实践性环节教学。本课程将积极运用实践性教学方式,灵活采用案例教学法、参与式教学法、启发式教学法等多种教学方法。结合实际案例的课堂讲授——让学生理解商务沟通的基本原理。开设较多课时的课程实践——使学生掌握开展商务沟通的手段和方法。采用多种形式的期末考试(闭卷理论、商务沟通场景模拟)——对学生知识的掌握进行考核。

五、课程实践技能点与对应参与式教学项目设计

通过本课程的学习,使学生掌握商务沟通的有关理论,熟悉商务沟通的主要内容和方法,能够将商务沟通的有关理论运用到实践中去,解决实际问题。具体来说,通过本课程学习应该达到如下要求:

第一,掌握商务沟通的基本理论和基本方法。

第二,能够正确运用商务沟通的理论分析和解决实际问题。

第三,为其他相关课程学习奠定基础。

课程实践技能有以下几点:

第一,书面沟通实践技能。

第二,商务礼仪实践技能。

第三,商务谈判实践技能。

第四,招聘及求职实践技能。

商务沟通课程实践技能点与对应参与式教学项目设计如表1-14所示。

表1-14 商务沟通课程实践技能点与对应参与式教学项目设计

序号	课程技能点	参与式教学项目设计	教学时间安排
1	书面沟通实践技能	个人作业、案例分析、课堂讨论	第4周
2	商务礼仪实践技能	团队练习、案例分析、课堂讨论、视频教学	第7周
3	商务谈判实践技能	团队练习、案例分析、课堂讨论、视频教学	第10周
4	招聘及求职实践技能	团队练习、案例分析、课堂讨论、调查与访问、视频教学	第13周

通过实施此方案,实现学生从被动的传统学习方式向开放式的自主学习模式的转

变，积极探索与运用参与式教学、体验式教学和互动式教学。本课程的教学方法说明如表1-15所示。

表1-15　商务沟通课程实践技能训练教学方法说明

序号	教学方法	具体说明
1	课堂讨论	配合每章重要的知识点，设有案例辅助解释说明，在课堂教学中可以采用形式多样化的教学方式展开讨论（如个人分析、小组分析、课堂辩论等方法），由学生应用所学知识，放开思路，大胆表达自己的意见与建议，相互学习
2	团队练习	在第一次授课时，就要求学生自由组合成五人左右的学习小组，选举小组负责人开展课程相关的团队练习训练
3	案例分析	选择具有学生讨论与研究空间的案例，作为课堂讲授举例资料加以使用。将学生分为若干组（每组一般五人为宜），先分组讨论分析，然后每组选派代表，将本组推荐的解决问题的方案在全班进行交流，其他组的同学可以提出质疑。各小组汇报结束后，教师进行简短小结。教师的指导要重点放在引导学生寻找正确的分析思路和对关键点的多视角观察上，而不是用自己的观点影响学生。教师对案例分析的总结，也不要对结果或争论下结论，而是对学生们的分析进行归纳、拓展和升华
4	调查与访问	根据教学与训练需要，组织学生进行社会调查，深入企业，访问企业相关人员，由学生写出调研报告
5	视频教学	视频教学包括视频案例与视频讲座。视频案例是将国内外企业经营管理中商务沟通的典型性的成功经验或失败教训，通过剪辑和艺术处理制成音像片，使学生如同亲临国内外企业商务沟通现场，融知识性与娱乐性于一体。视频讲座是业界知名人士的著名演讲，有利于开拓学生视野

六、课程实践技能参与式教学项目设计具体内容

商务沟通课程实践技能参与式教学项目设计具体内容如表1-16所示。

表1-16　商务沟通课程技能参与式教学项目设计具体内容

技能训练单元一：书面沟通实践技能
1. 实验目的 （1）掌握设计一份有效的简历的方法 （2）熟悉商务信函的格式以及各种形式的商务信函的写作要求 （3）了解电子邮件和备忘录的写作 2. 实验要求 （1）通过查询和分析指定信息内容，熟练掌握简历及信函等商务文书写作的方法 （2）学习写作一份正式的简历

续表

技能训练单元一：书面沟通实践技能
3. 实验内容 （1）提供不同职位的若干份简历，请比较：这些简历的相同与不同处和各自优缺点 （2）提供若干封商务信函，请分析：在回复投诉的几种选择中，每封信在满足读者、撰写者和组织者的要求等方面做得怎样？信件是否清晰、完整和准确？能否节省读者的时间？有助于树立良好信誉吗 4. 课堂讨论 （1）分析说明简历的必备要素 （2）分析说明英文商务信函的写作格式
技能训练单元二：商务礼仪实践技能
1. 实验目的 （1）了解商务礼仪的内涵，掌握正确的商务礼仪的习惯 （2）培养学生的商务礼仪素养，提高学生自身素质 （3）掌握塑造成功的个人商务形象以及进行得体的商务交际，为未来的职业生涯发展奠定基础 2. 实验要求 掌握不同类型的商务交际场合中必备的商务礼仪 3. 实验内容 （1）装束礼仪规范 （2）行业礼仪规范 （3）仪式礼仪规范 （4）会务礼仪规范 （5）涉世礼仪规范 4. 课堂讨论 分析说明不同商务沟通场合中，所涉及的商务礼仪
技能训练单元三：商务谈判实践技能
1. 实验目的 （1）通过撰写商务谈判案例分析、谈判方案制定等内容的文案作业，培养学生的综合分析能力和文字表达能力 （2）通过分组对抗谈判讨论、课堂发言，培养学生的文字表达能力 （3）通过模拟商务谈判、课外谈判实践活动，锻炼学生的沟通能力和综合实践能力 2. 实验要求 （1）学习和了解商务谈判的基本理论知识 （2）认识商务谈判的一般规律 （3）树立商务谈判的双赢、合作、博弈意识 （4）初步掌握并运用商务谈判的一般技巧方法，锻炼商务谈判的能力 3. 实验内容 （1）商务谈判案例分析 （2）商务谈判策略制定及方案的写作 （3）商务谈判分组对抗

续表

技能训练单元三：商务谈判实践技能
4.课堂讨论 商务谈判中各阶段的策略应用
技能训练单元四：招聘及求职实践技能
1.实验目的 （1）学会在网络上有目的地查询招聘及求职信息的方法 （2）学会利用专业招聘网站、微信、微博、论坛等工具实现求职招聘目的 （3）提高求职技能的综合运用能力 2.实验要求 （1）了解招聘流程 （2）掌握关于招聘的面试、笔试、测评等方法以及如何做好招聘评估的技巧 （3）了解求职的渠道 （4）掌握求职的技巧 3.实验内容 （1）招聘准备与策略 （2）求职准备与策略 4.调查与访问 （1）企业招聘者最看重什么技能 （2）求职与招聘的未来发展趋势

七、课程实践技能参与式教学评价标准

考试的内容：基本理论 30%~40%；综合运用 60%~70%。

考试的要求：能较熟练地掌握基本理论并分析商务沟通案例。

平时考核的方法：课堂发言：20%。

　　　　　　　　文案作业：30%。

　　　　　　　　模拟实训：50%。

期末考核方法及时间：模拟商务沟通（不同主题）；2 小时。评分标准如表 1-17 所示。

平时成绩与期末成绩比例：7∶3。

表 1-17　商务沟通模拟实训评分标准

评分内容	参考标准Ⅰ	参考标准Ⅱ	参考标准Ⅲ	参考标准Ⅳ
自我陈述 （10分）	声音洪亮，吐字清晰，语言组织能力强，表达能力突出 $9 \leqslant X \leqslant 10$	声音较为洪亮，吐字较为清晰，语言组织能力较强，表达能力较为突出 $8 \leqslant X \leqslant 9$	音量较低，吐字不清，语言组织能力和表达能力一般 $7 \leqslant X \leqslant 8$	音量低沉，口齿不清，语言组织混乱，词不达意 $X < 7$

续表

评分内容	参考标准Ⅰ	参考标准Ⅱ	参考标准Ⅲ	参考标准Ⅳ
衣着仪态（10分）	服饰大方，举止庄重，谈吐得体，符合面试场合要求 $9 \leq X \leq 10$	服饰合情合理，举止比较庄重，谈吐能力一般，比较符合面试场合要求 $8 \leq X \leq 9$	服饰一般，举止不够稳重，谈吐一般，基本符合面试场合要求 $7 \leq X \leq 8$	奇装异服或过于休闲，举止轻浮，谈吐较差，不符合面试场合要求 $X < 7$
应变能力（10分）	应对棘手问题思维敏捷，处理问题非常沉着冷静 $9 \leq X \leq 10$	应对棘手问题反应较为敏捷，处理问题较为冷静 $8 \leq X \leq 9$	应对突发问题急躁的时间较短，思维较活跃 $7 \leq X \leq 8$	应对突发问题较为木讷，处理问题不够冷静 $X < 7$
性格态度（10分）	乐观自信真诚，敢于面对挫折，不盲目，善于计划，以德服人 $9 \leq X \leq 10$	较为乐观自信，比较善于计划，做人较为真诚 $8 \leq X \leq 9$	不太自信，计划能力不太强，不太善于处理人际关系 $7 \leq X \leq 8$	较为自卑，盲目无计划，人际关系处理能力较差 $X < 7$
专业知识（10分）	很好地运用所学知识分析回答问题，专业知识掌握扎实 $9 \leq X \leq 10$	较好地引用所学知识回答问题，专业知识较为扎实 $8 \leq X \leq 9$	专业知识的掌握程度一般 $7 \leq X \leq 8$	专业知识掌握不扎实 $X < 7$

八、课程实践项目设计总结

商务沟通课程就是本着"活动—体验—感悟"的模式，让学生在活动中得到情感体验，将体验内化、升华，从而达到活动的目的。

从课堂效果看，课程活动设计基本合理，所选择的活动、案例都能够贴近学生的生活，所以能够充分调动学生参与到活动中的积极性，激发学生思考、归纳并展开讨论。学生真正成为课堂的主体，教师在其中只是起穿针引线的作用，这样也就能最大程度地激发学生主动投入到课堂学习中。在每一次技能实践活动后，教师应进行及时的归纳总结，同时应增加语言的艺术魅力，丰富激励学生的语言，这样才能更好地激发学生的学习热情。

企业伦理
参与式教学项目设计与实施

黄志斌

一、课程简介

企业伦理学是一门新兴学科，它是在管理学和伦理学交叉的基础上形成的，对企业经营过程中应遵守的伦理准则进行了阐述和研究，为未来的管理者正确决策和经营管理指明了方向。

企业伦理课程是管理类专业本科生的专业课，在人才培养方案中占有非常重要的地位。学生通过学习该课程后，应能明确企业经营中哪些是对的，哪些是不对的，并较熟练地掌握分析问题和解决问题的正确方法和思路。

二、课程教学目的

通过企业伦理课程的教学使学生掌握本学科的基本知识和分析方法，掌握伦理分析工具和社会主义市场经济条件下企业的目的、企业应遵守的伦理准则及其道德评价，掌握企业社会责任的内容，了解工商活动中的不道德行为及其危害和产生的原因。就市场营销专业的学生而言，需要其了解企业营销管理中的伦理问题，掌握市场营销的伦理准则、产品的安全性和厂商的道德责任、员工的基本权利和职场活动中的知识、信息与公平竞争的伦理准则，掌握营销管理决策的伦理因素、决策者的伦理道德素养、组织文化的功能与伦理价值体系，掌握企业的伦理建设内容和过程，从而使学生建立起基本的营销管理的伦理观和行为规范。

三、课程教学内容重点、难点及参与式教学需要掌握的技能点

企业伦理学课程教学内容涵盖企业伦理的研究对象、不道德行为产生的原因、企业应

该遵守的伦理以及建设伦理型企业的措施。具体包括十章的内容：第一章"伦理与企业经营"；第二章"个人与职业情境下的伦理决策"；第三章"中外伦理思想与企业经营"；第四章"企业文化中伦理的影响与启示"；第五章"企业的社会责任"；第六章"伦理决策：雇主的义务和雇员的权利"；第七章"道德决策制定：工作场所中的技术和隐私"；第八章"营销伦理"；第九章"环境与企业的可持续发展"；第十章"公司治理与会计实务中的伦理决策"。

企业伦理学是一门应用性学科，与实践联系密切，因此要求学生通过观察生活、参加社会实践，在提高学习兴趣的同时，加深对企业伦理理论的理解。因此教学重点是企业伦理决策的步骤和方法，难点是伦理作为企业高层的决策如何在实际经营活动中得到应用。因此，该课程要求学生掌握如下实践技能：企业伦理决策的步骤、方法的实际运用。

四、课程教学方法说明

课程教学部分主要设置形式多样的教学方式帮助学生理解企业伦理学的相关理论。形式主要包括课堂讨论和案例分析。在这一阶段主要帮助学生了解企业伦理学的基本理论，增强感性认识，提高对企业伦理问题研究的兴趣。

有了基本的理论理解和感性认识后，通过分组的方式就给定的企业伦理问题进行辩论，加强学生的思辨能力。在评价标准上只部分参考辩论赛的评价体系，更主要的是要求学生在辩论内容上要从理论上寻找和挖掘论点和论证方法以及从现实中寻找真实发生的案例作为论证的依据。

小组实践作业采用的是"情景剧制作"的实景化教学方法。该教学方法就是要通过理论学习与企业实践操作同时展开的方式，让学生能够在理论学习的基础上就现实企业经营中存在的伦理问题进行深入剖析并拍摄成"情景剧"，以更好地理解企业伦理学的相关理论并能实际体验企业伦理决策的步骤和方法。

通过这三个部分的教学模块的延展教学，帮助学生完成对企业伦理学的基本内容、重点以及难点的学习和应用。

五、课程实践技能点与对应参与式教学项目设计

企业伦理课程实践技能点与对应参与式教学项目设计如表 1-18 所示。

表 1-18　企业伦理课程实践技能点与对应参与式教学项目设计

序号	课程技能点	参与式教学项目设计	教学时间安排
1	企业伦理问题感知能力。通过基础理论的学习对企业伦理的历史、概念及相关的基础理论有初步的认识和理解	课堂讨论、案例分析。在讲解教材（共十章）的理论内容基础上，就每章的核心内容，如环境、安全、隐私、消费者、竞争者等话题举出相关案例进行分析，在课堂上利用相应的时间提出与案例相关的问题进行课堂讨论	第1~4周（在此阶段，根据课程实践技能的要求布置辩论赛小组抽签和小组课程实践作业）
2	企业伦理思辨能力。主要通过辩论赛的方式来完成。即对企业实践中真实发生的伦理问题进行正反两方面的思考，从而掌握企业伦理决策的基本思路、步骤和方法	辩论赛。让学生抽签分组、选择辩论题目，以辩论赛的方式进行辩论	第5~8周
3	企业伦理决策步骤和方法运用能力。主要通过小组实践作业来完成	企业伦理"情景剧"制作的实景化教学方法	第9~16周

六、课程实践技能参与式教学项目设计具体内容

企业伦理课程实践技能参与式教学项目设计具体内容如表 1-19 所示。

表 1-19　企业伦理课程实践技能参与式教学项目设计具体内容

技能训练单元一：企业伦理问题感知能力
1. 课堂讨论 主要通过对以下问题的讨论厘清企业伦理的含义、准则、步骤和方法： （1）企业伦理学产生的原因是什么 （2）为什么说管理与伦理密不可分 （3）如何学好企业伦理学 （4）为什么要学习企业伦理学 （5）为什么"好"人会做"坏"事 （6）伦理的决策过程包括哪些内容 （7）企业应该遵守哪些伦理准则 （8）制约企业讲求伦理的因素有哪些 （9）管理者的行为与企业行为的关系如何 （10）如何建立讲伦理的企业 （11）你希望自己成为怎样的管理者

续表

技能训练单元一：企业伦理问题感知能力
（12）目前企业经营中存在的重大问题是什么？如何纠正 【训练目标】充分认识企业伦理的理论内涵和理论体系 2. 案例分析 给出实际的企业伦理案例，如雷士照明、国企改革方案、茂名PX项目、中国足球、网络名人社会责任、雀巢事件、德阳化工厂等案例作为分析对象，加深对上述关键问题的理解和认识，并为辩论赛和小组课程作业做理论准备 【训练目标】进一步认识企业伦理的含义、准则、步骤和方法
技能训练单元二：企业伦理问题思辨能力
一般设置以下的辩论题目，也可以根据实际营销活动的变化作相应调整，还可以发挥学生的主观能动性自拟辩论题目 第一题： 正方辩题：环境对于伦理素质的养成具有决定性的影响 反方辩题：环境对于伦理素质的养成不具有决定性的影响 第二题： 正方辩题：企业应该宣传竞争对手真实的负面新闻 反方辩题：企业不应该宣传竞争对手真实的负面新闻 第三题： 正方辩题：食品安全事故错在政府监管不力 反方辩题：食品安全事故错不在政府监管不力 第四题： 正方辩题：企业发展需要无私奉献的精神 反方辩题：企业发展不需要无私奉献的精神 第五题： 正方辩题：通过网络造势有利于企业形象 反方辩题：通过网络造势不利于企业形象 第六题： 正方辩题：企业选人是德重于才 反方辩题：企业选人是才重于德 第七题： 正方辩题：杜绝盗版，消费者扮演比政府更主要的角色 反方辩题：杜绝盗版，政府扮演比消费者更主要的角色 第八题： 正方辩题：企业能让女职员陪客户娱乐 反方辩题：企业不能让女职员陪客户娱乐 第九题： 正方辩题：企业发展能以牺牲环境为代价 反方辩题：企业发展不能以牺牲环境为代价 第十题： 正方辩题：维护食品安全政府责任更大

续表

技能训练单元二：企业伦理问题思辨能力
反方辩题：维护食品安全企业责任更大 第十一题： 正方辩题：3D 打印是利大于弊 反方辩题：3D 打印是弊大于利 第十二题： 正方辩题："安乐死"违反道德伦理 反方辩题："安乐死"不违反道德伦理 第十三题 正方辩题：中国同性恋婚姻应该合法化 反方辩题：中国同性恋婚姻不应该合法化 第十四题： 正方辩题：大学生应该在大学期间创业 反方辩题：大学生不应该在大学期间创业 第十五题： 正方辩题：网络营销能够取代实体营销 反方辩题：网络营销不能够取代实体营销
技能训练单元三：企业伦理决策步骤和方法的运用能力
以小组形式完成自编、自导、自演的"伦理情景剧"制作。题目主要是教材（共十章）内容最核心的十个问题。 ◎ 健康 ◎ 歧视 ◎ 隐私 ◎ 广告 ◎ 安全 ◎ 环境 ◎ 薪酬 ◎ 内幕交易 ◎ 消费者 ◎ 竞争

七、课程实践技能参与式教学评价方法及标准

企业伦理课程考核分三个部分：

1. 期末考试

期末考试采用开卷考的形式，主要考核学生对伦理学理论知识点的掌握程度及理论联系实际思考和解决问题的能力。此部分占考核总成绩的50%。

2. 辩论赛

由于企业伦理学的学习重视对问题的思考及思辨，所以本课程的另一考核形式是将学生进行适当分组就给出的辩题展开辩论赛。此部分占考核总成绩的20%。具体题目由教师给出，也可以每学期根据现实营销活动的热点变化作相应调整，还可以发挥学生的主观能动性自拟辩题。评价基本采用一般的辩论赛的组织评价方式，但课堂上正反两方的辩论不以输赢论成绩，主要看能否较好地结合理论（50%）和能否以小组成员寻找到的基于真实营销实践的案例为依据（50%）。

3. 课程作业

就企业伦理学的教学重点和难点，运用与实际相结合的分组课程作业，帮助学生学会掌握企业伦理决策的步骤和方法。此部分占考核总成绩的30%。

（1）课程作业要求。创作一部伦理短剧。每组从给定的题目中选一个作为伦理短剧创作的"主题"。要求小组成员每人都要参与，须结合真实的企业情况编写剧本并进行演出，将其拍摄成20~30分钟的伦理短剧做课堂展示并结合理论进行讲解。

（2）课程作业评分标准。短剧内容占50%，团队组织占30%，课堂展示及讲解占20%。

八、实践项目设计总结

企业伦理的参与式教学，鼓励学生自己探究、动脑思考，理论联系实际并自己寻找答案。教师不用单纯讲授和灌输的方法教学，更重要的是让学生在寻找真实案例、共同探讨、联系真实企业并跟企业创始人或管理者沟通和交流的过程中，加深对伦理学理论的理解和认识，从被动的学习转为自己去发现、寻找和探索企业伦理问题以及企业伦理决策的步骤和方法。教学形式多样化且逐层深入地展开教学，鼓励学生积极参与教学过程，加强信息交流与反馈，使学生能深刻地领会和掌握所学知识，并能将这种知识运用到实际工作中去。

营销策划
参与式教学项目设计与实施

卢师林

一、课程简介

营销策划是市场营销专业的进阶课程，是对之前所学的基础课程和核心课程的延伸与扩展。本课程分为基础篇、专题篇和行业篇。基础篇侧重策划流程、方法与创意；专题篇打破了4Ps框架，摒弃了不能体现"策划"色彩，而实际上是"管理"行为的价格、渠道等内容；行业篇选取了营销策划最引人注目的房地产、医药保健品和快速消费品三个代表性行业。

二、课程教学目的

通过营销策划课程的学习使学生较为全面地了解本课程的内容结构与体系；牢固掌握营销策划的基本概念与性质，深刻理解营销策划的理论背景与策略依据，掌握营销策划的基本原理与基本方法；理论联系实际，培养运用营销策略开展营销策划的实际操作能力；密切关注营销策划理论与实战的发展变化，为学生今后从事市场营销管理工作打下良好的基础。

三、课程重点与难点

营销策划课程的重点：①营销策划的原理与步骤、技巧、文案撰写等基本概念、基本理论及方法或技术。②综合营销策划技能的训练。对市场营销学与营销策划核心知识点的理解与应用，培养学生创造性地运用知识解决管理问题的能力。

营销策划课程的难点：①如何培养学生形成营销意识，系统地掌握策划知识。②从营销的角度，培养学生网络营销策划与传统营销策划相结合的能力。③通过训练，提高学生的策划素质和营销文案的写作能力。

四、课程教学方法说明

营销策划是一门实践性很强的应用科学,在教学上既要重视理论教学,又要强调对学生实践技能的培养以及营销策划技能的提升。本课程在教学方法的设计上主要将重心放在以下两个方面:

1. 理论教学

对理论教学部分力求达到基础与前沿热点问题的有效融合,理论与案例并重。按"理论+案例"驱动型的教学模式来组织教学。在讲授每章节内容时,既注重课程知识结构的提炼,按核心知识点构建营销策划知识树;又在一些关键概念、核心理论讲授中能通过合适的案例启发学生思考,做到教与学并重。同时在相关章节设置专题讲座,针对房地产行业、医疗保健品行业、快速消费品行业的最新研究成果进行讨论。适当增加反映营销科学发展趋势的新观念、新理论、新研究领域的相关知识。通过有意识地向学生提供大量扩充性、相关性学习资源,拓宽学生的知识面。

2. 实践教学

在实践教学部分精心设置形式多样的实训内容。如案例讨论、情境模拟、角色扮演、组织学生参与企业调查、企业咨询实践等灵活多样的教学方式,实现了学生从被动的传统学习方式向开放式的自主学习模式的转变,使学生的综合营销策划技能得到充分训练与培养。

五、课程实践技能点与对应参与式教学项目设计

营销策划课程实践技能点与对应参与式教学项目设计如表 1-20 所示。

表 1-20 营销策划课程实践技能点与对应参与式教学项目设计

序号	课程技能点	参与式教学项目设计	教学时间安排
1	营销策划的认知能力	课堂讨论、案例分析	第1周
2	培养营销策划的流程、方法与管理能力	案例分析、调查与访问	第2周
3	培养社会热点问题分析能力	团队练习、课堂讨论	第3周
4	培养社会热点问题的学术研究能力	报告写作	第4周
5	培养市场调研的能力	调查与访问	第5周
6	培养营销战略环境的分析能力	案例分析、团队练习、课堂讨论	第6周
7	培养营销策划书撰写能力	小组作业、策划书写作	第7周

续表

序号	课程技能点	参与式教学项目设计	教学时间安排
8	培养产品的营销推广能力	课堂讨论、小组作业	第8周
9	培养有效贯彻与执行计划的能力	校外实习、课堂讨论	第9~10周
10	培养人员组合与团队建设能力	团队练习、校外实习	第11~13周
11	培养总结能力	课堂演讲、视频展播	第14~15周
12	培养营销策划活动学术研究能力	论文写作	第16周

通过实施此方案，实现学生从被动的传统学习方式向开放式的自主学习模式的转变，积极探索与运用参与式教学、体验式教学和互动式教学。本课程的教学方法说明如表1-21所示。

表1-21 营销策划课程实践技能训练教学方法说明

序号	教学方法	具体说明
1	课堂讨论	在知识点的讲授中，每章重要的知识点都设有案例辅助解释说明，在课堂教学中可以采用形式多样化的教学方式展开讨论，由学生应用所学知识，放开思路，大胆表达自己的意见与建议，相互学习
2	团队练习	在第一次授课时，就要求学生自由组合成10个人左右的学习小组，选举小组负责人开展课程相关的团队练习训练
3	案例分析	案例分析是营销策划教学理论联系实际的特色形式。将学生分为若干组（每组一般8~10人为宜），先分组讨论分析，然后每组选派1名代表，将本组推荐的解决问题的方案在全班进行交流，其他组的同学可以提出质疑。各小组汇报结束后，教师进行简短小结。教师的指导要重点放在引导学生寻找正确的分析思路和对关键点的多视角观察上，而不是用自己的观点影响学生。教师对案例分析的总结，也不要对结果或争论下结论，而是对学生们的分析进行归纳、拓展和升华
4	情境模拟	选出有意思的案例，由师生共同编写剧本，在仿真的营销情景中运用管理理论知识，提升管理技能
5	调查与访问	根据教学与训练需要，特别是要带着特定的营销问题，组织学生进行社会调查，深入企业，访问企业家与管理者，再由学生写出调研报告
6	视频教学	视频教学包括视频案例与视频讲座。视频案例是将国内外企业经营管理中的带有典型性的成功经验或失败教训，通过剪辑和艺术处理制成音像片，使学生如同亲临国内外企业经营管理现场，融知识性与娱乐性于一体。视频讲座是业界知名人士的著名演讲，有利于开拓学生视野
7	学生讲坛	要求学生上网检索和整理热点经济事件的相关信息，结合营销策划所学相关知识加以分析，并要求在课堂中，派代表在讲台前展示并引导同学深入讨论。使用该方法的目的在于能结合热点经济问题，增强学生对企业的理性认识，提高学生运用所学知识分析与解决实际问题的能力
8	论文写作	专题小论文
9	校外实习	到企业实习

六、课程实践技能参与式教学项目设计具体内容

营销策划课程实践技能参与式教学项目设计具体内容如表 1-22 所示。

表 1-22 营销策划课程技能参与式教学项目设计具体内容

技能训练单元一：营销策划的认知能力
1. 课堂讨论 【讨论内容】讨论内容有如下两点： （1）营销策划如何帮助企业成为竞争中的赢家 （2）营销策划的意义和目的是什么 【训练目标】充分认识营销策划的内涵 2. 案例分析 【案例】7-11 便利店的营业时间早已由从早 7 点到晚 11 点发展到了 24 小时营业，根据店铺地点不同，每家店铺的黄金营业时间也不同。靠近公司周边的每日早晨及中午为一天的黄金时段。大量的消费者到便利店买便当以及饮料。另外，靠近居民区的 7-11 店铺，夜间往往是营业的黄金时间段。由于日本公司加班的现象极其普遍，很多人的夜宵几乎都在回家途中的便利店购买，这一点充分体现了便利店的特性。 42 年间为实现"一切以顾客的需求为转移"的经营宗旨，他们确立了"三个中心"的运营战略目标。所谓三个中心，一是以顾客为中心组织经营。在满足顾客需求的前提下，充分发挥零售业的主导作用，把定制营销带到零售业中。日本 7-11 处处从消费者的需求出发，考虑到消费者群体的购物习惯及消费嗜好，不仅将上班族归类为"加班时经常购买零食为宵夜"的消费层，让靠近上班族的 7-11 夜间增加零食，还考虑到顾客站着购物不易看见下层商品的实际，要求每家 7-11 的货架下层摆放要醒目，以便顾客一目了然。并根据单身族的生活习惯，贴心地推出饭团、各种便当、各种生活用品等适销对路的商品。二是以信息为中心管理商品。日本 7-11 充分发挥信息系统的通畅作用，把信息营销带到零售业中，全力开发"PSP 销售时点"（Point Of Sales）信息系统，建立起全球仅次于美国太空总署（NASA）的信息资料库，精准解读变化多端的购物心态，从而游刃有余地确定了目标顾客群——男性和未婚者。三是在以效率为中心提供服务的同时，充分发挥差异化服务的广角作用，把个性营销带到零售业中。日本 7-11 尽心尽力追逐"差异化服务"，以求把每一家 7-11 完全融入顾客的"生活情景"中，让货柜上的商品"自然地"向顾客招手。在一家 7-11 中，虽然铺面面积仅有 100 平方米左右，却经营着 3000 多种商品，日平均销售额达到 4 万日元左右，单位销售面积达到 235 万日元，资金周转率每年高达 43 次。 【分析内容】7-11 便利店在做营销策划时，关注点是什么 【训练目标】充分认识营销策划的重要性
技能训练单元二：培养营销策划的流程、方法与管理能力
1. 案例分析 【案例】MIX 餐吧基本营销情况：MIX 餐吧坐落于海峡创意园。海峡创意园作为文化创意产业的孵化器，主要涉及文化资产投资、文化资产管理和文化生活三大领域。公司成立至今已发展成为中国创意产业 100 强企业以及文化资产投资与管理领域的专业品牌。园区以城市再生理念为依托，对原有工业建筑进行改造，引入多元化的休闲娱乐性商业，为园区提供丰富的文化休闲配套，体现园区时尚和主题性特征。改建后的园区将文化展示和休闲娱乐巧妙地融合在一起，形成独特的街区式景观带。创意园目前完成文创类企业签约 85 家，现已入驻 46 家，约有 1500 人入园办公。人群相对集中，客源也比较稳定。虽然这些人群是以平价消费为主，但也有一部分人对就餐环境要求高。MIX 餐吧依靠海峡创意园区的地理优势及资源优势，经营状况尚好，但是企业自身资源优势略显不足。餐吧服务人

续表

技能训练单元二：培养营销策划的流程、方法与管理能力
员素质不高，且没有经过系统的培训，员工表现比较随意；餐吧提供的食材没有特色，厨师水平不高，食品质量有待提高；MIX餐吧的定位不明确，虽然为西餐吧，但所提供的食物涉及广泛，没有其餐吧特色，餐吧被定位为白天作为餐厅，晚上作为酒吧，与餐吧整体装潢不相符。而且MIX在宣传上也存在明显的劣势，由于位于海峡创意园区，相对来说知名度不高，且宣传力度弱，对于微信、微博等宣传平台的建设也做得不到位 【分析内容】根据MIX餐吧的营销现状，分析其优势、劣势、机会与威胁；所处的宏微观环境；目标消费人群；品牌定位等问题 【训练目标】将所学理论结合现实的企业做初步分析与讨论，理论联系实际 2. 管理调查与访问 【调查内容与方法】调查内容与方法如下： （1）由学生自愿组成小组，每组10人。利用课余时间，对MIX餐吧实地考察，进行调查与访问 （2）在调查访问之前，每组需根据课程所学知识经过讨论制定调查访问的提纲，包括调研的主要问题与具体安排 （3）调查访问结束后，组织一次课堂交流与讨论 【训练目标】使学生结合实际，加深对MIX餐吧的认识与理解；充分领悟营销策划的流程、方法与管理等问题
技能训练单元三：培养社会热点问题分析能力
1. 团队练习 第四代导演吴天明遗作《百鸟朝凤》票房惨淡，原因是什么 【练习内容】要求学生上网收集关于电影《百鸟朝凤》上映前后的整个事件发展过程，并分析其票房惨淡的原因是什么 【训练目标】一方面训练学生的信息处理能力；另一方面能对社会现象做出思考与分析 2. 课堂讨论 如何通过合理的营销策划，帮助《百鸟朝凤》扭转票房现状 【辩论内容】将学生分组，各组从不同角度探讨分析，最后做口头汇报与总结 【训练目标】引导学生将社会热点问题与营销策划的理论相结合
技能训练单元四：培养对社会热点问题的学术研究能力
论文写作 《百鸟朝凤》营销策划案 【写作内容】《百鸟朝凤》营销策划的目的、意义与步骤 【训练目标】从学术角度分析和思考社会现象
技能训练单元五：培养市场调研的能力
调查与访问 组织环境分析、战略选择，寻找潜在消费者 【调查内容】调查内容如下： （1）以小组为单位完成此次调研 （2）企业及周边环境实地考察，分析企业环境、目标消费群体、市场定位、营销战略和目标 （3）用SWOT法分析企业的内外部环境 （4）为该企业寻找潜在消费者

续表

技能训练单元五：培养市场调研的能力
【训练目标】训练目标如下： （1）培养学生分析外部环境能力 （2）培养学生分析内部环境能力 （3）培养学生具体策略的能力 （4）培养学生寻找和发掘目标消费者的能力
技能训练单元六：培养营销战略环境的分析能力
1. 团队练习 如何为MIX餐吧开拓消费者市场 【练习内容】要求学生对MIX餐吧存在的问题进行分析，并提出可行性整改意见，阐述如何开拓消费者市场 【训练目标】一方面训练学生的信息处理能力；另一方面能使学生对企业现象做出思考与分析 2. 课堂讨论 如何为MIX策划一场活动 【辩论内容】将学生分组，各组从不同角度探讨分析，最后口头汇报策划方案及费用预算，内容包括时间、场地、活动形式、宣传媒体、广告和宣传品设计方案、人员分配等。就初步策划方案与老师和企业负责人进行探讨，修改方案 【训练目标】引导学生将企业问题与营销策划的理论相结合
技能训练单元七：培养营销策划书撰写能力
小组作业 大学学习计划 【作业内容】MIX餐吧营销策划书写作，包括纲要、环境分析、SWOT分析、市场选择与定位、营销战略与目标、组织与实施计划、费用预算、控制应变措施 【训练目标】学会编制营销策划书
技能训练单元八：培养产品的营销推广能力
小组作业 MIX餐吧新品海报制作 【作业内容】要求学生去企业对新产品的状况进行了解，并进行资料采集。运用已掌握的资源和技能，为企业的新产品设计广告海报 【训练目标】学会观察环境以及做好新产品分析，帮助企业完成新产品的广告海报，做好营销推广
技能训练单元九：培养有效贯彻与执行计划的能力
校外实习 为MIX策划一场活动 【实习内容】确定策划方案与预算，内容包括时间、场地、活动形式、宣传媒体、广告和宣传品设计方案、人员分配等。之后组织采购、广告的撰写设计、排期投放、利用网络平台宣传，并与客户确认 【训练目标】引导学生将企业问题与营销策划的理论相结合，培养有效贯彻与执行计划的能力

续表

技能训练单元十：培养人员组合与团队建设能力
校外实习 活动策划执行 【实习内容】活动前，现场布置，相关人员彩排，熟悉现场活动程序，并根据活动当天可能发生的临时情况制定备选方案。活动实施当天，由指导老师和企业负责人到店检查活动情况。根据现场反馈及临时情况对方案实施进行修改调整。活动结束后，对现场活动所用物品完成清点和清理工作。对可用物品妥善保存，以便重复使用，以节省费用 【训练目标】引导学生将企业问题与营销策划的理论相结合，培养有效贯彻与执行计划的能力和人员组合与团队建设能力
技能训练单元十一：培养总结能力
1.课堂演讲 策划活动成果展示 【演讲内容】要求学生对在MIX餐吧展开的活动进行成果展示，可利用PPT、照片、视频等多种形式，与老师和其他同学进行分享 【训练目标】训练学生做好分析和总结工作 2.课堂讨论 策划一场活动应该注意哪些问题 【演讲内容】要求学生对一场营销策划活动谈谈自己的感受，并分析在活动过程中出现的问题以及应急解决方案是什么。未来策划活动时，应该注意些什么问题 【训练目标】对策划活动做出思考与分析和总结工作
技能训练单元十二：培养营销策划活动学术研究能力
报告写作 MIX餐吧活动营销策划案 【写作内容】MIX餐吧活动营销策划案写作，包括营销策划的目的、意义与步骤、存在问题分析、可行性意见，未来发展方向和总结等 【训练目标】从学术角度分析和思考一场营销策划活动

七、课程实践技能参与式教学评价标准

营销策划参与式教学评价标准分为两个部分，分别由实习企业和学校给出，各占50%。企业部分评价标准由四方面构成：第一，策划活动的参与人数与人气（25%）；第二，费用控制率（30%，费用占比＝总费用/总营业额）；第三，活动满意度（20%，现场活动气氛、回访顾客及门店配合情况）；第四，人均单价（25%，人均单价＝总营业额/参与消费人数）。学校部分评价标准也由四方面构成：第一，课堂参与率（15%）；

第二，营销策划活动执行情况（30%）；第三，两次课堂演讲（30%）；第四，营销策划报告撰写（25%）。

八、实践项目设计总结

营销策划的参与式教学，鼓励学生自己探究、动脑思考，理论联系实际，自己寻找答案。教师不再用讲授和灌输的方法，而是采用引导和启发学生自己去发现、探索，让不同层次的学生都拥有同等参与和发展机会的一种有效的教学方式。它以营销专业的学生为中心，充分应用灵活多样、直观形象的教学手段，鼓励学生积极参与教学过程，加强信息交流与反馈，深刻地领会和掌握所学知识，并能将这种知识运用到实际中去。参与式教学为所有学生提供了一个发表意见的环境，使教师了解不同学生的看法和所关心的问题，使学生不同的意见和看法可以相互交锋，产生思想碰撞的火花。使学生对自己的学习负责，对小组的合作学习负责，进而使全体学生有机会反思和利用自己的已有资源，将参与互动的体验迁移到教育教学中。

市场营销学
参与式教学项目设计与实施

陈文秀

一、课程简介

市场营销学是管理专业的专业基础课程，本门课对后续核心课程与进阶课程的深入学习具有重要意义。市场营销学课程是以满足消费者需求为中心的企业营销活动过程和其规律性为研究对象，系统地阐述了现代市场营销学科的基础理论、普遍规律、基本原理、策略和方法，其主要内容包括市场及市场营销核心概念；消费者购买行为和购买决策分析；市场细分和目标市场选择的方法、市场定位战略；企业的营销策略等。通过学习，使学生对市场营销这门学科有全面的认识，能够掌握市场营销的基本策略。

二、课程教学目的

市场营销学课程的教学目标在于帮助学生全面、系统地掌握市场营销的基本理论和一般方法，培养学生树立正确的市场营销理念和掌握从事市场营销工作的综合技能；提高正确分析和解决市场营销管理问题的能力，以便在未来更好地适应市场营销管理工作的需要。

三、课程重点与难点

1. 市场营销学课程的重点

市场营销学课程有以下两方面的重点：
（1）对市场营销学核心知识点的理解，如现代市场营销观念、目标市场营销战略、市场营销组合的基本概念及方法。

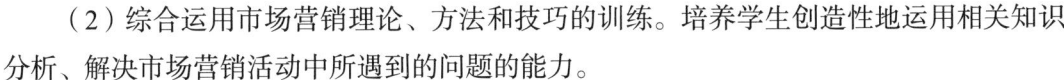

（2）综合运用市场营销理论、方法和技巧的训练。培养学生创造性地运用相关知识分析、解决市场营销活动中所遇到的问题的能力。

2. 市场营销学课程的难点

培养学生对市场营销学科的兴趣，引导学生在系统学习市场营销学基础知识的同时，能够观察生活中的营销现象，在不同营销情境中发现问题、综合分析问题以及提出解决方案的实践技能，以培养出具有市场营销工作基本知识和工作技能的人才。

四、课程教学方法说明

市场营销学是一门实践性很强的应用科学，在教学上既要重视理论，又要强调对学生实践技能的培养和学生市场管理智慧的提升。本课程在教学方法的设计上将重心主要放在以下两个方面：

1. 理论教学

对理论教学部分力求基础与前沿热点问题的有效融合，理论与案例并重。按"理论+案例"驱动型的教学模式来组织教学。在讲授每一章节内容时，一方面注重课程知识结构的提炼，按核心知识点构建市场营销学知识树；另一方面在一些关键概念、核心理论讲授中能通过合适案例启发学生的思考，做到教与学并重。再就是在相关章节引出当前国内外营销学领域最新的研究成果，适当增加反映市场营销学发展趋势的新观念、新理论、新研究领域的相关知识，如整合营销、网络营销、关系营销等。同时通过有意识地向学生提供大量扩充性、相关性学习资源，包括市场营销学著作、中外企业市场营销案例、国内外市场营销期刊、企业网站资源、市场营销类微信公众号等，激发学生学习热情，拓宽学生的知识面。

2. 实践技能培养

在实践技能培养方面，精心设置形式多样的实训内容，如案例讨论、情境模拟、角色扮演等灵活多样的教学方式，要求学生在掌握基本理论体系框架的同时，从被动的传统学习方式向开放式的自主学习模式转变，充分训练和培养学生的综合营销技能。

五、课程实践技能点与对应参与式教学项目设计

通过本项目的参与式学习，要求学生掌握营销管理的基本理论和方法，具有从事市场营销工作所需具备的基本知识和工作技能，更快、更好地适应未来参与企业营销管理工作的需要。

市场营销学课程要求学生掌握如下技能：

第一，营销的相关基本概念、营销理念演变的认知能力。

第二，企业的内外部营销环境、企业的目标消费者及企业竞争环境的分析能力。

第三，企业的目标市场营销战略的分析及营销组合策略制定能力。

市场营销学课程实践技能点与对应参与式教学项目设计如表1-23所示。

表1-23 市场营销学课程实践技能点与对应参与式教学项目设计

序号	课程技能点		参与式教学项目设计	教学时间安排
1	营销与营销理念的运用能力	营销内涵的认知能力	课堂讨论、案例分析	第1周
		现代市场营销观念的运用能力	角色扮演、案例分析、课堂讨论	第2周
		企业顾客感知价值的提升能力	课堂讨论、案例分析	第3周
2	企业的内外部营销环境、企业的目标消费者及企业竞争环境分析能力	企业总体战略和市场营销管理关系的认知能力	案例分析、课堂讨论	第4~5周
		宏观、微观营销环境对企业营销影响的分析能力	案例分析、课堂讨论	第6周
		消费者（购买行为模式、购买角色、购买行为的影响要素）的分析能力	课堂讨论、案例分析	第7~8周
		企业所处竞争地位及对应竞争策略的分析能力	视频教学	第9周
3	企业的目标市场营销战略及营销组合策略的策划能力	企业的目标市场营销战略（市场细分、目标市场选择、企业定位）的分析能力	课堂讨论、团队练习、案例分析	第10~13周
		企业的营销组合策略（产品、价格、渠道、促销）的制定能力	课堂讨论、角色扮演、案例分析、视频教学、团队练习	第14~16周

通过实施此方案，实现学生从被动的传统学习方式向开放式的自主学习模式的转变，积极探索与运用参与式教学、体验式教学和互动式教学。本课程的教学方法说明如表1-24所示。

第一篇　营销管理

表1-24　市场营销学课程实践技能训练教学方法说明

序号	教学方法	具体说明
1	课堂讨论	在市场营销学知识点的讲授中，每章重要的知识点都设有案例辅助解释说明，在课堂教学中可以采用形式多样化的教学方式展开讨论（如个人分析、小组分析、课堂辩论等方法），由学生应用所学知识，放开思路，大胆表达自己的意见与建议，相互学习
2	团队练习	在第一次授课时，要求学生自由组合成6个人左右的学习团队，根据给定的题目，团队在课后进行讨论，将观点成果制作成PPT，上讲台做讲演汇报并提交一份总结报告
3	角色扮演	给出一定的案例或要解决的营销问题，由学生扮演其中的角色，设身处地地分析与解决所面临的问题。学生从所扮演角色的角度出发，运用所学知识，自主分析与决策，以提高学生分析问题与解决问题的能力
4	案例分析	案例分析是市场营销学教学理论联系实际的特色形式。本教程所选案例，均是较为典型的、具有学生讨论与研究空间的案例。我们将学生分为若干组（每组一般6~8人为宜），先分组讨论分析，然后每组选派1名代表，将本组推荐的解决问题的方案在全班进行交流，其他组的同学可以提出质疑。各小组汇报结束后，教师进行简短小结。教师的指导要重点放在引导学生寻找正确的分析思路和对关键点的多视角观察上，而不是用自己的观点影响学生。教师对案例分析的总结，也不要对结果或争论下结论，而是对学生们的分析进行归纳、拓展和升华
5	视频教学	视频教学包括视频案例与视频讲座。视频案例是将国内外企业经营管理中的带有典型性的成功经验或失败教训，通过剪辑和艺术处理制成音像片，使学生如同亲临国内外企业经营管理现场，融知识性与娱乐性于一体。视频讲座是业界知名人士的著名演讲，有利于开拓学生视野

六、课程实践技能参与式教学项目设计具体内容

市场营销学课程实践技能参与式教学项目设计具体内容如表1-25所示。

表1-25　市场营销学课程技能参与式教学项目设计具体内容

技能训练单元一：营销内涵认知能力
1. 课堂讨论 【讨论内容】讨论内容有如下两点： （1）"营销"这词经常被提及，你觉得什么是营销 （2）"营销"和"广告"、"卖东西"、"推销"一样吗 【训练目标】训练达到如下两点目标： （1）激发学生对学科的兴趣，了解学生对学科的认识 （2）纠正学生对"营销"概念理解的误区，充分感悟市场营销的内涵 2. 案例分析 　　小明在北京打工，住在六环外一个10平方米的地下室，已经三年没回老家了。他常觉得自己很孤独，只有躲在被窝里的时候，才觉得温暖和安全。地下室的房子很潮湿，被褥总晒不干，小明决定去买一床新被子作为这个月加薪的

续表

技能训练单元一：营销内涵认知能力
奖励。他先去了宜家，对着一床鹅绒被爱不释手地摸了又摸。可是看到价格标签，等于他半个月工资，小明心灰意冷地走了……他最后在农贸批发城溜达，看中了一个"狂跋酷炫"牌鸭绒被，觉得质量不错，价格还在预算内，值了！于是小明心满意足地付完钱，扛着新被子潇洒地走向最近的地铁站。 【分析内容】结合书本，需要、欲望、需求、产品、效用、交换、市场在案例中分别指的是什么 【训练目标】对市场营销的基本概念有初步认识
技能训练单元二：现代市场营销观念的运用能力

1. 角色扮演
扮演公司市场营销部经理了解市场需求状况
【模拟内容1】美国一家制鞋公司想开拓非洲的海外市场，于是派两名员工去非洲某个国家了解情况。他们回来后这样汇报：
  财务经理：这里的人根本不需要穿鞋，他们对鞋没有需求
  市场专员：这里的人没有一个人有鞋，他们对鞋有巨大的潜在需求
【分析内容】你作为公司的市场部经理，需要再次前往该市场了解情况，设想一下，你想要收集这个市场上的哪些信息作为评估依据
【训练目标】学习评估一个市场需求的大小
【模拟内容2】营销总经理回来后做了如下汇报：
  ◎ 这里人都没穿鞋，但他们很多人有脚疾，肯定有人需要穿鞋的
  ◎ 我们要教他们穿鞋的方法并告诉他们穿鞋的好处
  ◎ 他们的脚掌比较宽厚，必须特制一些宽大舒适的鞋
  ◎ 这里的部落首领不让做买卖，经过谈判，首领同意支付1.5万美元后，我们有三年在此地的独家鞋品销售权
  ◎ 在部落首领配合的情况下，我们可以垄断该市场，他们的需求量在3000万双左右，我们可以全部满足
  ◎ 但是3年后，其他竞争者会进入，我们制造的鞋需求量估计会大幅下降
【分析内容】分析案例后提出如下问题：
（1）通过这个案例，如何理解市场营销中的需求
（2）营销经理根据对鞋子需求的判断，计划怎么进行营销管理
【训练目标】训练达到下列目标：
（1）充分认识什么是市场营销中的需求
（2）理解"营销管理的本质是需求管理"
2. 案例分析
福特T型车的问世、畅销和衰落
【分析内容】分析如下两点内容：
（1）1914年，亨利·福特对外宣称："你可以选择任何车身颜色，只要它是黑色的。"这是一种什么样的市场营销观念
（2）1921年，约500万辆福特开始垄断美国乃至世界的汽车市场，占世界汽车的56.6%。福特汽车能够开拓如此辉煌的市场背景是什么
【训练目标】充分认识20世纪初所盛行的以生产为导向的营销观念
3. 课堂讨论
魏则西事件背后的百度

续表

技能训练单元二：现代市场营销观念的运用能力
2016年5月1日，一篇微信文章刷爆朋友圈，文中称，大学生魏则西在2年前体检出滑膜肉瘤晚期，通过百度搜索找到武警北京总队第二医院，花费将近20万元医药费后，仍不治身亡 因百度搜索相关关键词竞价排名对魏则西选择就医产生影响，百度竞价排名机制存在付费竞价权重过高、商业推广标识不清等问题，影响了搜索结果的公正性和客观性，容易误导网民，必须立即整改。 【讨论内容】讨论内容有如下两点： （1）要求学生上网检索"魏则西"事件的整个过程，并分析百度公司在"魏则西"事件中应负有怎样的责任 （2）团队思考：百度公司的做法和企业所持有的营销观念的关系 【训练目标】训练达到以下几点目标： （1）训练学生检索信息、收集信息的能力 （2）能对社会事件做出营销方面的思考与分析 （3）掌握营销观念的更迭和演进过程

技能训练单元三：企业顾客感知价值的提升能力
1. 课堂讨论 【分析内容】分析如下几点内容： （1）顾客的期望是不是越低越好，为什么 （2）顾客的期望是不是越高越好，为什么 （3）顾客忠诚对企业经营有什么益处 【训练目标】掌握客户满意度的构成要素；理解顾客期望的作用 2. 案例分析 李家是福州本土一家餐饮企业，开业时生意爆棚。在微博上搜索消费者对李家的评价，其结果中多次出现顾客的抱怨，主要的抱怨集中在等位时间超长，短则接近一小时，长则超过两小时 【分析内容】分析以下两点内容： （1）李家的顾客感知价值如何？主要是哪个构成要素出现了问题 （2）如何帮助李家提升其顾客感知价值 【训练目标】训练达到以下两点目标： （1）掌握顾客感知价值的构成要素 （2）能够结合实际案例分析如何帮助企业提升顾客感知价值

技能训练单元四：企业总体战略和市场营销管理关系的认知能力
1. 案例分析 （1）P&G宝洁公司洗发水系列。P&G宝洁公司洗发水产品线，占据超过中国市场60%的份额（资料来源：2010年8月19日09:30《时代周报》）。其中，海飞丝品牌主打"去头屑"、沙宣品牌主打"专业美发"、潘婷品牌主打"滋养秀发"、润妍品牌主打"黑发护理"、飘柔品牌主打"飘逸柔顺"、伊卡璐品牌主打"草本精华" 【分析内容】假如目前P&G宝洁公司想对其洗发水产品线进行投资规划，根据你对这些洗发水品牌的了解，试着画出洗发水系列的投资规划矩阵图 【训练目标】理解并能运用投资规划矩阵分析企业的投资规划组合策略 （2）中国的团购网站目前所面临的竞争环境 【分析内容】分析如下两点内容：

续表

技能训练单元四：企业总体战略和市场营销管理关系的认知能力
1）利用五力模型，试分析中国的团购市场的吸引力 2）目前团购市场最大的竞争来源是什么 【训练目标】能够运用五力模型分析某一行业的吸引力水平 2. 课堂讨论 【讨论内容】以小组为单位进行讨论，回忆以往的购买经历，大型超市通过什么样的方式吸引顾客尽可能多地购买产品 【训练目标】深入理解市场渗透在营销实践中的运用
技能训练单元五：宏观、微观营销环境对企业营销影响的分析能力
1. 案例分析 对比全球通和神州行的平面广告 全球通广告语：睿智生活，是一种境界；每临大事有静气，我能 神州行广告语：信号好！话质高！话费实惠！神州行家园卡，我看行 【分析内容】分析以下两点内容： （1）作为移动公司旗下的两个通信品牌，为什么广告风格差异如此巨大（广告画面、代言人、广告语） （2）从这两个营销广告的差异思考一下，该企业的营销受到什么营销环境的影响 【训练目标】结合实际生活，理解宏观、微观营销环境如何影响企业营销活动 2. 课堂讨论 许多在中国市场上身价昂贵的豪车，在欧美市场却显得平易近人。越野车品牌 Jeep 大切诺基在中国起价 53.99 万元人民币，但在美国售价折合人民币还不到 17.24 万元。"同样一款进口车，在中国市场的售价一般要比美、日、欧市场高出 2~3 倍"，中国汽车业营销专家苏晖说 【分析内容】以小组为单位，从宏观营销环境分析一下，为什么洋品牌汽车在国内外的差价如此巨大 【训练目标】结合实际生活，理解宏观、微观营销环境如何影响企业营销活动
技能训练单元六：消费者（购买行为模式、购买角色、购买行为的影响要素）的分析能力
1. 课堂讨论 "购买婴儿车关注的主要因素"调查报告 【分析内容】根据市场调查报告中的结论，"好孩子"童车可以选择哪一个消费者需求作为其产品卖点 【训练目标】了解消费者购买行为中的各类角色是如何对企业的营销决策起作用的 2. 案例分析 肯德基终于在 2015 年推出了咖啡产品，而肯德基的竞争对手麦当劳在 6 年前就推出了咖啡。让学生观看肯德基的咖啡广告 【分析内容】分析如下几点内容： （1）你看到这则广告什么感受（知觉） （2）肯德基标榜自己的咖啡是"单纯一杯好咖啡"，你认同吗 ◎ 只是价格低而已，咖啡好不好不一定 ◎ 是的，肯德基努力让顾客低价就能享受现磨咖啡 ◎ 管它的，和我没关系 （3）看完广告后，你会在肯德基买咖啡吗 【训练目标】结合实际，理解知觉的选择性如何在消费者购买行为中产生作用

续表

技能训练单元七：企业所处竞争地位及对应竞争策略的分析能力
视频教学 杰克·特劳特与中国企业家的访谈片段 【视频内容】特劳特根据燕京啤酒、特步公司、中国劲酒三个企业在各自行业中的竞争地位给出相应的营销战略建议 【分析内容】分析以下两点内容： （1）你认为燕京啤酒在行业中处于怎样的竞争地位 （2）对于特步公司应采取的竞争策略，你更支持特劳特的观点（坚持打侧翼战）还是特步公司负责人的观点（正面进攻），为什么 【训练目标】训练目标有以下几点： （1）掌握三种竞争地位及对应的竞争策略的内涵 （2）能够辨别企业在所属行业中的竞争地位 （3）能够结合实际，尝试分析企业采取的竞争策略
技能训练单元八：企业目标市场营销战略（市场细分、目标市场选择、企业定位）的分析能力
1. 课堂讨论 "亲爱的郭"小火锅的定位不明 作为本土一家餐饮企业的"亲爱的郭"小火锅，在宝龙城市广场负一层和福州冠亚广场两个地段分别开了一家门店。从门店内的图片上可以看出，两家店的门店视觉、装修风格甚至是菜品价格都有较大差异 【分析内容】分析以下两点内容： （1）该企业选择的两个目标市场存在什么不同 （2）同属于一家餐饮公司，用同一个餐饮品牌，但两家门店从装修到产品系列都有所不同，这可能给企业带来什么隐患 【训练目标】训练目标有如下两点： （1）能够结合实际情况，分析一家企业的目标市场营销战略 （2）理解品牌定位对企业的重要性 2. 团队练习 设计一家旅游公司的STP战略 【练习内容】假设你所在的小组想要成立一家旅游公司。公司情况可以自行虚拟，营销外部环境以现实市场为参照。试分析一下你所在的旅游公司的STP战略 （1）贵公司将如何细分整个旅游市场 （2）贵公司的目标市场是什么样的，为什么确定其为目标市场 （3）贵公司的市场定位是什么 【训练目标】训练目标有以下两点： （1）培养学生结合所学知识，为企业制定目标市场营销战略的能力 （2）将内容制作成PPT做讲演汇报并提交一份目标市场营销战略总结 3. 案例分析 JOYSEED餐饮公司 【分析内容】分析以下两点内容： （1）浏览JOYSEED官网，思考一下这家企业的目标消费者是谁？这个目标市场考虑了哪些市场细分变量 （2）这家餐饮公司选择了哪一种目标市场模型 【训练目标】深入理解企业在实践中是如何进行目标市场选择的

续表

技能训练单元九：企业的营销组合策略（产品、价格、渠道、促销）的制定能力
1. 课堂讨论 【分析内容】一个白色的、普通的马克杯，市面售价约 10 元；现在请你结合产品的整体概念，思考一下，如何提高这个马克杯的售价？可以提高到多少元 【训练目标】训练达成如下两点目标： （1）理解营销中产品的整体概念 （2）结合实际生活，理解产品是如何帮助企业优化营销决策的 2. 角色扮演 （1）假如你是一个销售女装的淘宝卖家，你会根据产品的生命周期制定怎样的营销策略 【分析内容】分析以下两点内容： 1）思考一下，上新通知、季末清仓、鼓励买家秀、评论返现、福袋、限时折扣等营销策略一般出现在产品生命周期的哪个阶段 2）每个产品生命周期的阶段有什么特点，淘宝卖家在不同阶段采取的营销策略的原因是什么 【训练目标】结合实际，理解产品生命周期如何影响企业进行相应的营销决策 （2）你是一家大型传播公司老板，8月份将邀请蔡依林来福州开演唱会 【分析内容】制定票价的时候应该考虑什么 【训练目标】结合实际，掌握影响企业定价的主要因素 3. 案例分析 RIO 预调鸡尾酒的包装 RIO 锐澳鸡尾酒套餐预调酒 330ml×8 罐天猫旗舰店的官方售价为 49 元，平均单价为 6 元/罐。RIO 锐澳鸡尾酒套餐预调酒 275ml×6 瓶天猫旗舰店的官方售价为 75 元，平均单价为 12.5 元/瓶 容量低的产品反而售价贵，两个产品的差别只存在于产品包装的不同。然而，市场调研数据显示，瓶装 RIO 锐澳鸡尾酒占企业市场销量的 85%，其余 15% 为罐装 【分析内容】分析以下两点内容： （1）为什么实际容量低的 RIO 锐澳鸡尾酒反而售价更贵、销量更好 （2）从 RIO 锐澳鸡尾酒的案例中，你认为包装对于营销而言，起什么作用 【训练目标】理解包装对于营销的重要性 4. 视频教学 播放央视批评星巴克暴利的新闻 【分析内容】分析如下几点内容： （1）央视批星巴克拿铁成本不足 5 元，售价却为 28 元，请问央视采用的定价方法是哪一种 （2）星巴克实际采用的定价方法是哪一种 （3）星巴克的定价策略是哪一种？为什么它能够采用这种定价策略 5. 团队练习 （1）设计一家旅游公司的营销组合策略（产品、价格、渠道、促销），阐明理由 （2）将内容制作成 PPT 做讲演汇报并提交一份营销组合策略总结 【练习内容】根据团队创建的这家旅游公司的定位，尝试设计其市场营销组合策略（产品、价格、渠道、促销） 【训练目标】能够根据企业定位，学习制定一家企业的市场营销组合策略

七、课程实践技能参与式教学评价标准

市场营销学课程实践技能训练教学方法主要由课堂讨论、角色扮演、视频教学、团队练习、案例分析构成,其中课堂讨论、角色扮演、视频教学、案例分析这几种教学方法的评价标准主要以学生个体在课堂上的参与积极程度和活跃度来评定,作为学生个人平时表现计入总成绩的考核;团队练习这种教学方法的评价标准以团队的现场讲演成果和总结报告作为考核依据,计入总成绩的考核。

市场营销学考核总成绩 = 考勤(10%)+ 团队成绩(30%)+ 闭卷考试成绩(60%)。其中,团队成绩 = 个人平时表现(30%)+ 团队练习的现场讲演和总结报告(70%)。

八、课程实践技能参与式教学设计总结

通过市场营销学实践项目设计,能够帮助学生在全面、系统地掌握市场营销的基本理论和一般方法的同时,结合生活中常见的营销现象和企业的营销决策行为,学习运用市场营销理论,正确分析市场营销管理问题的技能,进而能够尝试制定企业的目标市场营销战略和市场营销组合策略,以便在未来更好地适应企业市场营销管理工作的需要。

企业战略管理
参与式教学项目设计与实施

石嘉婧

一、课程简介

企业战略管理是管理学门类一个重要分支。作为一门综合性学科，它涉及管理学、经济学、社会学、市场营销等多个专业领域，其站在更高、更全面的角度研究相关专业问题。1996年，国家教委管理类专业教学指导委员会就曾将战略管理列为管理类各专业培养计划的13门主干课程之一，建议各管理学院为本科生开设这门课程。如今，这门课程已是管理专业本科生的必修课程，用于培养学生的综合分析能力和决策能力。

二、课程教学目的

随着市场经济的发展，面对外部环境不断变化和市场竞争日益激烈的状况，企业作为市场经济主体，如何正确、适时地采取相关战略，赢得市场竞争的先机，成为众多管理人员探究的问题。科学的战略管理理念、思想和方法的重要性日益凸显，工商管理专业作为培养未来管理人才的摇篮，必须将战略管理的理论与方法传授给学生。通过本课程的学习，要求学生掌握战略决策的基本程序和模式，提高其综合分析和决策的能力，以有效解决企业所面临的错综复杂的实际问题。

三、课程重点与难点

企业战略管理课程的重点：掌握战略分析和战略评价的方法与手段，提高战略选择和战略实施的能力。通过案例分析和讨论等一系列教学手段的综合运用，使学生能将所学的理论和方法应用到实际决策中去。

企业战略管理课程的难点：在教学过程中，要帮助学生建立战略思维模式、掌握较系统的分析方法和理论，明确战略管理的过程与步骤，做到坚持理论联系实际、讲授与案例讨论相结合。

四、课程教学方法说明

企业战略管理是一门应用性很强的管理学科，本课程在兼顾学科系统性和整体性的框架内，也需要考虑学生将来从事企业管理相关工作的要求。按照这一指导思想，本课程的框架主要为如下结构：企业战略管理相关概念—外部环境分析—内部条件分析—基本战略—扩张发展战略—战略制定与选择—战略实施与控制。教学部分，课程讲解以面授为主，同时组建学习小组进行相关实践教学，通过案例讨论、管理游戏、企业研究、分析报告等方式，将理论知识紧密联系实际，把学科理论的学习融入经济活动实践的研究和认识之中，切实提高分析问题、解决问题的能力。通过本课程的实践教学，使学生更好地掌握企业战略管理的基本概念、基本原理、基本知识，学会用企业战略管理理论分析和解决企业实际问题。

五、课程实践技能点与对应参与式教学项目设计

企业战略管理课程技能具体目标：通过实践训练，使学生在熟练掌握相关理论的基础上，以实际参与案例研究讨论的方式提升其对战略的分析、思考、设计的能力。

企业战略管理课程实践技能点与对应参与式教学项目设计如表1-26所示。

表1-26　企业战略管理课程实践技能点

序号	课程技能点	参与式教学项目设计	教学时间安排
1	企业价值观、愿景、使命认知能力	小组报告、视频教学	第4周
2	企业内外部环境分析评价能力	案例分析、小组报告	第5~7周
3	挖掘企业核心竞争优势的能力	小组探讨	第8周
4	扩张战略的运用能力	课堂讨论、案例分析	第8~9周
5	发展战略的运用能力	小组报告、案例分析	第11~13周
6	战略实施的评价能力	小组报告	第14周

通过实施此方案，实现学生从被动的传统学习方式向开放式的自主学习模式的转变，积极探索与运用参与式教学、体验式教学和互动式教学。本课程的教学方法说明如表1-27所示。

表 1-27　企业战略管理课程实践技能训练教学方法说明

序号	教学方法	具体说明
1	课堂讨论	由于战略管理的课本内容以理论为主，为了帮助学生进行深刻理解，在阐述理论之余通过结合当前社会经济中的实际案例，引导学生进行问题的探讨，加深对理论的认识了解
2	小组报告	在学期开始时要求学生组成小组，团队人数不超过 5 人，选择福州或大学城周边企业、商家作为案例的研究对象，结合每章节课程内容，按照要求完成课程报告并上台进行汇报
3	视频教学	对于较为抽象的内容如企业文化、企业家精神等，仅通过课堂教学无法带给学生直观深入的认识，而通过播放相关教学视频并进行探讨，对于学生更好地理解相关内容能带来事半功倍的效果
4	案例分析	以小组为单位，对课程内容涉及的相关案例进行分析讨论。引导学生积极参与分享不同观点，对存在分歧的意见进行归纳、提炼，不给予定性结论
5	课程报告	每个小组按照学期初始所选择的企业为研究对象，将这学期小组报告的相关内容，结合自己的相关意见和补充，汇集成最终报告于期末打印提交

六、课程实践技能参与式教学项目设计具体内容

本课程实践技能参与式教学项目设计具体内容如表 1-28 所示。

表 1-28　企业战略管理课程技能参与式教学项目设计具体内容

技能训练单元一：企业的愿景、使命、价值观识别能力
1. 课堂讨论 【讨论内容】企业的愿景和使命的区别是什么 2. 小组报告 【报告内容】报告内容有以下几点： （1）对所研究企业基本情况进行介绍 （2）列出所研究公司制定的愿景、使命、价值观并进行评价 （3）如果没有，请进行设计 3. 视频教学 【教学内容】阿里巴巴践行社会责任 【讨论内容】企业需不需要履行社会责任 讨论要求：以小组为单位，抽签选择正反方，15 分钟进行准备 4. 教学目标 通过教学，使学生能够对抽象的概念加深了解，并进一步分清愿景、使命、价值观三者之间的区别和联系

续表

技能训练单元二：企业内外部环境因素分析评价能力

1. 案例分析

谷歌败走中国市场

【分析内容】分析以下两点内容：

（1）谷歌被迫退出中国市场的原因是什么

（2）如果未来谷歌重新进入中国，你会给出怎样的建议

【训练目标】加深宏观环境因素对于企业发展的影响认知

2. 课堂讨论

【讨论内容】宏观环境因素和行业环境因素，哪一因素对企业的影响会更大

【训练目标】通过讨论进一步加深外部环境因素的认识

3. 案例分析

【案例内容】依云水的传奇

【分析内容】分析以下两点内容：

（1）依云水具有怎样的资源优势

（2）除了资源优势，依云水如何获取竞争优势

【训练目标】通过探讨了解资源的价值

4. 小组讨论

【讨论内容】综合内外部环境因素，你认为未来哪一行业有较大发展前景

【训练目标】理论联系实际，培养学生的战略发展眼光

5. 教学目标

通过相关实践学习让学生深入了解企业所处的内外部环境以及环境变化给企业带来的可能影响，并对环境的变化如何采取相应措施有所了解

技能训练单元三：挖掘企业核心竞争优势的能力

1. 案例分析

【案例内容】宜家的价值链系统（如图1-3所示）

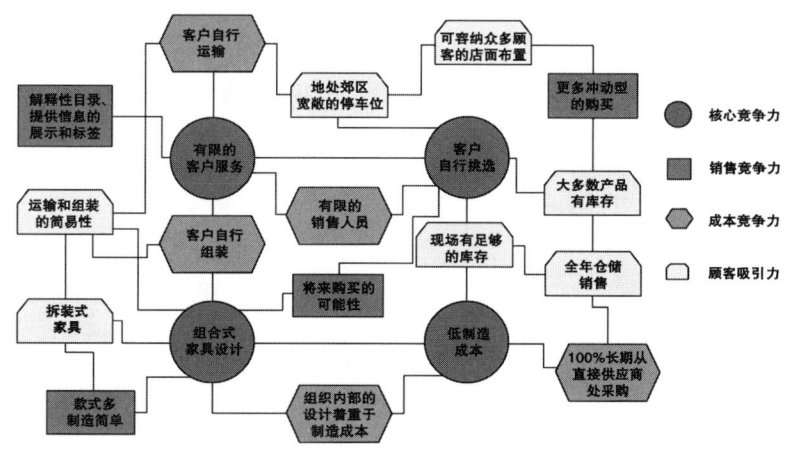

图1-3 上海宜家的价值链系统图

续表

技能训练单元三：挖掘企业核心竞争优势的能力
【分析内容】分析以下两点内容： （1）宜家的竞争优势来源于哪里 （2）相比传统家具卖场，宜家在价值链的哪些环节实现增值 2. 小组报告 【报告内容】所研究企业具备哪些核心能力，这些核心能力是否具备价值和竞争优势 【训练目标】训练目标有以下两点： （1）加强学生对于内部环境因素的认识了解 （2）深入挖掘企业的核心能力
技能训练单元四：扩张战略的运用能力
课堂讨论 （1）阿里巴巴的生活圈 ◎ 最近公开过的阿里巴巴投资和收购的对象包括友盟（收购）、微博（投资）、高德地图（投资），不久前增持的有丁丁优惠（投资），今年早些时候收购的有虾米（收购） ◎ 前几年投资的明星项目有美团、陌陌、易图通（地图）、坊间传闻的酷盘、91手机助手、UCWEB、墨迹天气、Talkdata 等 【分析内容】分析内容有以下两点： 1）你知道阿里巴巴的收购范围吗 2）阿里巴巴收购的动机是什么 （2）优酷土豆合并案例 【案例内容】2012年3月12日，优酷网官方微博发布消息称，优酷、土豆宣布合并 据悉，双方于3月11日签订最终协议，优酷和土豆将以100%换股的方式合并。合并后新公司名为"优酷土豆股份有限公司" 【训练目标】训练目标有以下两点： 1）明确并购的不同形式 2）了解并购的优势与风险
技能训练单元五：发展战略的运用能力
1. 课堂讨论 【讨论内容】探讨家乡有哪些产业集群，这些是属于产业集聚还是产业集群 【训练目标】训练达到以下两方面目标： （1）了解产业集聚与集群的区别 （2）明确产业集群所需要的条件 2. 课堂讨论 身边的战略联盟 【训练目标】达到以下两方面目标： （1）结合理论和实际探讨战略联盟的形式与特点 （2）了解战略联盟的优势

续表

技能训练单元五：发展战略的运用能力
1. 课堂讨论 【讨论内容】探讨家乡有哪些产业集群，这些是属于产业集聚还是产业集群 【训练目标】训练达到以下两方面目标： （1）了解产业集聚与集群的区别 （2）明确产业集群所需要的条件 2. 课堂讨论 身边的战略联盟 【训练目标】达到以下两方面目标： （1）结合理论和实际探讨战略联盟的形式与特点 （2）了解战略联盟的优势 3. 案例分析 美特斯邦威的虚拟经营之道 【分析内容】分析以下两点内容： （1）案例体现了何种虚拟经营的方式 （2）互联网时代应该如何对传统行业进行虚拟经营 【训练目标】掌握对于虚拟经营的相关知识 4. 小组报告 【报告内容】分析本企业中采用何种扩张与发展战略，并结合现状提出自己的意见 【训练目标】加强学生对于增长型战略的认识了解
技能训练单元六：战略实施的评价能力
小组报告 【报告内容】运用平衡计分卡分析研究企业的现有战略，并进行评价 【训练目标】加强学生对平衡计分卡的认识了解

七、课程实践技能参与式教学项目的评判标准

企业战略管理课程的分数由出勤（10%）、平时作业（40%）、期末成绩（50%）三个部分组成，其中实践技能参与式教学项目即为平时成绩。对实践技能参与式教学项目的评分，主要考核点在于课堂发言（20%）、小组演讲（30%）以及小组报告（50%）。小组报告作为贯穿学期的作业，在期末完成后统一提交，其评分标准如表1-29所示。

表 1-29　企业战略管理课程技能参与式教学项目报告评分标准

参考标准	优	良	中	合格	不合格	满分	成绩
分析水平	在现有材料的基础上，有独到的个人见解，思考深刻，学术性较强	有一定的独立分析思考的能力，具备个人见解和学术性	能参照收集的材料提出自己的见解	对材料进行一定的梳理，无明显的个人见解	材料运用不充分，结论观点有错误	30	
资料收集	使用材料翔实、恰当，掌握较多的背景资料和数据	有比较丰富的文献材料和较充足的理论依据	持论有据	理论根据及客观材料有少部分欠缺	缺乏理论根据，客观材料空泛	20	
综合知识与技能的运用	具有综合运用专业知识的能力，能够将专业其他相关学科知识融入思考应用	有较好的理论基础和专业知识	基础知识和综合能力一般，但能独立完成报告	基础知识和综合能力较差	缺乏应有的专业基础知识和综合能力	20	
写作水平	理论分析准确，思路清晰，逻辑严密，层次分明。结构合理，语言流畅	理论分析恰当，条理清楚，层次比较分明，语言通顺	条理清楚，有一定的分析能力和说服力，有少许语病	材料陈述较为清楚。但分析力不强，个别地方语言不通顺	分析能力差，论证不准确，材料简单堆砌。语言不准确	20	
格式规范化	格式符合要求，排版清晰漂亮，图文结合适当，无错别字	格式基本符合要求，有个别错误，排版清楚	内容提要和正文基本符合要求，排版基本清楚	行文基本规范，排版较凌乱，格式不够统一	报告的格式不规范，排版杂乱	10	

八、实践项目设计总结

由于传统管理学科相关内容的理论性、抽象性较强的特征，如何设计简洁、有效、直观性和操作性较强的实践教学环节是要求教师不断去探讨摸索的。企业战略管理的实践教学，需要教师在理论基础上精心设计相对应的环节，给学生充分发挥其学习主观能动性的空间，真正做到理论与实践相结合，动手与动脑相结合，达到升华书本教学理论的最终目的。

第二篇　物流管理

物流学
参与式教学项目设计与实施

欧伟强

一、课程简介

物流学作为物流管理专业一门重要的基础课程，对学生后续课程的学习和思维素质的培养起着重要的作用。而根据物流学科的特殊性要求，物流教育正在向以培养学生综合素质为宗旨的能力教育转变。在这种转变下，结合学院自身资源状况，创新物流学课程的教学模式，培养出具有自身特色和专业技能的应用型物流人才，是提高物流管理专业教学水平的务实之举。

二、课程教学目标：学以致用

物流学课程教学目标是使学生正确地掌握物流学的基本概念、基本理论、基本研究方法，掌握物流作业流程中各环节的基本操作技巧和技能，使学生初步具备物流管理的相关技能。并通过课堂教学、多媒体教学、案例分析、社会调查实践等多元化教学方式，将现代最新的物流理念、组织体系、现代科学技术和管理技术与物流实践紧密结合，为学生进一步深入学习其他专业课程打下坚实的基础。总的教学目标可以归纳为"学以致用"，并可分解为以下三个层次：

认知层目标：通过学生熟悉且能够感知的社会生活实例来激发学生对物流学习的兴趣，从而引导学生认识物流，并在一步步探索物流学奥秘的过程中自然而然地掌握物流学的基本理论知识。

意会层目标：引导学生利用掌握的物流学知识来理解和解释各种物流现象。

应用层目标：引导学生利用掌握的物流学知识来分析、思考，进而解决身边的物流问题。

三、课程重点与难点

1. 课程重点

物流学课程的重点有以下几方面：
（1）物流学的框架体系，物流功能七要素。
（2）物流与其他学科的关联性。
（3）现代物流理念、热点问题、未来趋势。

2. 课程难点

物流学课程的难点有以下几方面：
（1）物流学是一门基础课程，教学内容具有理论抽象性、专业知识性强以及覆盖行业广的特点，大多数学生对物流的感性认识和理性认识都比较少。
（2）大部分学生还无法脱离中学的教育模式，自学能力比较弱，无法在课余时间对相关知识进行补充，这会影响本课程的教学效果。
（3）大部分学生还处于被动充当知识接受器的状态，在案例分析过程中无法做到独立思考和分析，很难解决案例中的实际问题。
（4）物流学虽说是一门专业引入课程，但同时也表现出其应用性极强的特征。例如，运输管理、仓储管理等章节就表现出极强的应用性，但教学过程中学生不可能有机会从事此类物流管理的实践，导致学生的学习动力无法得到激发。

四、课程教学方法说明

基于上述分析以及为解决这些问题，笔者认为物流学课程教学应从理论教学和实践教学两方面进行突破（如图2-1所示）。并对这些方法进行了具体阐述。

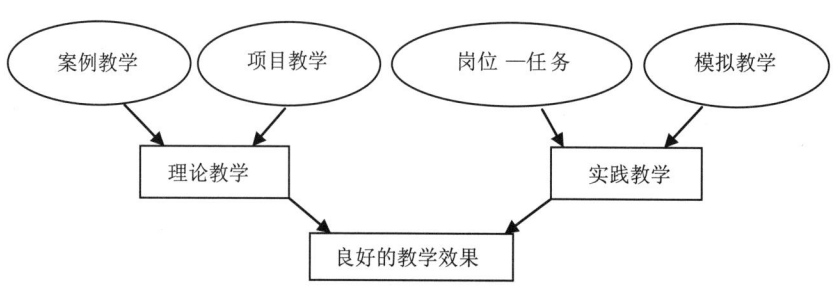

图2-1　物流学教学方法及内容示意图

1. 案例教学法

案例教学法是指在教学过程中以实际企业的案例作为研究对象，在对案例本身介绍的过程中，让学生领悟现实中的企业如何运作并达到一定的效果。教学中选择了国内外经典案例，其中大多数案例是作为课堂讲授举例资料加以使用的，其余案例结合物流七要素各选1~3个作为课后思考案例组织分析。将学生分为若干组（每组一般6人为宜），先分组讨论分析，然后每组选派1名代表，将本组推荐的解决问题的方案在全班进行交流，其他组的同学可以提出质疑。各小组汇报结束后，教师进行简短小结。

2. 项目教学法

项目教学法是师生通过共同实施一个完整的项目而进行教学的方法，是当今国际教育界十分流行的一种教学方法。具体做法：在物流学的第一堂课时，就将某个企业的物流方案设计作为一个大的项目，并结合课程教学过程，让学生组成若干个项目小组，每个小组负责物流方案中的一个部分，教师随机参与小组的方案设计工作并给予指导。此时，可以考虑将每个小组的设计方案作为本课程的平时成绩来记分，这样可以极大地刺激学生努力做好方案的积极性。并且，在相关章节讲授结束后，让每个小组在课堂上汇报本组的方案设计情况，这样可以让其他小组的同学学习到更多的知识。可以肯定，这种方法是对项目教学法的改进，可以让学生在解决企业存在问题的同时学习和应用知识，并在实践的准第一线提升学生的综合能力，努力开展"理论—实践—理论"的新模式。最后，可以在教学结束后，反思项目任务的合理性、修正项目计划、评估项目中存在的问题、归档和下次应用。其中关键是设计和制定一个合理的项目。

3. "岗位—任务"教学法

"岗位—任务"方法是美国国家职业教育中流行的CBE（Competency-Based Education）理论及DACL（Developing A Curriculum）方法整合而成的一种实践教学方法。结合此方法，笔者根据物流学导论课程的特殊性，提出了"产品—任务"教学法来完善此课程的实践环节的教学要求。

具体步骤有以下几点：

（1）产品分析。物流的本质是为产品实施运输仓储等作业，所以学习物流的过程也是分析各大类产品的过程。所以，在物流学课程实践教学过程中，必须将几大类产品的物流特点作为一个重要方面来提及，让同学们对大类产品进行认真分析，分析其产品特点以及对物流各功能要素有何影响。

（2）任务确定。确定某类产品的物流过程，将各产品物流流程设计形成具体任务，分别由小组的形式实施讨论。并要求学生对相关知识进行汇总，最后将各产品的物流过程形成一个多产品物流流程方案书。

（3）确定各项"产品—任务"中涉及的技能。可以对相关物流操作技能的描述用第一个字母开头，同时标注其操作内容。在向学生阐述相关技能时，要结合理论知识进行讨论，并对技能所应该具备的工作态度进行分析介绍。

4. 模拟教学法

由于极少有企业愿意让学生长时间待在企业里进行更为细致的实践环节学习。因此，我们尽可能地让学生在物流学课程教学过程中，就进入相应的物流实验室以及 ERP 实验室，让学生通过物流企业角色扮演、物流操作情境模拟等环节体验物流、感受物流、掌握物流流程和操作技巧。

具体形式主要有以下几方面：
（1）沙盘模拟。
（2）生产物流流程中角色扮演训练。
（3）企业业务流程模拟实训。福建师范大学协和学院已经建立了 ERP 沙盘模拟实验室和供应链沙盘实验室，完全有能力让学生在大一就实施模拟教学的学习，从而能使其真正地掌握相关物流企业业务流程，让学生更进一步掌握制造型企业和第三方物流企业之间的物流业务流程。此环节的内容，可以在课程实验的设计过程中加以采用。
（4）每周物流新闻播报（重点）。大约在进入课程教学一个月之后，要求学生团队收集一周要闻，针对每周热点问题进行深度解读，以新闻播报方式在课堂上汇报。

五、课程实践技能点与对应参与式教学项目设计

物流学课程技能总目标：培养出融知识、技能与素质于一体的物流基层管理者。

物流学课程技能具体目标主要包括两项：

首先，通过训练使学生深入认识与理解物流学基础知识的理论精髓，树立现代管理理念。

其次，通过训练使学生深入认识与理解职业管理者的必备素质与技能要求，能运用管理的普遍规律开展管理工作。物流学课程实践技能点与对应参与式教学项目设计如表 2-1 所示。

表 2-1　物流学课程实践技能点与对应参与式教学项目设计

序号	课程技能点	参与式教学项目设计	教学时间安排
1	对物流的综合性认知能力	案例教学——身边的物流	穿插在第 1~3 周课堂教学
2	培养学生对物流行业调查分析技能	"岗位—任务"教学法——回收/绿色物流社会调查报告	第 4 周布置任务，第 8 周汇报
3	培养对物流行业热点、趋势的感知技能	案例讨论、模拟教学——模拟新闻播报	案例穿插在第 4~9 周教学中；新闻播报在第 4~10 周
4	培养对不同物流管理职能工作的差异分析技能	企业案例教学、项目教学——SF 项目设计实践	第 9 周之后
5	培养现实物流问题的分析与解决技能	"岗位—任务"教学法、模拟教学	第 10 周布置，第 15 周汇报

六、课程实践技能参与式教学项目设计具体内容

物流学课程实践技能参与式教学项目设计具体内容如表 2-2 所示。

表 2-2　物流学课程技能参与式教学项目设计具体内容

技能训练单元一：对物流的综合性认识能力
案例教学——身边的物流 （1）区域物流（物流泡泡、物流设计规划现实问题的案例） （2）行业物流（快递行业、汽车行业、出版图书行业案例） （3）企业物流（7-11、永辉、海尔等） 注：在刚开始的案例教学中，尽可能选择学生比较熟悉的例子来进行讲解，虽然一些案例资料从数据上看相对陈旧，但是比较经典，也不失为好的素材
技能训练单元二：培养学生对物流行业调查分析技能
"岗位—任务"教学法——回收行业物流社会调查报告 （1）回收物流社会调查报告。针对绿色物流、回收物流等物流新理念，提出"回收物流"社会调查任务，针对垃圾这个特殊的商品，布置学生分团队完成不同区域垃圾的回收渠道调查任务，并要求制作 PPT 视频等进行汇报 （2）行业、企业物流调查报告。学生团队可以根据偏好选择回收物流或行业物流，做社会调查报告 【任务时间】：1 个月 【任务要求】：完成特定区域回收物流调查 【成果形式】：Word 文档 +PPT 汇报 【任务考评】：文档分 + 现场汇报分（评委团评定）

续表

技能训练单元三：培养对物流行业热点、趋势的感知技能
1. 案例教学 （1）运输企业不可承载之重 【讨论内容】讨论以下几点内容： 1）运输企业在哪些方面存在很大的负担 2）哪些负担是企业可以解决的，哪些是无法解决的 3）对于企业可自行解决的负担，你有什么好建议 4）对于企业无法解决的负担，你有什么看法 【训练目标】充分认识我国公路运输企业的现状 （2）水路运输的现实选择（视频案例） 【案例内容】案例内容有以下两点： 1）视频案例观看 2）引导讨论话题：水路运输为什么要这么选择 【训练目标】对于现实中水路运输线路的选择有明确认识 （3）"铁老大"的转型发展 【案例内容】案例内容有以下两点： 1）我国铁路专线发展视频 2）讨论话题。讨论话题有以下几点： ◎ 我国铁路运输行业与其他运输方式相比有什么特殊的地方 ◎ 铁路运输如何发挥其优势 ◎ 对铁路运输未来发展有什么看法 【训练目标】对于铁路运输发展有清晰了解 （4）中国航空货运的战国群雄 【案例内容】案例内容有以下两点： 1）视频案例观看 2）引导讨论话题：航空运输为什么贵 【训练目标】对于我国航空货运发展阶段有正确的认识 （5）中俄日石油管道的"暗战" 【案例内容】案例内容有以下两点： 1）视频案例观看（中俄能源外交历史事件回顾） 2）引导讨论话题：管道运输的特殊性有哪些 【训练目标】在了解管道运输特殊性之上，了解能源外交 2. 模拟教学——模拟新闻播报 模拟新闻播报。由学生团队每周收集一周要闻，针对每周热点问题进行深度解读 【具体做法】具体做法有以下几个步骤： 资料来源：行业期刊、互联网、电视新闻等 汇报内容：最近 1 周物流行业或物流企业大事要闻介绍 汇报形式：新闻播放，制作 PPT 汇报时间：5~10 分钟 汇报结果：由各组长及教师共同打分，并记录 备注：在各组正式汇报前，应将 PPT 提前 2 天发给老师审核，并提出修改建议

续表

技能训练单元四：培养对不同物流管理职能工作的差异分析技能
1. 案例教学 案例有以下几个： （1）邯运集团 （2）海尔物流 （3）德邦物流 （4）华威物流公路港 （5）永辉物流 （6）佳吉物流 （以典型现代物流企业为例，主要通过物流设计大赛的案例和收集申报企业的案例） 2. 项目教学 设置一个假想企业：SF速运（集团）有限公司。该公司成立于1993年3月，是一家主要经营国际、国内速递及报关、报检等业务的民营速递企业，总部设在深圳。在国内包括中国香港、中国台湾地区建立了庞大的信息采集、市场开发、物流配送、快件收派等业务机构，为广大客户提供快速、准确、安全、经济、优质的专业物流服务 并给定学生其余补充材料，设定以下项目选题供学生选择： （1）采购中心的优化策略 （2）快件操作流程的优化设计 （3）航空资源与高铁资源如何充分利用 （4）干线网络调整 （5）信息系统建设 （6）大客户营销 （7）预算管理如何精细化 （8）保持稳定的员工队伍 【任务布置】在相关章节讲授结束后，先由教师详细介绍案例企业背景，再布置以上8个选题让每个小组选择其中一个，利用课后时间完成 【任务实践】1~2周 【任务要求】针对选题，进行方案设计 【成果形式】Word 文档 +PPT 汇报 【任务考评】Word 文档由老师审查，另外，让每个小组在课堂上汇报本组的方案设计情况，这样可以让其他小组的同学学习到更多的知识
技能训练单元五：现实物流问题的分析与解决技能
1."岗位—任务"教学法 【任务说明】让学生团队任选某一品类产品，分析该产品的采购（供应）物流、生产物流、销售物流、回收物流等每个环节的不同物流操作，可能运用得到的物流设施、物流设备等。主要产品：汽车、矿泉水、服装、水果、玩具、家电、家具、母婴产品、其他 【相关要求】学生必须选择一个依托企业来进行分析 【成果形式】Word 文档报告 +PPT 汇报 + 日常工作视频 【成绩考核】文字性材料 50%+ 课堂汇报 50%

续表

技能训练单元五：现实物流问题的分析与解决技能
2. 模拟教学 　　模拟教学主要包括：①沙盘模拟；②生产物流流程中角色扮演训练；③企业业务流程模拟实训 　　福建师范大学协和学院已经建立了ERP沙盘模拟实验室和供应链沙盘实验室，完全有能力让学生在大一就实施模拟教学的学习，从而能使其真正地掌握相关物流企业业务流程，让学生更进一步掌握制造型企业和第三方物流企业之间的物流业务流程。此环节的内容，可以在课程实验的设计过程中加以采用

七、教学评价标准

物流学课程教材选用的是周启蕾编著的《物流学概论》（第3版）。既然是参与式教学设计，那么在教学评价方面，也是秉承参与式的理念。课程中相关教学项目的设计、实施、评价都需要学生的参与。同时考虑到在具体操作过程中的可行性，在评价环节，主要是以"老师+学生代表"构成的评委团来执行。大多数情况下，学生代表就是在课堂分组的各位组长。

以行业物流调查报告为例，总成绩分成两部分，即：Word文档+课堂汇报。其中Word文档占40%，由教师评分；课堂汇报（PPT）占60%，由评委团打分，评委团打分中，学生打分占50%，教师打分占50%。该成绩计入该小组的平时分。

八、课程实践教学项目设计总结

物流学课程由于其作为专业基础课程的特性，不会有太多过于深入的专业实践操作。但作为引领性的先导课程，也需要通过参与式实践教学的设计，让学生对物流企业、行业有更多的感性认识。纯理论的授课方式无法满足物流类专业课程教学目标的实现。因此，笔者借此希望通过对近年的教学实践方案设计和课堂教学实施经验的总结，能为物流管理专业同行的实践教学起到些许借鉴作用。

电子商务与物流管理
参与式教学项目设计与实施

钟晓燕

一、课程简介

电子商务与物流管理作为管理类专业一门重要的专业课程，是培养学生"物流信息化职业能力"的核心课，通过课程的学习、校内实训和校外实践，培养学生具有物流信息化管理需要的基本管理能力和实际操作技能，让学生切实接触到企业物流信息化管理的真实工作业务。

二、课程教学目的

电子商务与物流管理课程教学目的有以下几方面：

第一，能够联系物流管理在企业管理与决策中的重要作用来理解电子商务物流的基本概念和基本职能。

第二，能够利用专用的电子商务系统收集信息、加工信息和分析信息并做出有效决策，从而提升企业竞争力。

第三，能够分析本企业在应用电子商务系统中存在的问题并确定未来的发展方向，掌握电子商务物流的规划、分析的方法并用之于实践。

三、课程重点与难点

对于将来从事物流管理领域工作的学生来说，培养目标是企业物流信息处理的主管，因此电子商务与物流管理的教学重点是电子商务物流管理知识的基本理论、计算机技术相关领域的常识、物流管理的战略规划与系统分析、电子商务物流管理系统的评价与维护等。另外，由于电子商务应用是以互联网为基础，因此在物流信息技术部分应着重介绍与互联网相关的知识。

电子商务物流系统包含了采购者、供应者、支付中心、认证中心、物流中心和网络平台等部分。因此，课程的难点是在课程讲授中应该着重介绍相关知识，避免只讲授 MRP 和 ERP 等常用物流知识。

四、课程教学方法说明

1. 案例教学

实践证明，案例教学法可以充分调动学生学习的积极性，培养学生独立思考、独立判断、决策的能力，将所学知识直接用于实践。在我国电子商务物流课程教学中，案例教学已经开始有所应用，但是案例教学仍然有以下问题需要重点解决。

电子商务物流管理教学中应采用大小案例结合法。目前案例教学中针对性的小案例已经有很多，但是针对于某个知识点的小案例没有整体性，不利于学生理解电子商务物流管理系统的规划、分析、设计、实施这一系统性的工作。教师可以精心挑选和组织一个适合的针对专业特征的大案例，使之贯穿整个课堂教学过程。大案例包括企业背景、问题的提出、初步调查、战略规划、详细调查、系统分析，再到后期的系统设计实施，配合各个课堂教学环节讲授电子商务物流管理的基本理论、基本方法，保证学生对整个应用过程认识的整体性。对于重要的知识点再增加有针对性的小案例进行讲解。

案例教学的方法需要改进。通过案例教学，能够让学生以更生动、更直观的方式理解理论知识。但讲授案例不能停留在讲故事的阶段，只讲案例本身。首先要挖掘成功案例的启迪作用、失败案例的警示作用，要对案例进行深入分析和提炼，否则，再好的案例也体现不了它的真实价值。其次，案例教学不能只由教师讲，更重要的是学生的参与。教学案例中必须设计一些问题，其中比较直接的问题在课堂上提出讨论，而那些显而不露的问题，留给学生课后去挖掘思考，案例中问题的设计关键是能启发学生。

2. 实验教学

在电子商务与物流管理系统课程教学过程中，必须注重学生实践能力的提高，以达到激发学生的学习兴趣、掌握知识、提高动手操作能力等教学目的。目前国内的电子商务物流管理系统教学已经开始重视实验教学的作用，但是经常将电子商务物流管理系统实验教学变为某些软件开发实验，或者变成非常陈旧的、功能单一落后的物流软件的上机操作课，结果导致大多数学生觉得实验课程枯燥无味。为了克服当前实验教学中偏重于电子商务系统的设计与实现、忽略专业特征的问题，笔者对电子商务与物流管理实验教学提出如下设计方案：

（1）熟悉常用的电子商务物流管理系统。本部分实验需采购相应软件用于学生的上机操作，帮助学生了解常用的电子商务物流管理系统的基本结构功能，掌握运用电子商务物流管理系统处理管理业务的实际操作技能，增加对电子商务物流管理系统的感性认识。

（2）熟悉电子商务系统的使用。本部分需采购相应软件，该软件包括CRM、供应链管理、支付中心、认证中心、物流管理等功能，能够帮助学生了解电子商务行业的业务流程以及物流信息系统的作用，促使学生理解现代信息技术环境下企业网络营销业务的处理流程以及如何将电子商务物流管理系统运用于实际工作中，提高学生对本专业的适应能力、动手能力。

（3）现有电子商务物流管理系统的分析。本部分实验采用上述电子商务系统软件，学生分成若干小组，每组同学共同对软件的某一个功能模块进行分析，提出业务流程图和数据流程图等分析结果。

3. 任务驱动法

任务驱动教学法是指在教学过程中，以学生为中心，以任务为载体，把教学内容巧妙地隐含在一个个具体任务之中，学生通过独立或协作完成任务，学习新知识和新技能。该教学方法学生是学习过程的中心，教师是学习过程的组织者与协调者，在教学中教师与学生互动，让学生通过"独立地获取信息、独立地制定计划、独立地实施计划、独立地评估计划"，在自己动手的实践中，掌握职业技能，习得专业知识，从而构建属于自己的经验和知识体系。比如，在第二层次和第三层次的实践教学中，教师可将相关内容设定为具体的工作任务，将理论内容与实践内容融为一体，让学生以相关的工作任务为载体，紧紧围绕共同的任务为活动中心，在强烈的解决问题的动机驱动下，通过对学习资源和实训资源的主动应用，自主探索和互动协作学习，以完成具体工作任务的方法，来模拟电子商务物流业务中的各种工作环境，帮助其熟悉电子商务物流流程。

4. 分组讨论法

讨论或激辩可不断激发人类新的认知、新的思想，在电子商务物流管理课程教学中除了在案例教学法中结合应用案例讨论之外，还可单独采用分组讨论法，通过同学的讨论和激辩不断激发学生的学习热情，同时使同学通过相互的交流和争论，把所涉及的知识一层一层拨开，将对同一问题不同的看法展现出来，深化同学对相关问题的认识，从而使学生分析问题、思考问题的能力不断提高。在这种方法的应用过程中应注意：第一，讨论内容的选择问题。所选择的讨论内容应属于发散性的内容，如在基础理论体系的模块三供应链管理的内容当中牛鞭效应的问题可采用此法，探讨电子商务环境下牛鞭效应的消除问题。

第二，讨论过程的监控问题。采用此种方法教学时，学生有种误解就是可以任意地说话了，讨论着讨论着就会跑题，此时教师要起到引导作用，对于跑题的发言要及时制止。

五、课程实践技能点与对应参与式教学项目设计

实践教学对于提高学生的综合素质和实践能力具有特殊作用，应充分重视实践教学。本课程实践教学体系可分三个层次：认知层、操作层、综合应用层。

第一层次：认知层。电子商务与物流管理涉及电子商务和物流管理两个学科的专业知识。从目前的授课对象来看，大多数学生对电子商务的认知很弱，此部分内容主要是加强对电子商务的认识。这一层次的实践教学可设置的实验有电子商务网站分析、消费者网上购物体验、电子支付等。

第二层次：操作层。此层面内容主要是让学生了解电子商务物流的实际运作过程，可设置实训内容有B2B/B2C/C2C平台管理、仓储和运输管理、物流企业和供应商协作模拟等，此部分实训需结合相关模拟软件进行。

第三层次：综合应用层。此层面实践教学主要是教会学生如何综合运用理论知识解决实际问题，提高学生分析问题、解决问题的能力，可设置实训内容有B2B/B2C/C2C平台的构建和运营、电子商务物流模式的选择等。

本课程实践技能点与对应参与式教学项目设计如表2-3所示。

表2-3　课程实践技能点与对应参与式教学项目设计

序号	课程技能点	参与式教学项目设计	教学时间安排
1	运输线路规划技能	通过学习Excel中的线性规划方法，掌握简单的物流系统运输优化方法	第1~3周
2	库存管理解决方案设计技能	ABC库存管理分类实验 蒙特卡罗模拟订货法实验	第4~6周
3	电子商务物流流程操作技能	物流教学模拟软件操作	第6~12周
4	基于网商的电子商务物流管理岗位操作技能	案例教学、模拟教学	第13~16周

六、课程实践技能参与式教学项目设计具体内容

电子商务与物流管理课程实践技能参与式教学项目设计具体内容如表2-4所示。

表 2-4 课程技能参与式教学项目设计具体内容

技能训练单元一：运输线路规划技能
给学生一个待解决的运输问题方案，向学生讲解如何用线性规划求解。学生根据老师讲解的求解方法，自行对一道企业运输问题方案进行线性规划求解，找出最优运输方案 要求：体验简单的公司所面临的运输问题；通过学习 Excel 中的线性规划方法，掌握简单的物流系统运输优化方法
技能训练单元二：库存管理解决方案设计技能
1. ABC 库存管理分类实验 用 ABC 分类总价累计百分比法对所给案例的商品进行排序。对商品进行分类 要求：掌握 ABC 库存分类管理法的原理和作用；熟练操作 Excel 软件 2. 蒙特卡罗模拟订货法实验 给学生一个待解决的订货决策方案，向学生讲解如何用 Excel 求解最佳订货策略。每位学生根据老师的讲解，自行练习一道用 Excel 对企业订货策略进行求解的作业 要求：掌握库存控制的基本原理和方法；掌握两种基本的订货方法；运用 Excel 进行订货的蒙特卡罗模拟，掌握简单库存系统的订货方法
技能训练单元三：电子商务物流流程操作技能
登录相应的物流教学模拟软件，对企业物流的日常业务流程进行操作，熟练操作该企业物流管理软件：基础数据准备（公司、公司管理员、录入人员、公司客户、DC、产品类别及产品）；设置原始库存；进行入库管理流程；进行出库管理流程；进行相关查询操作 要求：掌握企业物流管理的运作流程，加强对物流各环节的理解 分散与集中仓库配送实验。对于一个给定的配送问题，假设有两种配送方式：分散型仓库配送和集中型仓库配送。要求针对上述问题，用公式计算相关指标，然后对两种方式进行取舍 要求：用 Excel 软件计算，分为以下两步：比较两种方式下的成本和平均库存水平。通过计算确定哪个仓库作为中央仓库最合适。集中配送方式下，采用第三方物流后，选用不同的仓库作为中央仓库，实验计算其配送总成本分别是多少
技能训练单元四：基于网商的电子商务物流管理岗位操作技能
依据网商群体的岗位需求开发电子商务与物流管理课程；依据网商的电子商务物流管理岗位工作任务，构建课程内容 网商中的物流管理岗位需求主要体现在以下几个方面：我们以什么样的品质向电子商务客户提供物流服务？由谁实施电子商务物流服务？如何控制电子商务物流成本？如何监控物流服务质量？如何评估和管理电子商务物流活动 让学生分成若干组，基于工作过程导向设计一堂课，每一个工作情境都是一个完整的工作任务，主要包括任务讲解与布置、调研与分享、总结与反思、撰写报告 4 个工作步骤，每一堂课都严格按照 4 个工作步骤来进行 要求：以大量的网商群体为学习和调研的样本，针对每一个学习模块都要求学生组建团队，去发现网商群体在物流方面面临的普遍性问题，并寻求解决的方案，学习模块如下表所示

续表

技能训练单元四：基于网商的电子商务物流管理岗位操作技能		
学习模块		
模块名	知识目标	技能目标
电子商务物流概述	物流基本知识，电子商务与物流的关系，物流信息技术，物流行业服务电子商务，物流行业应用电子商务现状、方式等	开展物流行业服务电子商务的现状、方式等调研
电子商务物流服务细则策划	电子商务物流配送模式，电子商务物流区域服务细则，电子商务物流配送时限管理细则，电子商务物流配送费用细则	根据给定的不同电子商务企业策划物流服务细则方案
电子商务物流成本控制	了解电子商务物流库存成本控制的方法，了解电子商务物流配送成本控制的方法，了解电子商务物流退货、换货成本控制的方法	能够根据给定不同网商背景，制定物流库存、配送、退货、换货成本控制的方案
电子商务物流供应商的选择与管理	了解电子商务物流供应商调查、电子商务物流供应商评估与筛选、电子商务物流供应商管理的程序、方法和内容	会为不同企业做电子商务物流，会为不同企业管理电子商务物流供应商
电子商务物流售后服务	了解电子商务物流客户投诉处理的方法及内容，电子商务退货、换货管理的方法与技巧	能够根据给定不同物流情景处理客户投诉和电子商务交易中的退货、换货
电子商务物流服务质量评估与绩效管理	了解电子商务物流服务质量评估和绩效管理的方法	能够根据给定不同电子商务企业情景，评估电子商务物流服务质量，进行绩效管理

七、未来思考与需求

1. 建立电子商务物流管理仿真案例室

电子商务与物流管理仿真案例室的建立能为案例教学营造一个与案例主题及内容高度一致的仿真环境，可以事先由学生根据案例加以布置，借助于声光电等三维立体手段再现电子商务物流管理案例的场景。不但可以使教师轻松地对案例加以陈述，而且学生的思维在这样一个环境中也会得到激发。

2. 选择一些存在实际问题且能够深入接触的电子商务物流管理案例

创新的电子商务物流教学案例，最好是当地现实电子商务物流管理问题的缩影，它必须描述现有条件下的完全真实的业务状况或具体业务运作流程。电子商务物流管理案例要把部分真实的企业经营管理引入课堂，可使课堂讨论围绕真实的物流存在的难题来进行，同时它所描述的物流业务事件也是某种电子商务物流管理过程中的典型事件。案例中所出现的问题应该具有一定的代表性。电子商务物流管理案例还应当蕴含一定程度的疑难性问题，能给学生留出思考空间，培养学生全面的思维能力。

3. 通过转换角色学生深度融入电子商务物流管理案例分析过程中

根据案例情景，将全部同学分组，在组内按角色分配任务，提前将案例发放给学生，要求学生从角色的角度收集资料，在充分阅读案例的基础上以角色的身份发表观点，以书面的形式归纳出组内各角色的意见，并撰写成案例分析报告。案例的组间分析由各小组将准备好的案例分析过程和结果展现给教师和同学，并相互讨论，教师归纳，使案例教学进一步升华。

4. 电子商务与物流管理案例分析的考核由学生自主考核与学生互评为主

电子商务与物流管理案例分析的学习过程是以学生为主导的，创新必然要求学生在考核过程中也发挥主导作用。成绩考核可以主要从学生自评、互评与教师测评三个维度的评价中综合得出。其中互评是根据案例分析课堂讨论组织效果，采用轮流由其他小组成员组成的评判团评分，同时权衡组员对报告的贡献程度，给予一定的加分。但针对不同的案例，难易程度应有所调整，主要由教师根据报告的质量给出小组成绩，并依据分工所表现的报告质量为小组成员打分。

八、实践项目设计总结

通过课程学习、校内实训和校外实践能够有效提升学生的学习积极性，虽然近几年我们在课程开发与改革建设的过程中取得了一些成绩，但同时也要清醒地意识到电子商务与物流管理是一门实践性很强的课程，对于如何让课程和实际岗位对接，实现理论与实践有机的衔接，还需要不断通过相关企业的岗位实践来检验，并不断更新课程的教学内容，从而培养社会真正需要的人才。

国际货运代理实务
参与式教学项目设计与实施

陈言国

一、课程简介

国际货运代理实务课程是福建师范大学协和学院物流管理专业（国际物流方向）的必修课程。该课程是系统培养物流管理专业人才的方向性技能型课程之一。本课程针对国际物流货代企业的工作岗位，选定了最常见的销售岗位、操作岗位、单证岗位、报关岗位、客服岗位等，从这些岗位的工作任务出发，对学生进行强化训练，缩短学生与企业员工之间的距离。

教学时间安排在第六学期。这时学生已学完国际物流、国际贸易实务等相关课程，已具备了进行国际货运代理岗位技能强化训练的基础。

二、课程教学目的

通过本课程的学习，学生可以全面了解国际货运代理的基础知识、主要岗位及业务流程、货运单证的制作等，系统掌握国际货运代理市场营销岗位、操作岗位、单证岗位、报关岗位、客服岗位等各主要岗位的知识及工作技能，具备国际货运代理的实际操作技能，从而胜任国际货运代理相关企业的岗位工作。

三、课程重点与难点

国际货运代理实务课程的重点：①国际空海运的报价表；②国际空海运的托运订舱。

国际货运代理实务课程的难点：如何引导学生在系统学习国际货运代理实务基础知识的同时，掌握在不同工作情境中分析问题、解决问题的能力。

四、课程教学方法说明

国际货运代理实务课程教学方法：讲授、讨论、课堂练习、情境模拟相结合。在授课中采用以学生为主的情境启发式、讨论式、实训式等教学方法，调动学生主动参与课堂的积极性，使其在课堂上动脑思考、动口表达、动手练习，培养学生的学习能力、思维能力及应用能力。采用结构成绩制的考核方式，即期末考试成绩结合平时课堂参与、练习等的成绩，最终评定学生的成绩。

在实践教学部分精心设置形式多样的实训内容。如小组讨论、情境模拟、角色扮演、组织学生参与企业调查等灵活多样的教学方式，实现了学生从被动的传统学习方式向开放式的自主学习模式的转变，使学生的岗位技能得到充分训练与培养。

五、课程实践技能点与对应参与式教学项目设计

国际货运代理实务课程技能总目标：从岗位的工作任务出发对学生进行实践环节的强化训练，从而缩短学生与企业员工之间的距离，基本实现零距离上岗的教学与实训目的。

国际货运代理实务课程技能具体目标主要包括两项：

首先，通过训练使学生深入认识与理解国际货运代理实务基础知识的精髓。

其次，通过情境训练使学生深入认识与理解国际货代企业各主要岗位的必备素质与技能要求，能运用所学知识处理工作情境中的具体问题。

国际货运代理企业典型岗位工作任务分解和国际货运代理实务课程实践技能点与对应参与式教学项目设计如表 2-5 和表 2-6 所示。

表 2-5　国际货运代理企业典型岗位工作任务分解

工作岗位	典型工作项目	典型工作任务	
业务岗	销售报价	工作任务一	制作国际海运报价表
		工作任务二	制作国际空运报价表
操作岗	托运订舱	工作任务一	国际海运托运订舱
		工作任务二	国际空运托运订舱
单证岗	提单	工作任务一	制作国际海运提单
		工作任务二	制作国际空运提单
报关岗	填报关单	工作任务	填写报关单
客服岗	对账与申请付款	工作任务	国际费用单填制及付款申请
风控岗	风险防范	工作任务	完善国际货运代理协议

表2-6　国际货运代理实务课程实践技能点与对应参与式教学项目设计

序号	课程技能点	参与式教学项目设计	教学时间安排
1	制作国际海运报价表	情境模拟、课堂练习	第2周
2	制作国际空运报价表	情境模拟、课堂练习	第3周
3	国际海运托运订舱	情境模拟、课堂练习	第5周
4	国际空运托运订舱	情境模拟、课堂练习	第6周
5	制作国际海运提单	情境模拟、课堂练习	第7周
6	制作国际空运提单	情境模拟、课堂练习	第8周
7	填写报关单	情境模拟、课堂练习	第11周
8	费用单填制及付款申请	情境模拟、课堂练习	第12周
9	完善国际货运代理协议	课堂练习、小组讨论	第15周

通过实施此方案，实现学生从被动的传统学习方式向开放式的自主学习模式的转变，积极探索与运用参与式教学、体验式教学和互动式教学。

六、课程实践技能参与式教学项目设计具体内容

国际货运代理实务课程实践技能参与式教学项目设计具体内容如表2-7所示。

表2-7　国际货运代理实务课程实践技能参与式教学项目设计具体内容

技能训练单元一：制作国际空海运报价表
1. 岗位技能实训项目一：制作国际海运报价表 【工作情境】福建省华闽进出口公司业务员黄先生近期主要开拓美国东部市场，国外客户需要黄先生对美国东部海运基本港报价报价。黄先生向与其配合的福建中艺行国际物流有限公司的业务员小夏进行询价。小夏在接到咨询后，对这项业务的相关需求进行了了解，并了解相关船公司的舱位状况，随后整理并提供了一份报价表给黄先生 【相关知识准备】相关知识需以下几点： （1）美国东部海运基本港常识及中英文名称 （2）国际海运价格计价体系（如整柜、拼箱、常见柜型等） （3）出口口岸相关航线的海运价格行情及优势船公司的运价 （4）国际海运报价表的常见格式 【实训任务】实训任务有以下几项： （1）了解美国东部海运基本港、船公司基本港、当地出口国际海运航线价格知识等 （2）掌握美国东部海运基本港的船期、航行路线及航行时间 （3）按照客户要求，查询美国东部五个基本港的运价，每个港口报三个船公司以供选择 （4）报价表需要按照范例严格制作，内容必须包括起运港、目的港、船期、截关时间、开航时间、全程时间及价格有效期等

续表

技能训练单元一： 制作国际空海运报价表
【实训教学建议】实训教学建议有以下两方面： （1）教学方法：多媒体演示＋上机实践操作 （2）教学课时：授课学时：1~2课时；实践学时：2课时 **【训练目标】**使学生掌握国际海运报价表的制作 2. 岗位技能实训项目二：制作国际空运报价表 **【工作情境】**小林是林德国际物流公司销售部的一名业务代表。他在联系拜访了AOC公司的物流部李经理后，李经理要求他在最短的时间内报出本公司优势空运航线各航空港的优惠运价，并以邮件或传真方式发送给他 **【相关知识准备】**相关知识需以下几点： （1）国际空运主要机场的中英文名称及三字代码（航空三字代码可上网查找及下载） （2）国际空运价格计价体系 （3）所在地区的国际空运市场行情 （4）国际空运报价表的常见格式 **【实训任务】**实训任务有以下两项： （1）上网查找本地主要机场(如果当地没有，则查找国内主要机场)国际空运的航空公司、航班、航线、价格等信息，准备PPT，以小组为单位在课堂分享 提示：可以上机场网站、航空公司网站、锦程物流网等网站查询 （2）完成规定情境的国际空运报价表 提示：可选择课外完成后提交电子文档，教师批阅；也可选择上课时在机房完成，提交电子文档，教师批阅 **【实训教学建议】**实训教学建议有以下两方面： （1）教学方法：多媒体演示＋实践操作 （2）教学课时：授课学时：1~2课时；实践学时：2课时 **【训练目标】**使学生掌握国际空运报价表的制作
技能训练单元二：国际空海运的托运订舱
1. 岗位技能实训项目一：国际海运的托运订舱 **【工作情境】**2013年5月，福建东方星进出口有限公司（以下简称东方星公司）需要出运一批拖鞋到美国纽约，在了解各家货运公司的报价后，东方星公司业务员林先生根据此票货物的实际需求最终接受了福建中艺行国际物流有限公司（以下简称中艺行物流）的业务员刘先生提供的中海集运的船期及运费，林先生在刘先生的指导下填写了国际海运货运委托书，并盖上公司公章传真给中艺行物流，以便确认托运关系。刘先生依照客户林先生的委托书填制了海运业务交接表，转交操作员Amy。操作员Amy根据委托书及业务交接表的要求填制了一份中海集运的订舱单，向其申请舱位。在得到中海集运的放箱确认后，操作员Amy根据东方星公司林先生的指示对该票货物进行出口排载 **【相关知识准备】**相关知识需以下几点： （1）国际海运托运知识 （2）国际海运业务交接知识 （3）国际海运订舱知识 （4）国际海运排载配柜及报关知识 **【实训任务】**实训任务有以下两项： （1）填制完成规定情境的国际海运货运委托书、海运业务交接表和船公司订舱单等 （2）按以下工作岗位分组：进出口公司客户、国际货代企业业务员、国际货代企业操作员、国际货代企业单证员、船公司订舱放箱员、拖车公司调度、报关行报关员等进行托运订舱场景模拟演练

续表

技能训练单元二：国际空海运的托运订舱
【实训教学建议】实训教学建议有以下两方面： （1）教学方法：多媒体演示教学+实践操作 （2）教学课时：讲授学时：1~2课时；实践学时：2课时 **【训练目标】**使学生掌握国际海运的托运订舱 2. 岗位技能实训项目二：国际空运的托运订舱 **【工作情境】**2013年4月，福建省服装进出口公司有一批夹克需要空运，公司物流经办陈先生与林德物流公司联系后，林德物流公司业务员小王报了两家航空公司的航线与运价，最终陈先生选择了中国国际航空的航线与运价。接着小王传真了一份国际空运货运委托书给陈先生，指导他填写并盖上公司章，回传到林德物流公司。林德物流公司的操作员Linda收到委托书后与陈先生电话联系，做了一下确认，接着根据委托书填制了一份国航固定格式的订舱单，传真给国航货运福州营业部的经办李先生，之后与李先生确认了4月20日由福州起飞的CA1506航班的舱位 **【相关知识准备】**相关知识需以下几点： （1）国际空运托运知识 （2）国际空运业务交接知识 （3）国际空运订舱知识 **【实训任务】**实训任务有以下两项： （1）完成规定情境的国际空运货运委托书、空运业务交接表、国际空运订舱单、国际货物入舱单及航空标签的填制 （2）按以下工作岗位分组：进出口客户、国际货代企业业务员、国际货代企业操作员、国际货代企业单证员、航空公司货运部订舱员、航空港货运站工作人员、航空港安检人员等，进行托运订舱场景模拟演练 **【实训教学建议】**实训教学建议有以下两方面： （1）教学方法：课堂练习+场景模拟 （2）讲授学时：1~2课时；实践学时：2课时 **【训练目标】**掌握国际空运的托运订舱
技能训练单元三：国际空海运提单填制
1. 岗位技能实训项目一：填制国际海运提单 **【工作情境】**福州德意进出口公司有一批工艺品需要海运到南美，德意进出口公司船务部肖小姐联系福建中艺行国际物流公司销售代表小王，并最终选择了船公司马士基作为此票货物的承运人。此票货物需要目的港货运公司安排目的港门到门服务及清关等程序。中艺行国际物流公司的操作员Daisy安排完订舱排载事宜后，单证员Cindy按照客户委托书的要求填制一份国际海运提单分提单及一份马士基公司格式的国际海运提单主提单 **【相关知识准备】**相关知识需以下几点： （1）国际海运提单基础知识 （2）国际海运提单的填制规范 **【实训任务】**完成规定情境的国际海运提单主提单及国际海运提单分提单的填制 **【实训教学建议】**实训教学建议有以下两方面： （1）教学方法：多媒体演示教学+实践操作 （2）教学课时：讲授学时：1~2课时；实践学时：2课时 **【实训目标】**掌握国际海运提单的填制

续表

技能训练单元三：国际空海运提单填制
2. 岗位技能实训项目二：填制国际航空货运提单 【工作情境】福建省服装进出口公司有一批夹克需要空运到德国，公司物流经办陈先生与林德物流公司联系后，林德物流公司销售代表小王报了两家航空公司的航线与运价，最终陈先生选择了中国国际航空公司的航线与运价。接到客户委托书并订到舱位后，操作员 Amy 将相关资料转单证员 Lucy，Lucy 需要填制完成一份中国国际航空公司的主运单（林德物流公司已交押金，预领 20 份空白航空货运单放在操作部保险柜），同时因运费到付，需要发德国代理，所以同时需要制作一份分运单 【相关知识准备】相关知识需以下几点： （1）国际航空货运单基础知识 （2）国际航空货运单的填制规范 【实训任务】完成规定情境的国际航空货运单主运单及分运单的填制 【实训教学建议】实训教学建议有以下两方面： （1）教学方法：多媒体演示教学＋实践操作 （2）教学课时：讲授学时：1~2 课时；实践学时：2 课时 【实训目标】掌握国际空运提单的填制
技能训练单元四：报关单填制
岗位技能实训项目：填制出口货物报关单 【工作情境】浙江某公司与英国某公司签订了一份货物销售合同，这批货安排走海运。请根据销售合同及其他材料完成一份出口货物报关单 【实训任务】完成规定情境的出口货物报关单的填制 【实训教学建议】实训教学建议有以下两方面： （1）教学方法：多媒体演示教学＋实践操作 （2）教学课时：讲授学时：1~2 课时；实践学时：2 课时 【训练目标】掌握报关单的填制
技能训练单元五：填制付款申请单及费用对账单
岗位技能实训项目：填制付款申请单及费用对账单 【工作情境】福州金时利进出口有限公司的吴小姐委托万全公司出口货物到西班牙的巴塞罗那，在货物放行后，吴小姐即向万全公司索取正本提单及相关退税凭证。此时，万全公司的操作员 Linda 应告知并指引客户吴小姐完成付款步骤以便领取相关单证 【相关知识准备】相关知识需以下几点： （1）国际海运运费及杂费市场行情 （2）各船公司、码头、拖车公司收费标准 （3）国际海运运费及当地港杂费明细 （4）国际海运运费及杂费结算知识 【实训任务】实训任务有以下两项： （1）完成规定情境的国际海运付款申请单 （2）完成规定情境的国际海运费用确认单

续表

技能训练单元五：填制付款申请单及费用对账单
【实训教学建议】实训教学建议有以下两项： （1）教学方法：多媒体演示＋上机实践操作 （2）教学课时：讲授学时：1课时；实践学时：1课时 【训练目标】掌握付款申请单及费用对账单
技能训练单元六：完善国际货运代理协议
岗位技能实训项目：完善国际货运代理协议 【工作情境】许多员工反映公司现有的代理协议内容过于简单，一旦出现索赔或争议，就难以保护公司的利益。公司管理层就此开会讨论，认为完善国际货运代理协议是防范风险的一个重要手段，尤其是免责条款和付款条款。免责条款的制定虽然没有专门的国内立法可依，但是必须依据相关法律法规且参照国际公约和行业标准；付款条款目前制定得不够细致，在处理客户拖欠费用时可操作性较差。公司决定重点完善国际货运代理协议的这两个条款 【实训任务】如果你是该公司的员工或管理层，你认为最应该添加什么样的条款内容？请起草几条 【实训教学建议】实训教学建议有以下两方面： （1）教学方法：分组讨论 （2）教学课时：讲授学时：1课时；实践学时：1课时 【训练目标】掌握国际货运代理协议的完善

七、课程实践技能参与式教学评价标准

国际货运代理实务课程实践技能参与式教学评价标准如表2-8至表2-13所示。

表2-8 技能训练单元一：制作国际空海运报价表的评价标准

编号	评价点	评价细节	得分情况
1	成果	是否准时完成（30分）	
2	成果	价格等是否正确（30分）	
3	成果	制作报价表是否熟练，报价表是否工整（40分）	

表2-9 技能训练单元二：国际空海运的托运订舱的评价标准

编号	评价点	评价细节	得分情况
1	成果	是否准时完成（20分）	
2	成果	单证是否正确（40分）	
3	成果	流程是否熟练、流畅（40分）	

表 2-10　技能训练单元三：国际空海运提单填制的评价标准

编号	评价点	评价细节	得分情况
1	成果	是否准时完成（20分）	
2	成果	单证是否正确（70分）	
3	成果	单证是否美观（10分）	

表 2-11　技能训练单元四：报关单填制的评价标准

编号	评价点	评价细节	得分情况
1	成果	是否准时完成（20分）	
2	成果	单证是否正确（70分）	
3	成果	单证是否美观（10分）	

表 2-12　技能训练单元五：填制付款申请单及费用对账单的评价标准

编号	评价点	评价细节	得分情况
1	成果	是否准时完成（20分）	
2	成果	单证是否正确（70分）	
3	成果	单证是否美观（10分）	

表 2-13　技能训练单元六：完善国际货运代理协议的评价标准

编号	评价点	评价细节	得分情况
1	成果	内容完整性与准确性（70分）	
2	成果	形式及表达（30分）	

八、课程实践技能参与式教学项目设计与实施总结

　　国际货运代理实务课程是应用型本科物流专业（国际物流方向）的一门核心课程，该课程是系统培养国际物流人才的方向性技能型课程之一。本课程实践部分所占比例较高，突出对学生进行实践应用及岗位技能的训练。通过选取以上六个针对性的岗位技能进行强化训练，帮助学生系统掌握国际货运代理的实际操作技能，从而胜任国际货运代理相关企业的岗位工作。

实施小结：第一，技能训练的具体实施，教师可以根据教学条件选择机房或复印表格等材料在多媒体教室完成；第二，引导学生课外查找资料，做好相关知识的准备，这是提高技能训练的效率及质量的重要保障。

企业运营管理
参与式教学项目设计与实施

沈庆琼

一、课程简介

　　企业运营管理是企业三大基本职能（财务、运营、营销）之一。它旨在把投入转换成产出，因而在企业竞争过程中有着举足轻重不可替代的地位。出色的运营管理是企业生存乃至取胜的关键要素之一。随着经济全球化、市场需求的变化以及科学技术的发展，运营管理除了考虑价格、质量、时间的竞争之外，还要考虑基于服务、柔性和环保的竞争。而这种竞争战略的调整，将会体现在运营管理的理念以及方法的各层面。本课程在总结运营管理实践及教学经验的基础上，系统地介绍了运营管理的理论与方法，共15章，分为四个部分：通过运营管理赢得组织的竞争优势、运营系统的规划与设计、运营系统的运营与控制、运营系统的更新与改善。四个部分相互联系，构成"运营视图"。

二、课程教学目的

　　通过本课程的学习，使管理类的学生能系统地掌握企业运营管理的基本理论，掌握典型的运营管理方法；了解运营管理的历程与最新发展状况；会应用基本的运营管理方法解决一些实际运营管理问题；把握运营管理的整体内容及其与营销、财务、人力资源的关系。通过案例分析的形式培养学生分析问题、解决问题的实际能力以及加强对理论知识的深化理解，培养具有掌握企业运营规划和管理分析方法与相关技巧，并能对企业的实际业务做出合理规划和实施的人才。尤其对立志以管理工作为职业目标的青年学生以及希望有效实现人生理想的年轻人，通过系统地学习管理课程的理论知识为其今后的事业成功奠定坚实的基础。

三、课程重点与难点

企业运营管理课程旨在让学生把握运营管理与其他职能管理（财务、营销、人力资源等）之间的关系及其在企业组织中的重要性。通过课程学习，学生将掌握有关运营管理的基本概念、原理和技术，并把这些知识和技能应用于企业运营管理实践。

课程的重点：①运营系统的规划与设计方法，如运营能力规划方法、选址规划技术等。②运营系统的运行与控制理论与方法，如质量控制理论与技术、库存管理、企业物料需求计划、生产计划等。③先进运营模式的理论与应用，如收益管理、精益生产等。

课程的难点是如何把定量技术应用到解决运营管理问题的实际。如运输模型用于物流系统的规划、线性规划用于生产大纲的编制、需求预测应用于编制生产计划、流水生产线的平衡，等等。针对这些难点，课程的解决方案是少讲解定量模型的推导，引入管理软件分析处理定量模型，重点分析解决管理问题的思路。

四、课程教学方法说明

企业运营管理是一门实践性很强的应用科学，在教学上既要重视理论教学，又要强调对学生实践技能的培养以及管理智慧的提升。本课程在教学方法的设计上主要将重心放在以下两个方面：

1. 理论教学

对理论教学部分力求基础与前沿热点问题的有效融合，理论与案例并重。按"理论+案例"驱动型的教学模式来组织教学。在讲授每一章节内容时，一方面注重课程知识结构的提炼，按核心知识点构建企业运营管理的知识树；另一方面在一些关键概念、核心理论讲授中能通过合适案例启发学生思考，做到教与学并重。

另外，在相关章节设置专题视频，反映企业运营管理科学发展中的一些新技术新方法，如汽车生产的流水生产线，企业设施布置等。同时通过有意识地向学生提供大量扩充性、相关性学习资源，包括企业管理的学术论文、管理理论前沿、中外企业案例、国内外管理期刊、企业网站资源等，激发学生学习热情，拓宽学生的知识面。

2. 实践教学

在实践教学部分精心设置形式多样的实训内容。如案例讨论、情境模拟、项目策划、角色扮演、项目（专题）辩论、组织学生参与企业调查实践等灵活多样的教学方式，实现了学生从被动的传统学习方式向开放式的自主学习模式的转变，使学生的综合管理技能得到充分训练与培养。

五、课程实践技能点与对应参与式教学项目设计

企业运营管理课程技能总目标：培养出融知识、能力与素质于一体的企业职业管理者，通过理论与实践的学习，培养学生的五大关键能力，即决策能力、计划能力、组织能力、设计能力和控制能力。具体的课程实践技能点与对应参与式教学项目设计如表2-14所示。

表2-14　企业运营管理课程实践技能点与对应参与式教学项目设计

序号	课程技能点	参与式教学项目设计	教学时间安排
1	培养对企业社会责任感的认知能力	课堂辩论、案例分析	第1周
2	培养对职业管理者基本素养的认知能力	课堂讨论、角色扮演、团队练习、案例分析	第2周
3	培养自主决策、创新和搜索资料的技能	调查与访问、资料与搜索	第3~7周
4	培养观察环境、科学运筹、制定战略的技能	调查与访问、案例分析、视频展播	第8~9周
5	培养总结、学术研究的技能	项目练习、资料撰写	第10~11周
6	培养观察，诊断，定性、定量分析，综合处理的技能	课堂视频分析、情境模拟、团队合作	第12~13周
7	培养编制企业作业计划书的技能	团队合作、练习	第14~15周

通过实施此方案，实现学生从被动的传统学习方式向开放式的自主学习模式的转变，积极探索与运用参与式教学、体验式教学和互动式教学。本课程的教学方法说明如表2-15所示。

表2-15　企业运营管理课程实践技能训练教学方法说明

序号	教学方法	具体说明
1	课堂讨论	在企业运营管理的知识点讲授中，每章重要的知识点都设有案例辅助解释说明，在课堂教学中可以采用形式多样的教学方式展开讨论（如个人分析、小组分析、管理游戏等方法），由学生应用所学知识，放开思路，大胆表达自己的意见与建议，相互学习
2	团队练习和角色扮演	在第一次授课时，就要求学生自由组合，组成6个人左右的学习小组，思考小组项目，并选举小组负责人开展课程相关的团队练习训练和资料搜索
3	角色扮演	给出一定的案例或需要解决的企业管理问题，由学生扮演其中的角色（也可轮流扮演），设身处地地分析与解决所面临的问题。学生从所扮演角色的角度出发，运用所学知识，自主分析与决策，以提高学生分析问题与解决问题的能力

续表

序号	教学方法	具体说明
4	案例分析	案例分析是管理学教学理论联系实际的特色形式。每一章都配有相应的案例学习,均是较为典型的、具有学生讨论与研究空间的案例。将学生分为若干组(每组一般8~10人为宜),先分组讨论分析,然后每组选派1名代表,将本组推荐的解决问题的方案在全班进行交流,其他组的同学可以提出质疑。各小组汇报结束后,教师进行简短小结。教师的指导要重点放在引导学生寻找正确的分析思路和对关键点的多视角观察上,而不是用自己的观点影响学生。教师对案例分析的总结,也不要对结果或争论下结论,而是对学生们的分析进行归纳、拓展和升华
5	情境模拟	选出有意思的案例,由师生共同编写剧本,在仿真的企业运营管理情境中运用管理理论知识,提升管理技能
6	调查与访问	根据教学与训练需要,特别是要带着特定的企业管理问题,组织学生进行社会调查,深入企业,访问企业家与管理者,再由学生写出项目调研报告
7	视频教学	视频教学包括视频案例与视频讲座。视频案例是将国内外企业经营管理中的带有典型性的成功经验或失败教训,通过剪辑和艺术处理制成音像片。使学生如同亲临国内外企业经营管理现场,融知识性与娱乐性于一体,也有利于开拓学生视野
8	学生讲坛	要求学生上网检索和整理热点经济事件的相关信息,结合企业运营管理所学相关知识加以分析,并要求在课堂中,能派代表在讲台前展示并引导同学深入讨论。使用该方法的目的在于能结合热点经济问题,增强学生对企业的理性认识,提高学生运用所学知识分析与解决实际问题的能力

六、课程实践技能参与式教学项目设计具体内容

企业运营管理课程实践技能参与式教学项目设计具体内容如表2-16所示。

表2-16 企业运营管理课程实践技能参与式教学项目设计具体内容

技能训练单元一:培养对企业社会责任感的认知能力
课堂讨论 企业对社会责任问题的定位是什么 【讨论内容】环境污染、资源破坏、天价医疗费、非法食品添加剂、质量缺陷、偷工减料、会计丑闻等都属于社会责任问题,这些问题已招致公众的强烈反对和各级行政管理部门的关注。从企业的角度看,越来越多的企业认识到,更多地关注公众和社会利益,认真地履行社会责任,虽然短时期内会牺牲企业的经营业绩,但从长期看,会改善企业在公众心中的形象 【训练目标】充分认识企业及企业经营者的社会责任问题,提高社会责任意识

续表

技能训练单元二：培养对职业管理者基本素养的认知能力
案例分析 麦当劳抓住了快餐的要旨——快与餐 【分析内容】分析以下几点内容： （1）麦当劳如何通过运营战略实现其使命和愿景 （2）麦当劳如何定义目标客户 （3）麦当劳如何实现快速配送？如何实现其QSC&V的经营理念 【训练目标】充分认识企业从使命愿景到组织战略和运营战略的运用与作用，从而识别和培植企业核心竞争力，并加强自身素质与技能的培养，使学生树立职业管理者的心理意识
技能训练单元三：培养自主决策、创新和搜索资料的技能，增强团队合作的技能
情境模拟＋课堂辩论 成立自己的创业公司 【辩论和分析的内容】学生经过调查和资料搜索，借助互联网＋的平台和技术，创办自己的公司项目，然后对公司项目进行推介宣传 【训练目标】培养学生理论与实际结合的能力，培养自主自立和团队合作的能力
技能训练单元四：培养观察环境、科学运筹、制定战略的技能
情境模拟 对设计和创立的项目内容进行判断分析和制定决策 【练习内容】要求学生对自己的团队以及所成立的项目进行分析比较，制定出适宜的决策方案，包括对运营战略，企业选址等问题进行明确 【训练目标】一方面训练学生的信息处理能力；另一方面能对社会现象做出思考与分析
技能训练单元五：培养总结、学术研究的技能
学生讲坛 社会责任与企业的可持续发展 【写作内容】要求学生上网检索和整理关于质量问题的经济事件的相关信息，结合企业运营管理所学相关知识加以分析，并要求在课堂中，能派代表在讲台前展示并引导同学深入讨论。使用该方法的目的在于能结合热点经济问题，增强学生对企业的理性认识，提高学生运用所学知识分析与解决实际问题的能力 【训练目标】从学术角度分析和思考社会现象，并对企业的道德风险进行思考
技能训练单元六：培养观察，诊断，定性、定量分析，综合处理的技能
调查与访问 中小企业内部设施布置调查 【调查内容】学生到一家百货公司或超市或小商店，对该企业的设施布置及规范程度进行调查记录，并运用所学知识进行分析诊断。如时间安排有困难，也可利用网络、资料等途径收集企业相关信息 【训练目标】训练要达到以下几点目标： （1）增强对企业内部设施布置的认知程度 （2）培养团队合作和解决问题的能力 （3）提高调查和整理资料的能力

续表

技能训练单元七：培养编制企业作业计划书的技能
写作训练 编制企业作业计划书 【写作内容】要求学生将之前设计的项目内容用计划书的形式体现出来，包括企业的创建、地址的选择、内部的设施布置、战略决策等。使用该方法的目的在于学生能把所学知识进行分析与总结，从而形成系统的分析思路和逻辑思路，提高解决实际问题的能力 【训练目标】培养编制企业作业计划书技能

七、课程实践技能参与式教学评价标准

参与式教学设计的方法有很多种，每一种都有它存在的理由，所以只有通过不断的实践，不断的反馈，才能更好地提高课堂教学技能，增强学生的学习积极性和主动性。为了更好地对企业运营管理课程实践技能参与式教学进行评价，我们设立了一些评价标准。

1. 自评与他评相结合，自评为主

自评的主要形式是教师教学后的反思，他评就是教师观摩教学后进行的集体评价。

2. 形成性评价与成果性评价

形成性评价是对教学过程进行评价，以便随时提出改进意见。成果性评价是一种只看结果，不看过程的评价方法，比如，学生学习完课程后的考试成绩和对应的实践报告或策划书等撰写水平及企业运营的策划能力，其好处是评价简单，坏处是发现问题后在该班级该课程的教学过程中不能及时进行弥补。

3. 定量评价与定性评价相结合

以定性评价为主，利用课程与教学有关理论对课堂教学结果进行分析，提出改进意见。定量评价是利用数学、数字进行评价，比如，学生的合格率、预期目标的达到程度。

上面三点是学校层面对教师的参与式教学的评价标准，在此基础上，我们再制定详细的针对学生学习效果的评价指标，包括情绪状态、学生参与教学状态、思维状态、学习达成状态等，以期能更好地指导实践教学。具体指标如表2-17所示。

表2-17 参与式教学项目评价指标和评价要素

指标	评价要素	达到程度			
		A	B	C	D
情绪状态	老师有饱满的精神状态；探讨知识的激情				
	学生有适度的紧张感；对知识的探求欲望				
学生参与教学状态	学生与老师、学生与学生之间相互尊重、理解、地位平等				
	学生对学习感兴趣，积极主动参与各项活动				
	学生和学生、学生和老师、学生和教材之间保持多向、丰富、和谐、有效的信息交流				
	*有的学生能出色地参与教学活动				
思维状态	学生在探究学习的过程中能发现、提出问题				
	学生和学生、学生和老师、学生和教材之间围绕着学习目标对问题进行有效的分析与讨论				
	学生通过分析与讨论能较好地解释或解决问题				
	*学生能提出具有挑战性与独创性的问题与见解				
学习达成状态	学生在不同程度上都有喜悦和成功的体验				
	学生掌握了必要的基础知识与技能				
	学生在各自的基础上都获得了进一步发展的能力				
	*学生全身心地投入到学习的过程中，出现了课已完、意未尽的感人场面				
其他					
教学特色					
评价等级					
评语（改进建议）	A（很好）	B（较好）		C（一般）	D（差）

说明：标有*的内容是带有导向性的较高要求，不作为指标的基本要素。

模型中提出的四种状态用来了解教学过程中对于学生不同层面的关注：没有情绪状态、参与状态，就不能激活课堂；单有情绪状态、参与状态，容易形成课堂教学中的"泡沫现象"、"表面繁荣"，四大状态的协调统一，才可能对课堂教学效果做出准确的评价。

八、课程实践项目设计总结

　　以课堂中学生学习活动设计为中心的参与式教学设计是一个复杂的系统工程，是教师创造性的智慧劳动。但是学生学习活动的思维火花和行为变化也是不可预设的。参与式教学技能的设计重点在于教师引导学习活动，启发参与意识。当然实践教学设计方案毕竟是一个带有主观性的设计蓝图，教学过程中课堂讨论节奏的把握、学生角色扮演的分析、学生课外调查的效果真实性与否以及考虑理论与实际的差距，特别是学生在较理想状态下做出来的方案跟在复杂社会环境下的经营环境，存在一定的差距，同时学生的逻辑思维能力也有很大的个体差异，这些都要求在教学中不断地调整和改进方式方法。

物流系统分析与设计
参与式教学项目设计与实施

范秋英

一、课程简介

物流系统分析与设计是物流管理专业的核心课程。本课程以现代物流分析技术和规划方法对企业物流营运系统、作业设施系统、物流信息系统进行资源整合和优化布局，是一门应用性学科，也是物流管理专业的主干课程之一。本课程的内容包括初步建立物流系统规划和设计的基本概念、理论和方法，社会物流系统和企业物流系统的基本结构，物流系统节点规划设计、物流运输系统规划设计及物流系统网络规划设计的基本原则、步骤和方法。在此基础上，进一步介绍了物流系统分析、优化、整合的相关理论与方法以及物流系统方案的设计方法、物流系统的综合评价技术和物流系统方案决策实施的方法。

二、课程教学目的

通过本课程的学习，使学生能系统地掌握物流系统的基本理论和一般方法，能对物流系统规划与设计有一个全面的、深入的认识，并能运用物流系统规划与设计的原理、方法和技巧服务于企业的物流系统规划与设计中，为企业物流系统的构筑提供可行的物流运营、物流作业、物流设施解决方案，提高企业的物流效率，实现企业物流管理的合理化，降低物流成本。培养学生从整体上构建物流系统的能力，使其能够应用系统论的方法解决问题。

三、课程重点与难点

本课程的重点：①基于AHP方法对物流中心选址布局的优化方案选择。②物流设施合理布局。③物流系统建模与求解。④对运输系统进行线路优化，调度优化。⑤对物流需求进行合理预测。⑥物流系统仿真优化能力。

本课程的难点：①如何综合培养学生创造性地运用知识解决问题的能力，引导学生能在系统学习基础知识的同时，掌握在不同管理情境中发现问题、综合分析问题以及提出解决方案的一般管理技术和实践技能，以培养出融知识、能力与素质于一体的职业管理者。②掌握案例的分析方法，进一步巩固和提升物流系统规划能力，运用物流仿真系统工作的原理，利用仿真软件，用数据分析和选择最佳的方案，并分析物流系统的运行效率。

四、课程教学方法说明

物流系统分析与设计是一门实践性很强的应用科学，在教学上既要重视理论教学，又要强调对学生实践技能的培养。

本课程主要以讲授为主，对理论教学部分力求基础与前沿热点问题的有效融合，理论与案例并重。指定教材中的经典案例，让学生对其进行分析，了解物流系统规划设计中的一般方法以及在规划设计中可能会遇到的问题。

本课程以实践教学为辅助，在实践教学部分精心设置形式多样的实训内容。如案例讨论、情境模拟、小组讨论、方案设计、组织学生参与企业调查、企业咨询实践等灵活多样的教学方式，实现了学生从被动的传统学习方式向开放式的自主学习模式的转变，使学生的综合管理技能得到充分训练与提高。

重视思维和方法，师生互动，采用灵活多样的方式对教学重点和难点进行精讲和剖析。

五、课程实践技能点与对应参与式教学项目设计

物流系统分析与设计课程技能具体目标主要包括以下几点：

第一，用定性分析方法、多因素打分法或者层次分析法（AHP）为物流中心选址（阐述选址理由，分析评分的因素、权重及打分的依据）。

第二，熟悉物流节点布局设计的流程，掌握空间关系图的做法。

第三，掌握物流节点布局方法中的系统布局设计法（SLP）和CORELAP布局法。

第四，运输系统规划设计时避免不合理的运输形式，选择合理的运输形式和路线。运用节约里程法和图上作业法达到节约运费和运距的目的。

第五，具备物流系统建模与优化的能力以及物流系统预测分析技术。

第六，能够运用物流系统仿真软件选择最佳方案和评价物流系统效率，设计物流系统布局方案。

物流系统分析与设计课程实践技能点与对应参与式教学项目设计如表2-18所示。

表2-18 物流系统分析与设计课程实践技能点与对应参与式教学项目设计

序号	课程技能点	参与式教学项目设计	教学时间安排
1	物流系统与规划设计认知能力	案例分析	第1周
2	物流节点选址与布局设计技能	案例分析、调查与访问	第2周
3	运用层次分析法对物流中心进行选址技能	方案设计	第2周
4	物流节点布局设计技能	小组讨论	第3周
5	绘制空间关系图技能	案例分析	第3周
6	系统布局设计法（SLP） CORELAP布局技能	方案设计	第4周
7	物流运输系统规划与设计技能	案例分析	第5周
8	选择合理的运输形式和路线技能	课堂练习	第6周
9	物流系统建模与优化技能	课堂讨论、情境模拟	第8周
10	物流系统预测分析技能	课堂展示	第9周
11	物流系统仿真与建模技能	课堂练习、视频展示 案例分析、个人练习和视频展示	第10~13周
12	Flexsim仿真软件方案分析与设计技能	方案设计	第14周
13	Flexsim仿真软件运用与评价技能	评价和决策	第15~16周

通过实施此方案，实现学生从被动的传统学习方式向开放式的自主学习模式的转变，积极探索与运用参与式教学、体验式教学和互动式教学。本课程的教学方法说明如表2-19所示。

表2-19 物流系统分析与设计课程实践技能训练教学方法说明

序号	教学方法	具体说明
1	案例分析	针对本课程中较为抽象的原理和方法，案例教学可以便捷地创设一个真实而深刻的学习环境，向学生展示企业的运作实战，为学生综合运用知识解决实际问题的能力营造氛围。选取案例质量的好坏直接影响学生参与的兴趣，可以在课前根据教学目标和时代特点，结合知名企业以及地理邻近原则进行相关材料的收集和整理，必要时撰写教学案例并设计问题
2	小组讨论	对物流中心选址及内部布局设计的方案筛选等需要一定经验累积和灵活运用相关知识，教学中可以给定必要的背景和备选方案，采取小组讨论的办法，先由小组成员在小组内交换意见，再组织小组间辩论，形成学生之间相互学习和相互促进的氛围
3	课堂练习和展示	课堂练习是针对课程所涉及的知识点，特别是重点和难点部分，增加额外附加的练习，目的是巩固和强化学生对知识点的记忆和理解以及对一些具体方法的使用更加清晰，能够运用一些方法解决实际中碰到的问题

续表

序号	教学方法	具体说明
4	方案设计	物流系统包括若干个子系统,如配送系统、运输系统、存储系统、流通加工系统、信息系统等。课程物流方案的内容也是围绕这些子系统进行的。本课程的方案设计主要是配送中心选择方案的设计和选择、运输线路优化方案设计、车辆调度方案设计、配送中心设施布局的设计、物流方案的仿真效果设计等。通过对这些项目的设计,不但能使学生加强对物流流程和物流运作模式的认识,模拟与现实的结合,也能使其系统地了解物流方案设计与策划中知识的运用,提升其实践能力,加强了专业技能
5	情境模拟	选出有意思的案例,由师生共同编写剧本,在仿真的管理情境中运用理论知识,提升技能
6	调查与访问	根据教学与训练需要,特别是要带着特定的问题,组织学生进行社会调查,深入企业,访问企业家与管理者,再由学生写出调研报告
7	视频教学	视频教学主要是帮助学生更加全面具体地了解课程中所涉及的理论知识,如配送中心的运作模式和功能设施布局等
8	实验报告	实验报告是针对单个学生课程学习成果的体现,特别是对实验教学部分的内容进行归纳和总结。实验报告的内容包含实验教学过程中所设计的各种仿真案例、仿真模型的构建、仿真模型的分析和优化
9	企业参观	为了加深学生对物流中心的功能和进货、保管、分拣、包装、出货等流程有一个更加直观的了解,可以采取校企互动的教学方式,组织学生深入配送中心参观学习

六、课程实践技能参与式教学项目设计具体内容

物流系统分析与设计课程实践技能参与式教学项目设计具体内容如表 2-20 所示。

表 2-20 物流系统分析与设计课程实践技能参与式教学项目设计具体内容

技能训练单元一:物流系统与规划设计认知能力
【教学目标】教学目标有以下几点: (1)加深对物流系统进行规划设计的一般原则、内容和基本要求的理解 (2)熟练掌握物流系统规划设计的流程 (3)掌握规划设计常用的方法 (4)加深对物流系统规划设计中进行系统分析、优化整合思想的理解 【案例分析】7-11 的物流系统案例 7-11 的物流管理模式先后经历了三个阶段三种方式的变革。起初,7-11 并没有自己的配送中心,它的货物配送是批发商完成的。以日本的 7-11 为例,早期日本 7-11 的供应商都有自己特定的批发商,而且每个批发商一般都只代理一家生产商,这个批发商就是联系 7-11 和其供应商间的纽带,也是 7-11 和供应商间传递货物、信息和资金的通道。供应商把自己的产品交给批发商以后,对产品的销售就不再过问,所有的配送和销售都会由批发商来完成。对于 7-11 而言,批发商就相当于自己的配送中心,它所要做的就是把供应商生产的产品迅速有效地运送到 7-11 手中。为了自身的发展,批发商需要最大限度地扩大自己的经营,尽力向更多的便利店送货,并且要对整个配送和定货系

续表

技能训练单元一：物流系统与规划设计认知能力

统做出规划，以满足 7-11 的需要。

渐渐地，这种分散化的由各个批发商分别送货的方式无法再满足规模日渐扩大的 7-11 便利店的需要，7-11 开始和批发商及合作生产商构建统一的集约化的配送和进货系统。在这种系统之下，7-11 改变了以往由多家批发商分别向各个便利点送货的方式，改由一家在一定区域内的特定批发商统一管理该区域内的同类供应商，然后向 7-11 统一配货，这种方式称为集约化配送。集约化配送有效地降低了批发商的数量，减少了配送环节，为 7-11 节省了物流费用。

配送中心的特定批发商（又称为窗口批发商）提醒了 7-11，何不自己建一个配送中心？与其让别人掌控自己的经脉，不如自己把好自己的脉。7-11 的物流共同配送系统就这样浮出水面，共同配送中心代替了特定批发商，分别在不同的区域统一集货、统一配送。配送中心有一个电脑网络配送系统，分别与供应商及 7-11 店铺相连。为了保证不断货，配送中心一般会根据以往的经验保留 4 天左右的库存，同时，中心的电脑系统每天都会定期收到各个店铺发来的库存报告和要货报告，配送中心把这些报告集中分析，最后形成一张张向不同供应商发出的定单，由电脑网络传给供应商，而供应商则会在预定时间之内向中心派送货物。7-11 配送中心在收到所有货物后，对各个店铺所需要的货物分别打包，等待发送。第二天一早，派送车就会从配送中心鱼贯而出，择路向自己区域内的店铺送货。整个配送过程就这样每天循环往复，为 7-11 连锁店的顺利运行修石铺路

问题1：结合案例，说明 7-11 的物流配送系统的运作效果

问题2：结合案例，谈谈企业物流系统提高配送效率可以采取哪些措施

【训练目标】要求学生掌握物流系统的概念和模式，物流系统规划设计的内容、原则和目标，物流系统工具的应用

技能训练单元二：物流节点选址与布局设计技能

【教学目标】教学目标有以下几点：

（1）掌握物流节点的概念、类型和功能

（2）掌握物流节点选址的目的、选址的原则

（3）掌握物流中心选址和布局时考虑的因素

【案例分析】日本建设省道路局经济调查室就物流中心选址问题对 3000 个企业进行调查，明确答复的有 805 个企业。在有效回答的企业类别中包括基础材料制造商、加工装置制造商、生活用品制造商、批发商、零售商等，各类企业期望建设的区域物流中心、配送中心和仓库的选址分布情况：首先物流中心选址趋向于集中。这种现象产生的原因主要是由于经济圈中土地使用费高，获取土地使用权难，距离中心远则运输成本高，建设资金难等的。其次物流中心选址还必须分析物流中心与高速公路和干线公路的距离

问题：请分析物流中心选址应该考虑的因素

【调查与访问】调查访问以下几个问题：

（1）调查当地沃尔玛配送中心选址考虑的主要因素

（2）调研当地连锁超市配送中心基础信息，研究其选址问题并提出改进方案

（3）访问当地配送中心的管理层或者专家来帮助解决以上两个问题

【训练目标】训练达到以下两点目标：

（1）学生可以有更多机会接触物流中心，可以跟专家或者管理人员进行专业知识的学习和交流

（2）通过训练，帮助学生更深入地掌握物流节点选址考虑的因素、选址的原则、选址的目标以及对选址方法的应用

续表

技能训练单元三：运用层次分析法对物流中心进行选址技能

【方案设计】选房问题

选择房子需考虑的因素如图2-2所示

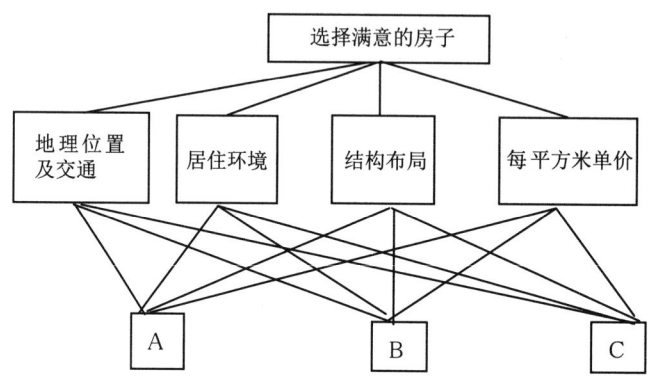

图2-2 选择房子需考虑的因素

【设计思路】设计思路有以下几点：

（1）深入分析问题，将有关各因素按照不同属性自上而下地分解成若干层次。同一层诸因素从属于上一层的因素或对上一层因素有影响，同时又支配下一层的因素或受到下一层因素影响。同一层的因素之间应尽量独立

（2）从层次结构模型的第2层开始，对于从属于(或影响及)上一层每个因素的同一层因素，用成对比较法和1~9比较尺度构造成对比较阵，直到最下层

（3）对于每一个成对比较阵计算最大特征根及对应的特征向量(见书本或用MATLAB)，利用一致性指标、随机一致性指标和一致性比率做一致性检验，若通过检验，特征向量(归一化后)即为权向量；否则，重新构造

（4）计算组合权重，选出最佳方案

技能训练单元四：物流节点布局设计技能

【小组讨论】对物流中心选址及内部布局设计、方案筛选等需要一定经验累积和灵活运用的知识，教学中可以给定必要的背景和备选方案，采取小组讨论的办法，先由小组成员在小组内交换意见，再组织小组间辩论，形成学生之间相互学习和相互促进的氛围

组织和引导学生小组讨论内容：

（1）对不同物流作业区域之间的相互关系进行分析

（2）根据相互关系表中的密切程度，决定各个物流作业区域之间的距离远近绘制空间关系图

（3）通过面积相关图的修正和调整，得到若干个可行布局方案

（4）对各方案进行打分，选出最佳方案

技能训练单元五：绘制空间关系图技能

【案例分析】某配送中心作业区域分为进货区、理货区、流通加工区、储存区、发货区和办公区。根据五要素分析、物流分析和非物流分析，配送中心作业流程各作业量已知（如下表所示），试确定各物流作业区的空间关系图

续表

技能训练单元五：绘制空间关系图的技能						
配送中心作业量						
作业区	进货区	理货区	流通区	储存区	发货区	办公区
作业量（吨）	100	30	100	150	10	—
作业面积（平方米）	500	150	500	150	50	150

技能训练单元六：系统布局设计法——CORELAP 布局技能

【方案设计】已知配送中心的 5 个设施场所作业面积和相互关系图（如图 2-3 所示），试用 CORELAP 法求该配送中心的实施布局方案

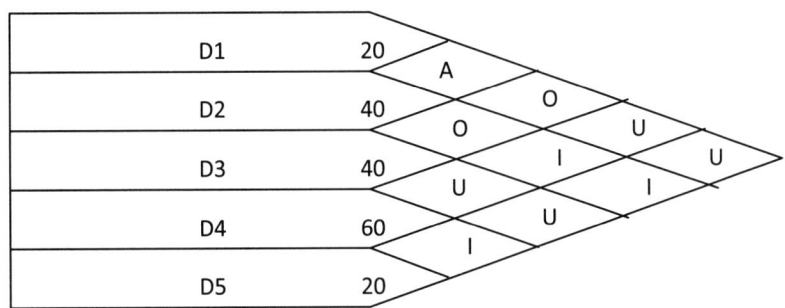

图 2-3　5 个设施场所作业面积和相互关系

【设计思路】CORELAP 布局算法是一种构造型方法

（1）按一定规则生成一个设施顺序矢量

（2）依照矢量的顺序将设施加入到区域中去，尽量使新加入的和已有的设施在相对位置上保证关系最密切

（3）布置方案完成后，对其质量指标进行评估

注：CORELAP 算法的出发点是设施之间的关系图，布置的目标是实现设施之间最大的密切度。优化的目标函数值可以通过计算任意两个设施之间的关系值乘以该两设施间的最短距离问题的总和来求得

技能训练单元七：物流运输系统规划与设计技能

【案例分析】百胜物流降低连锁餐饮企业运输成本之道

运输排程的意义在于尽量使车辆满载，只要货量许可，就应该做相应的调整，以减少总行驶里程。由于连锁餐饮业餐厅的进货时间是事先约定好的，这就需要配送中心就餐厅的需要，制作一个类似列车时刻表的主班表，此表是针对连锁餐饮餐厅的进货时间和路线详细规划制定的

在运输方面，餐厅所在路线的总货量不会发生变化，但配送频率上升，结果会导致运输里程上升，相应地油耗、过路桥费、维护保养费和司机人工时都要上升。在客户服务、餐厅下订单的次数增加，相应的单据处理作业也要增加。餐厅来电打扰的次数相应上升，办公用品(纸、笔、电脑耗材等)的消耗也会增加。在仓储方面，所要花费的拣货、装货的人工会增加。如果涉及短保质期物料的进货频率增加，那么连仓储收货的人工都会增加。在库存管理上，如果涉及短保质期物料进货频率增加，由于进货批量减少，进货运费很可能会上升，处理的厂商订单及后续的单据作业数量也会上升

续表

技能训练单元七：物流运输系统规划与设计技能
如果配送中心实行 24 小时作业，卡车就可以利用晚间二次出车配送，大大提高车辆的时间利用率。在实际物流作业中，一般会将餐厅分成可以在上午、下午、上半夜、下半夜 4 个时间段收货，据此制定仓储作业的配套时间表，从而将卡车利用率最大化 　　问题：百胜物流运用了哪些措施来降低运输成本
技能训练单元八：选择合理的运输形式和路线技能
【课堂练习】有一配送中心P，其配送网络如图2-4所示，A 到 D 为各收货点，括号内的数字为各收货点需求量(吨)，两点间连线上的数字是距离（千米）。运输货车核载有最大为 2 吨和 4 吨，试确定配送路线和节省的里程数 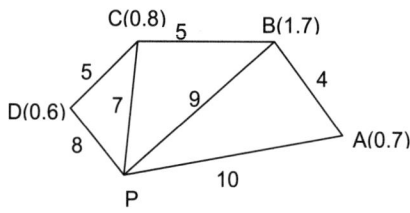 图 2-4　配送网络
技能训练单元九：物流系统建模与优化技能
【课堂讨论】资源利用问题：某企业有 m 种生产资源（各种原材料、动力资源、资金、劳动力等）可用来生产 n 种产品。制定生产计划时，应如何组织生产，才能使企业的总利润最大？假定： 　　　　a_{ij}——生产每一种单位产品 B_j 所消耗的资源 A_i 的数量 　　　　b_i——资源 A_i 的总数量（i=1, 2, …, m） 　　　　c_j——单位产品 B_j 的利润（j=1, 2, …, n） 　　　　d_j——产品 B_j 的最低产量（j=1, 2, …, n） 　　【情境模拟】一个工厂接了一批鼠标、键盘的订单，用现在的设备来生产，鼠标每个需要 1 分钟，键盘每个需要 1.5 分钟，1 个鼠标的毛利是 50 元，1 个键盘的毛利是 75 元，成本价鼠标每个为 15 元，键盘每个为 20 元，鼠标每日要生产最少 200 个，一天成本控制在 10000 元以下，每天 10 小时，假如你是这个工厂的老板，你要如何生产才能赚到最大利润？提出你的想法和实施的可能性，并说明理由
技能训练单元十：物流系统预测分析技能
【课堂展示】运用 Excel 工具展示如何运用定性分析技术来预测，数据如下表所示，指数平滑如图 2-5 所示

数据列表

年份	销量
1978	676
1979	825
1980	774
1981	716

续表

技能训练单元十：物流系统预测分析技能	
年份	销量
1982	940
1983	1159
1984	1384
1985	1524
1986	1668
1987	1668
1988	1958
1989	2031
1990	2234
1991	2566
1992	2820
1993	3006
1994	3093
1995	3277
1996	3514
1997	3770
1998	4107

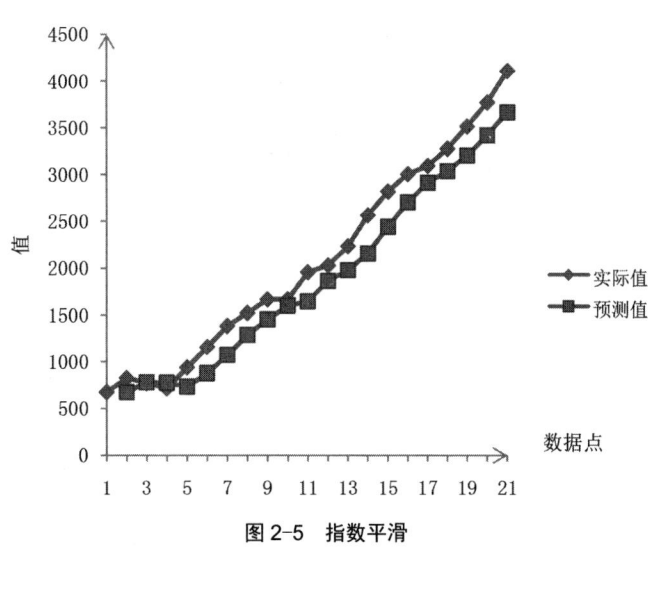

图 2-5　指数平滑

续表

技能训练单元十一：物流系统仿真与建模技能
【课堂练习】基于 Flexsim 软件的物流仓储系统仿真实例 　　在该模型中，研究自动化立体仓库子系统的两种产品进入高层货架进行存储的过程。两种不同类型的临时实体按照正态分布间隔到达。临时实体的类型在 1、2 两个类型之间均匀分布。当临时实体到达时，它将进入暂存区并等待入库。接着它将被放在输送机上并等待堆垛机入库操作。临时实体用两个输送机来输送，一个用于输送类型 1，一个用于输送类型 2。巷道堆垛机在接到入库指令后，运行到输送机终端叉取临时实体，并沿着设定路径网络将临时实体送到货架指定位置上。用两个货架存储货物，并且一个货架对应两个输送机。采用网络节点实体，为一个堆垛机建立一个路径网络，当它从输送机往货架运输临时实体时使用此路径网络 　　发生器到达速率：normal（20，2）秒 　　暂存区最大容量：10 个临时实体 　　输送机速度：1 米/秒 　　堆垛机最大水平速度：2 米/秒 　　堆垛机水平加速度，减速度，垂直速度：1 米/秒 　　临时实体路径：类型 1 到输送机 1，类型 2 到输送机 2
技能训练单元十二：Flexsim 仿真软件方案分析与设计技能 技能训练单元十三：Flexsim 仿真软件运用与评价技能
【方案设计】离散单一产品流水作业仿真 　　某制造车间有 5 台不同的机器，加工一种产品。该种产品都要求完成 7 道工序，而每道工序必须在指定的机器上按事先规定好的工艺顺序进行。仿真采用不同投产计划的工作情况，在不同投产计划组合中选出高生产效率、低流动库存方案来减少占用资金。该作业在每个机器处按 FIFO 规则列队 　　（1）产品计划投产批量方案：10，20，30 　　（2）产品计划投产间隔：10，20，30，40，50，60 　　仿真离散单一产品流水作业系统的加工工序有 7 个，如下表所示 **单一产品流水作业系统加工工序** | 工序	机器名称	平均加工时间（分钟）	加工批量
---	---	---	---
1	水洗	7	5
2	覆膜	14	5
3	淬火	5	5
4	覆膜	15	5
5	烧印	30	10
6	冷却	20	10
7	水洗	10	5 | 问：选择哪一种投产方案和投产间隔 　　【方案评价和决策】运用仿真软件，得出仿真后的数据输出结果如下表所示，通过分析方案 6 为最佳方案（效率最高，库存最小），所以选择每 60 分钟生产 10 个产品的投产方案

续表

技能训练单元十二：Flexsim 仿真软件方案分析与设计技能		
技能训练单元十三：Flexsim 仿真软件运用与评价技能		
仿真数据输出		
方案	发生器 output	input
1（10，10）	1440	83
2（20，10）	720	151
3（30，10）	480	180
4（40，10）	360	200
5（50，10）	290	220
6（60，10）	240	220
7（10，20）	1955	35
8（20，20）	1440	80
9（30，20）	960	120
10（40，20）	720	150
11（50，20）	580	165
12（60，20）	480	180
13（10，30）	1990	25
14（20，30）	1910	50
15（30，30）	1440	80
16（40，30）	1080	105
17（50，30）	870	133
18（60，30）	720	150

七、课程实践技能参与式教学评价标准

物流系统分析与设计课程实践技能参与式教学评价标准如表 2-21 所示。

表 2-21 物流系统分析与设计课程实践技能参与式教学评价标准

标准 \ 评价指标	案例分析	方法求解	建模分析	方案评价
优秀（90~100）	能够熟练运用所学的专业知识对案例进行分析，提出全方位可行的问题解决方案，具有一定的个人见解和综合运用知识的能力	能够熟练掌握方法的原理和内涵，举一反三，综合灵活运用方法解决实际的物流问题，提高物流效率	能够根据模型描述，正确完整地构建模型，能够优化模型布局，通过数据分析来分析模型存在的瓶颈和提出解决方案	能够在多个方案中，综合评价各个方案的优缺点，分析各个方案的效果。并选择系统效果最佳的方案，同时提出补充措施来完善方案

续表

标准 \ 评价指标	案例分析	方法求解	建模分析	方案评价
良好 (80~89)	能够较熟练运用所学的专业知识对案例进行分析，提出可行的解决方案，具有一定的个人见解	能够熟练掌握方法的原理和内涵，运用方法解决实际的物流问题，提高物流效率	能够根据模型描述，正确完整地构建模型，通过数据分析来分析模型存在的瓶颈和提出解决方案	能够在多个方案中，综合评价各个方案的优缺点，分析各个方案的效果。并选择系统效果最佳的方案
中等 (70~79)	能够运用所学的专业知识对案例进行分析，提出问题解决方案	能够掌握方法的原理解决实际的物流问题	能够根据模型描述，正确完整地构建模型，通过数据分析来分析模型存在的瓶颈	能够在多个方案中，综合评价各个方案的优缺点，分析各个方案的效果
及格 (60~69)	能够运用所学的专业知识对案例进行分析	能够掌握方法的步骤解决实际的物流问题	能够根据模型描述，正确完整地构建模型	能够在多个方案中，综合评价各个方案的优缺点
不及格 (0~59)	不能运用所学的专业知识对案例进行分析，提出可行的问题解决方案	不能掌握方法的原理和内涵，举一反三解决实际的物流问题	不能根据模型描述，正确完整地构建模型	不能在多个方案中评价各个方案的优缺点，无法选择系统效果最佳的方案

八、课程实践项目设计总结

物流系统分析与设计课程参与式教学设计在实践教学部分精心设置形式多样的实训内容。如案例讨论、情境模拟、小组讨论、方案设计、组织学生参与企业调查、企业咨询实践等灵活多样的教学方式。参与式教学可充分激发学生的学习兴趣，调动学生的学习积极性，它不仅可有效提高教学效果，还能促进学生更好地发展。

物流系统分析与设计课程技能具体目标主要包括用定性分析方法、多因素打分法或者层次分析法（AHP）为物流中心选址；熟悉物流节点布局设计的流程，掌握空间关系图的做法，掌握物流节点布局方法中的系统布局设计法（SLP）和CORELAP布局法；运输系统规划设计时避免不合理的运输形式，选择合理的运输形式和路线；运用节约里程法和图上作业法达到节约运费和运距的目的，具备物流系统建模与优化的能力；物流系统预测分析技术，能够运用物流系统仿真软件选择最佳方案和评价物流系统效率，设计物流系统布局方案等。通过参与式教学的学习达到以下技能：①能够熟练运用所学的专业知识对案例进行分析，提出全方位可行的问题解决方案，具有一定的个人见解和综合运用知识的能力。②能够熟练掌握方法的原理和内涵，举一反三，综合灵活运用方法解决实际的物流问题，提高物流效率。③能够根据模型描述，正确完整地构建模型，优化模型布局，通过数据分析来分析模型存在的瓶颈和提出解决方案。④能够在多个方案中，综合评价各个方案的优缺点，分析各个方案的效果。并选择系统效果最佳的方案，同时提出补充措施来完善方案。

项目管理
参与式教学项目设计与实施

李 芬

一、课程简介

项目管理作为管理类专业的基础课，是一门辐射面很广、实用性很强的课程，在管理系的工商管理、人力资源、信息管理与信息系统等专业中开设，本课程是学习和掌握对一次性和独特性创新活动的"项目"进行管理的相关理论和方法，打破了以往只学习针对企业日常运营中周而复始不断重复性事务的职能管理理论与方法。

二、课程教学目的

项目管理的课程目标是促进学习者理解和掌握项目管理的基本概念、基本知识、基本原理和基本方法；培养与提高学习者科学管理项目的管理能力；增进学习者从事项目管理的应用与研究创新的能力。通过该课程的学习，学生应达到以下要求：①掌握项目管理的概念定义、与其他学科的关系、项目管理的发展历史与演变过程以及项目管理认证与从业规范。阐述项目管理的基本过程。②学生必须掌握项目管理的九个知识领域：项目整体管理、范围管理、时间管理、成本管理、质量管理、人力资源管理、风险分析、沟通管理及采购管理。③学生必须以一个团队完成一个实际项目的操作。

三、课程重点与难点

本课程的重点：①项目管理的基本概念，项目管理九大知识领域相关知识。②项目管理基本知识的应用。对项目管理核心知识点的理解与应用，培养学生运用知识管理项目的能力。

本课程的难点：①如何引导学生将所学知识应用到实际项目中。②如何使学生对项目进行整体管理，建立系统管理的思想。

四、课程教学方法说明

项目管理是一门实践性很强的应用科学，在教学上既要重视理论教学，又要强调对学生实践技能的培养。本课程在教学方法上既注重理论知识的传授又重视知识的实践应用。

在理论教学上，讲授每一章节的内容时，一方面注重课程知识结构的提炼，按核心知识点构建项目管理知识树；另一方面在一些关键概念、核心理论讲授中通过合适案例启发学生思考，做到教与学并重。另外，本课程在讲授过程中还通过有意识地向学生提供大量扩充性、相关性学习资源，拓宽学生的知识面，激发学生学习热情。在实践教学上，精心设置形式多样的实训内容，如案例讨论、专题辩论、情境模拟、管理游戏、项目实践等灵活多样的教学方式，实现了学生从被动的传统学习方式向开放式的自主学习模式的转变，使学生具备项目管理知识的综合应用能力。

五、课程实践技能点与对应参与式教学项目设计

项目管理课程技能具体目标主要包括两项：一是通过训练深入认识与理解项目管理的基础知识，树立项目管理基本理念；二是通过训练深入认识与理解项目管理九大知识领域的知识，能具体运用其进行项目的管理，并成功完成项目、实现项目目标。

项目管理课程实践技能点与对应参与式教学项目设计如表2-22所示。

表2-22 项目管理课程实践技能点与对应参与式教学项目设计

序号	课程技能点	参与式教学项目设计	教学时间安排
1	培养学生理解项目概念的技能	个人演讲	第1周
2	培养学生组建项目团队的技能	课堂讨论	第3周
3	培养学生制订项目计划的技能	课堂练习、团队练习、案例分析	第4~8周
4	培养学生实施项目的技能	课外实践	第9~12周
5	培养学生进行项目收尾的技能	项目展示	第13~16周

通过实施此方案，实现学生从被动的传统学习方式向开放式的自主学习模式的转变，积极探索与运用参与式教学、体验式教学和互动式教学。

六、课程实践技能参与式教学项目设计具体内容

项目管理课程实践技能参与式教学项目设计具体内容如表 2-23 所示。

表 2-23 项目管理课程实践技能参与式教学项目设计具体内容

技能训练单元一：培养学生理解项目概念的技能
个人演讲 【演讲内容】本学期内可实际完成的一个项目的介绍 【演讲要求】基于对项目的认识，设计一个本学期可实际完成的项目，要求其是一个项目而不是运作，且是本学期切实可行的。每人 3 分钟时间介绍项目
技能训练单元二：培养学生组建项目团队的技能
课堂讨论 【讨论步骤】讨论按下列步骤进行： （1）根据实训单元一中个人项目演讲内容进行投票，要求每人投除自己项目外的任一项目，该项目是除自己项目外最想参与的 （2）根据投票多少的结果确定最终应完成项目 （3）被选中项目发起人即为该项目的项目经理 （4）项目经理进行项目成员的筛选，要求每组成员不得超过 5 人，若超出，项目经理进一步选出适合人选；若不足，项目经理和最后剩余人间进行相互选择，直至团队组建完成
技能训练单元三：培养学生制订项目计划的技能
1. 课堂练习 【练习内容】练习有以下几项内容： （1）大学期间项目的总目标 （2）大学生运动会的 WBS （3）网络图的绘制、时间参数的计算 （4）挣值法的应用 2. 案例分析 【案例题目】主讲嘉宾临时不能到场怎么办 【分析内容】如何避免这种风险事情的发生？结合案例分析该如何进行项目的风险管理 3. 团队练习 （1）项目总目标 【讨论内容】结合所学项目总目标的知识，小组成员讨论确定自己项目的总目标 【训练要求】至少包含项目时间、成本和可交付成果 （2）项目 WBS 【讨论内容】小组成员讨论确定自己项目的 WBS 【训练要求】所有小组成员事先根据自己的理解得出一份自己参与项目的 WBS，课堂上根据 6 份 WBS 头脑风暴最终得出最适合自己项目的 WBS

续表

技能训练单元三：培养学生制订项目计划的技能
（3）项目时间管理计划 【讨论内容】小组成员讨论确定自己项目的网络图并计算各工作的时间参数 【训练要求】小组成员讨论项目各工作的紧前紧后关系，在此基础上绘制单双代号网络图，根据各工作的估算时间计算时间参数（单双代号网络图任选其一计算即可） （4）项目成本管理计划 【讨论内容】小组成员讨论确定自己项目的成本估算表、成本预算表基本信息，课后根据预算信息绘制直方图和 S 型曲线 （5）项目质量管理计划 【讨论内容】小组成员讨论确定自己项目的质量具体有哪些、制定质量规划、确定质量保证 （6）项目采购管理计划 【讨论内容】小组成员讨论确定自己项目的采购规划，包括什么时间、什么任务、采购什么、采购多少、采购方式、采购渠道等 （7）项目风险管理计划 【讨论内容】小组成员讨论分析进行自己项目的风险识别、风险分析并制定相应的应对策略 （8）项目沟通管理计划 【讨论内容】小组成员讨论确定自己项目的沟通规划，包括什么时间、与谁就什么事进行沟通，沟通方式和渠道是什么等
技能训练单元四：培养学生实施项目的技能
课外实践 【实践内容】根据项目计划实施项目，能够在项目实施过程中做好监控，若出现偏差应进行相应的控制工作
技能训练单元五：培养学生进行项目收尾的技能
项目展示 【展示内容】整个项目管理过程，包括项目的计划、执行和收尾总结 【展示要求】以系统的思想阐述项目整体管理过程，进行项目最终的总结，包括项目完成好的地方及不足的地方，特别要注意对项目进行计划和实施的对比分析

七、课程实践技能参与式教学评价标准

参与式教学作为一种新型的教学模式，目的是让所有的参与者都积极主动地参与到学习中来。因此，在教学评价时需充分考虑是否调动了学生学习的积极性、主动性和创造性，是否使全体学生积极主动地投身到课程实践中来，是否能使学生自我体验、自我发现、自我反思。

具体来说，可以从学生参与状态、学生思维状态和技能成果状态来进行教学评价。通过观察学生技能训练时是否积极主动参与，是否及时与老师沟通，能否顺利回答相关问题来判定学生是否有积极的参与状态；通过学生在技能训练时能否发现和提出问题，能否对问题进行有效的讨论和分析，能否较好地找到解决问题的方法，提出自己独特的看法来判定学生是否有积极思考的状态；通过学生对技能训练成果的展示判定学生是否对知识进行了理解与掌握。

八、课程实践技能参与式教学项目设计总结

本课程的实践技能参与式教学项目设计做到了以下几点：

1. 坚持以学生为主体

学生是课堂教学的主体，只有让学生多感官、全方位地参与学习，才能调动学生的积极性，使课堂焕发出生命的活力。本课程的技能训练项目尽可能做到让每个学生都有参与的机会，使每一个学生在参与的过程中体验学习的快乐，注重学生的主体地位，鼓励学生去发现、探究与质疑。

2. 体现开放性原则

课堂教学具有丰富的内涵，学科、学生、教师、教学条件诸方面的不同，使课堂教学情况千变万化。本课程的技能训练项目提倡创新，鼓励学生按照自己的想法去思考、去实践、去总结。实践过程具有很强的开放性，鼓励学生跳出教材的理论束缚，按自己的方式去开展项目。

3. 以可行性为前提

实践技能的参与式教学改革要符合当前课堂教学改革的实际，必须是目前条件下能够达到的。本课程的技能训练项目是以此为前提进行的设计，所选实践项目既是学生有能力去完成的，又是在现有教学环境下可实现的。

管理经济学
参与式教学项目设计与实施

王招治

一、课程简介

管理经济学是经济管理类专业的基础课,是国家教育部规定的经管专业十门核心课程之一。它是以价格分析为核心,通过对家庭、企业等经济个体行为的分析,探讨市场体系的运行和作用,研究市场竞争行为以及改善市场运行途径的一门学科;是把经济学的基本理论和数学分析工具相结合,将经济学的原理应用到企业经营管理决策、优化决策方案的实际应用性很强的学科。

二、课程教学目的

管理经济学的产生与发展始终与实际紧密联系在一起,在企业经营决策活动中,每一项具体实践活动都受到很多因素的影响,它强调的是具体问题具体分析。因此,管理经济学的教学目的,一是为企业的管理决策实践提供经济理论和经济分析的思维框架;二是使学生对管理经济学的基本内容有初步的了解,了解企业的经营决策问题(用微观经济学的基本理论和方法以及决策理论与技术),研究企业应该生产什么、生产多少以及如何生产等问题;三是能够运用管理经济学原理和方法对一些企业生产经营行为进行初步分析,对企业管理做出正确选择。

三、课程重点与难点

本课程的重点:①需求、供给与市场均衡;消费者行为与需求理论;生产理论;市场结构与市场竞争;成本理论等基本概念、基本理论及方法或技术。②综合技能的训练。对管理经济学核心知识点的理解与应用,培养学生创造性地运用知识解决管理问题的能力。

本课程的难点：①如何引导学生在系统学习管理经济学基础知识的同时，掌握在不同管理情境中发现问题、综合分析问题以及提出解决方案的一般管理技术和实践技能，以培养出融知识、能力与素质于一体的职业管理者。②掌握案例的分析方法，建立管理的基本思维能力。如何通过实践教学，使学生在课堂上就能接触到实际问题和实际企业环境，从而学会在复杂条件下利用所学理论解决实际企业的经济管理决策问题，更好地掌握企业在不同的市场结构中，如何进行产量、价格、成本等方面的决策以及如何处理企业与政府的关系，培养和提高正确分析和决策经济管理问题的能力，这些也是本课程的教学难点。

四、课程教学方法说明

管理经济学是一门实践性很强的应用科学，在教学上既要重视理论教学，又要强调对学生实践技能的培养以及管理智慧的提升。本课程在教学方法的设计上主要将重心放在以下两个方面：

1. 理论教学

对理论教学部分力求基础与前沿热点问题的有效融合，理论与案例并重。按"理论＋案例"驱动型的教学模式来组织教学。在讲授每章节内容时，既注重课程知识结构的提炼，按核心知识点构建管理学知识树；又在一些关键概念、核心理论讲授中通过合适案例启发学生思考，做到教与学并重。另外，在相关章节设置专题讲座，讲授国内外管理经济学领域最新的研究成果。

2. 实践教学

在实践教学部分精心设置形式多样的实训内容。如案例讨论、情境模拟、管理游戏、角色扮演、管理（专题）辩论、组织学生参与企业调查、企业咨询实践等灵活多样的教学方式，实现了学生从被动的传统学习方式向开放式的自主学习模式的转变，使学生的综合管理技能得到充分训练与提高。

五、课程实践技能点与对应参与式教学项目设计

管理经济学课程实践技能点与对应参与式教学项目设计如表 2-24 所示。

第二篇 物流管理

表 2-24 管理经济学课程实践技能点与对应参与式教学项目设计

序号	课程技能点	参与式教学项目设计	教学时间安排
1	管理经济学的主要研究范畴认知能力	课堂讨论、案例分析	第1周
2	日常生活中使用边际分析法与增量分析技能	案例分析、团队练习	第2周
3	利用供给—需求分析方法分析日常生活中经济现象的技能	课堂讨论、案例分析、课堂独立练习	第3~4周
4	分析企业单一生产要素投入或要素组合最优的技能	团队练习、课堂练习	第7~8周
5	辨析企业生产实践中边际收益递减规律与规模收益的技能	学生讲坛	第9周
6	区分规模经济与范围经济的技能	学生讲坛、案例分析	第11周
7	掌握不同的市场结构下企业行为并能分类的技能	课堂讨论、案例分析、课堂独立练习、角色扮演	第13~14周

通过实施此方案，实现学生从被动的传统学习方式向开放式的自主学习模式的转变，积极探索与运用参与式教学、体验式教学和互动式教学。本课程的教学方法说明如表2-25所示。

表 2-25 管理经济学课程实践技能训练教学方法说明

序号	教学方法	具体说明
1	课堂讨论	在管理经济学知识点的讲授中，每章重要的知识点都设有案例辅助解释说明，在课堂教学中可以采用形式多样化的教学方式展开讨论（如个人分析、小组分析、管理游戏等方法），由学生应用所学知识，放开思路，大胆表达自己的意见与建议，相互学习
2	团队练习	在第一次授课时，就要求学生自由组合成10个人左右的学习小组，选举小组负责人开展课程相关的团队练习训练
3	角色扮演	给出一定的案例或要解决的管理问题，由学生扮演其中的角色（也可轮流扮演），设身处地地分析与解决所面临的问题。学生从所扮演角色的角度出发，运用所学知识，自主分析与决策，以提高学生分析问题与解决问题的能力
4	案例分析	案例分析是管理经济学教学理论联系实际的特色形式。本教程所选案例，均是较为典型的、具有学生讨论与研究空间的案例。我们选择了30多个国内外经典案例供教学之用，将学生分为若干组（每组一般8~10人为宜），先分组讨论分析，然后每组选派1名代表，将本组推荐的解决问题的方案在全班进行交流，其他组的同学可以提出质疑。各小组汇报结束后，教师进行简短小结。教师的指导要重点放在引导学生寻找正确的分析思路和对关键点的多视角观察上，而不是用自己的观点影响学生。教师对案例分析的总结，也不要对结果或争论下结论，而是对学生们的分析进行归纳、拓展和升华
5	学生讲坛	要求学生上网检索和整理热点经济事件的相关信息，结合管理经济学所学相关知识加以分析，并要求在课堂中，能派代表在讲台前展示并引导同学深入讨论。使用该方法的目的在于能结合热点经济问题，增强学生对企业的理性认识，提高学生运用所学知识分析与解决实际问题的能力
6	课堂独立练习	课堂适当布置与课程相关的计算题与作图题，由学生个人自行进行推演计算

六、课程实践技能参与式教学项目设计具体内容

管理经济学课程实践技能参与式教学项目设计具体内容如表 2-26 所示。

表 2-26 管理经济学课程实践技能参与式教学项目设计具体内容

技能训练单元一：管理经济学的主要研究范畴认知能力
1. 课堂讨论 （1）如何理解经济学的基本命题：有效配置稀缺性的经济资源 【讨论内容】你如何理解"经济资源的稀缺性"？尽可能列出你的企业在生产活动中应用到的经济资源 【训练目标】理解经济资源的概念及特点 （2）既然经济资源具有稀缺性，人类的需求又是无止境的，那么如何解决现实经济生活中的几类问题 【讨论内容】如何解决现实经济生活中"生产什么"、"生产多少"、"怎样生产"等问题 【训练目标】明确经济学需要解决的问题及途径 2. 角色扮演 管理者的基本任务 【模拟内容】由几个同学分别扮演公司 CEO，按案例剧本表演。设置思考问题：处在不同行业中的公司 CEO 如何解决"生产什么"、"生产多少"、"怎样生产"等问题 【训练目标】明确管理者应该关注的焦点以及如何结合自身资源优势确定经营方向 3. 案例分析 网络业曾经被认为是发展前景极好的一个产业，但是，迄今为止，多数从事网络业的企业仍然没有获得盈利。这说明即使前景看好的产业，也未必能够获得所预期的利润率。反之，在一些市场处在萎缩期的传统产业，仍有一些企业能获得很好的业绩 【分析内容】分析以下两点内容： （1）你对网络业的发展前景持何看法？网络企业应该具备什么素质 （2）网络企业在面临困惑时，我们应该如何去寻求管理经济学的支持 【训练目标】明确管理经济学的研究内容
技能训练单元二：日常生活中使用边际分析法与增量分析技能
1. 案例分析 （1）是否应该低价出售飞机票 【分析内容】一家民航公司在从甲地到乙地的航班上，每一乘客的全部成本为 250 元，那么，当飞机有空位时，它能不能以较低的票价（如每张 150 元）卖给学生呢 【训练目标】如何利用边际分析来解决实际问题？理解边际分析向前看的决策思想 （2）自己当经理是否要考虑成本 【分析内容】甲自己当经理管理工厂，不拿工资，但如果他在其他单位工作，每月可得工资 1200 元。乙聘请别人当经理来管理工厂，每月付工资 1200 元，试求甲和乙管理工厂的会计成本和机会成本 【训练目标】如何区分会计成本与机会成本 2. 团队练习 （1）农场员工施肥量确定

续表

技能训练单元二：日常生活中使用边际分析法与增量分析技能
【练习内容】练习以下两点内容： 1）农场员工边际收获量与边际成本确定 2）农场员工应该施肥多少为最优 （2）使学生结合实际，明确边际收入、边际成本与边际利润的计算 （3）广告费预算如何在电视、电台与报纸进行投放 【练习内容】某企业的广告费预算为 110 万元，打算分别用于电视、电台和报纸广告。假设每做一次广告，电视、电台和报纸的费用分别为 30 万元、10 万元和 20 万元。问：应如何在不同媒介中分配广告预算，才能使总广告效果最优 【训练目标】在有约束条件下，业务量怎样进行最优分配
技能训练单元三：利用供给—需求分析方法分析日常生活中经济现象的技能
1. 课堂讨论 汽车需求量与供给量的影响因素分析 【讨论内容】讨论以下两点内容： （1）近几年来汽车消费非常普遍，请归纳总结汽车需求量的几类影响因素 （2）探讨汽车供给量的影响因素 【训练目标】理解需求与供给的含义以及影响因素 2. 课堂独立练习 画需求曲线与供给曲线 【练习内容】练习以下几点内容： （1）画出需求曲线与供给曲线 （2）明确需求与需求量、供给与供给量之间的区别 （3）分析需求变动以及需求量变动分别对需求曲线的影响；分析供给变动与供给量变动对供给曲线的影响 【训练目标】掌握需求曲线与供给曲线的画法以及不同因素带来的曲线移动 3. 案例分析 （1）西红柿价格为什么会有季节性波动 【分析内容】西红柿价格为什么会有季节性波动？西红柿价格的需求与供给影响因素分别有哪些？并作图说明 【训练目标】掌握需求—供给分析法 （2）汽车需求的增加对轮胎价格的影响 【分析内容】汽车需求的增加对轮胎价格有何影响？轮胎价格的需求与供给影响因素分别有哪些？并作图说明 【训练目标】掌握需求—供给分析法 （3）政府对产品征收消费税，对产品和销售量的影响 【分析内容】政府对产品征收消费税，对产品和销售量有何影响，并作图说明 【训练目标】掌握需求—供给分析法

续表

技能训练单元四：分析企业单一生产要素投入或要素组合最优的技能
1. 团队练习 印刷车间劳动力的最优投入 【练习内容】练习以下几点内容： （1）计算印刷车间每天的总产量、边际产量和平均产量 （2）画出边际产量、平均产量与总产量曲线 （3）分析总产量、边际产量、平均产量三者之间的关系 （4）总结归纳单一可变投入要素的最优利用的条件 【训练目标】掌握单一可变投入要素的最优利用的条件 2. 案例分析 出租汽车公司大小轿车的分配问题 【分析内容】某出租汽车公司现有小轿车 100 辆，大轿车 15 辆。如再增加一辆小轿车，估计每月可增加营业收入 15000 元；如再增加一辆大轿车，每月可增加营业收入 40000 元。假定每增加一辆小轿车每月增加开支 12500 元（包括利息支出、折旧、维修费、司机费用和燃料费用等），每增加一辆大轿车每月增加开支 25000 元。该公司这两种车的比例是否最优？如果不是最优，应如何调整 【训练目标】掌握多种投入要素的最优组合决策

技能训练单元五：辨析企业生产实践中边际收益递减规律与规模收益的技能
学生讲坛 边际收益递减规律与规模收益 【讲授内容】学生自行收集边际收益递减规律与规模收益的相关案例，并选取 3~5 组学生代表上台讲演两者的区别 【训练目标】掌握边际收益递减规律与规模收益的区别点

技能训练单元六：区分规模经济与范围经济的技能
1. 学生讲坛 规模经济与范围经济 【讲授内容】学生自行收集规模经济与范围经济的相关案例，并选取 3~5 组学生代表上台讲演两者的区别 【训练目标】掌握规模经济与范围经济的区别点 2. 案例分析 南方餐厅的经营 【分析内容】某甲和某乙合伙经营南方餐厅，40000 元资金和餐厅所用的房屋设施都是他们自己的。他们又兼任餐厅经理，自己管理这家餐厅。现在他们想将原有的经营能力分别增加 50% 和 1 倍，试判断是否合理 【训练目标】掌握规模经济的特点，合理做出决策

续表

技能训练单元七：掌握不同的市场结构下企业行为并能分类的技能
1. 课堂讨论 市场结构有几种类型及其特点 【讨论内容】讨论内容有以下几点： （1）市场结构的类型 （2）不同市场结构的特点 （3）请举例说明 【训练目标】理解市场结构的不同类型及特点 2. 案例分析 棉花经营 【练习内容】棉花属于完全竞争市场，假如由于棉纺织业的技术有了新的突破，市场对棉花的需求增加了，又假定棉花属于成本不变行业，问： （1）从短期看，技术的突破对棉花的价格和产量有什么影响 （2）从长期看，技术的突破对棉花的价格和产量有什么影响 （3）推导完全竞争市场条件下，企业短期与长期的市场行为 【训练目标】掌握完全竞争市场条件下企业的市场行为 3. 课堂独立练习 （1）垄断市场下企业行为分析 【练习内容】已知垄断企业的长期成本函数为 $LTC=0.6Q^2+3Q$，需求函数为 $Q=20-2.5P$，试求垄断厂商长期均衡时的产量和价格 【训练目标】掌握垄断市场下企业的行为 （2）垄断竞争市场结构下企业行为分析 【练习内容】请画图说明垄断竞争市场结构下企业如何追求短期均衡与长期均衡 【训练目标】掌握垄断竞争市场下企业的行为 （3）寡头垄断竞争市场结构下企业行为分析 【练习内容】请画图说明寡头垄断竞争市场结构下企业的两种行为模式：弯折的曲线模式；价格领导模式 【训练目标】掌握寡头垄断市场下企业的行为模式 4. 角色扮演 几种市场结构下代表企业的行为模式 【扮演内容】学生分为四组，自行收集完全竞争市场、完全垄断市场、垄断竞争市场、寡头垄断市场等四类市场结构下的企业行为，并以企业 CEO 的身份模拟，上台演示在不同市场结构下的企业行为模式 【训练目标】掌握不同市场结构下企业行为模式

七、课程实践技能参与式教学评价标准

1. 学生课堂讨论、课堂独立练习情况的考核

学生课堂讨论、课堂独立练习部分，对于积极参与讨论、并有自己见解的学生要有所

记录，并适当计入其平时分数中；有选择性地收集学生课堂独立练习，并审阅，对完成情况较好的学生有所记录，并计入平时分。

2. 学生心得体会作业情况的考核

对学生心得体会作业每一份均认真修改批注，作为期末评测的一项重要内容。对于投入程度和字数不够的学生不给予高分支持。让学生认真总结，从书写的语段中领会学生的需求，改进来年的课堂教学。

3. 案例分析、角色扮演、团队练习等的考核

对学生进行分组，并要求各组选出评委，对当事小组（正在讲演的小组）提出意见，不点赞，提不足，并记录。每次课后对学生意见进行收集，并阅读，对当事小组打分，计入学生平时分。

八、课程实践项目设计总结

适当抽出一定课堂时间，让学生独立对管理经济学的部分基础知识要点进行理解掌握。课堂独立练习使学生更好掌握管理经济学基础知识要点。通过有体系的案例分析，寓教于案例分析中，对管理经济学中较难掌握的知识点，进行梳理掌握。学生在案例教学中，通过互相探讨、角色扮演、知识讲坛演讲等多种方式来认知知识点。课堂上教师单纯讲授的时间要适量缩短，必须多通过提问、讨论和互动，让学生思考、表达和发挥，启发思维。通过提问和互动更好地引领启发式教学。

第三篇　人力资源管理

公司组织与管理参与式教学项目设计与实施

陈太盛

一、课程简介与教学目标

公司组织与管理是管理类学科基础课程，其实践性和应用性较强。该课程依托《中华人民共和国公司法》的知识内容，主要阐述我国有限责任公司、股份有限公司的设立，组织机构的建立，公司的破产、解散和公司组织形式的变更以及关于公司债券和公司股票的一些常识内容。该课程的教学目标是，通过公司组织与管理课程的学习，在《中华人民共和国公司法》的基础上，初步掌握公司的管理，能够判断公司的行为是否和法律冲突，为成为一名"管理人"打好基础。

二、课程重点与难点

公司组织与管理课程的重点：设立有限责任公司和股份有限责任公司的条件、程序；有限责任公司和股份有限责任公司的组织机构：股东会、股东大会、董事会和监事会的职权和召集程序；公司的合并、分立、增资和减资。

公司组织与管理课程的难点：在学习本课程较为枯燥的法律条款理论知识的同时，如何比较生动形象地把知识展示给学生；如何教导学生运用书本基础知识去解决有关公司管理的问题；工商管理专业学生缺乏法律学基础知识，在教学上存在困难。

三、课程教学方法说明

公司组织与管理是一门实践性很强的学科，在教学上不仅要重视理论教学，又要强调对学生实践技能的培养。本课程在教学方法的设计上主要将重心放在以下两个方面：

1. 理论教学

对理论教学部分按"理论＋案例"驱动型的教学模式来组织教学。教师在讲授每一章节内容时，归纳总结课程的知识点，抓住重点内容，展开讨论和分析，阐述立法的依据和关键点，同时，通过案例加强学生对理论知识的掌握。

2. 实践教学

在实践教学部分精心设置形式多样的实训内容。如课堂讨论、案例模拟、情境模拟、案例展示等灵活多样的教学方式，实现了学生从被动的传统学习方式向开放式的自主学习模式的转变，使学生对课程知识得到充分的训练与培养。

四、课程实践技能点参与式教学项目设计

公司组织与管理课程技能总目标：通过本课程的学习，熟悉有限责任公司和股份有限公司的设立、公司治理和组织形式的变更技能，为将来就业和创业打好基础。根据课程内容，本课程主要培养学生以下三个技能点，参见表3-1。

表3-1　公司组织与管理课程实践技能点和主要教学内容

序号	课程技能点	参与式教学项目设计
1	培养有限责任公司和股份有限公司设立技能	有限责任公司设立条件、流程；股份有限公司设立条件、发起设立和募集设立流程
2	培养有限责任公司和股份有限公司治理技能	有限责任公司和股份有限公司治理结构的设立、职能和召集
3	培养公司组织形式变更技能	增加、减少公司的注册资金的流程

以上是公司组织与管理的技能点，为更好地培养学生上述三个技能点，本课程将采用以下方法完成：一是开课前，教师根据公司组织与管理教材情况，设置技能点和技能点的具体内容；二是分组，教师根据学生的性格、特征，把学生分成若干组，每组成员 4~5 人（具体可根据班级同学数来确定），学生以小组为单位；三是选择企业，学生可选择自己的创业企业、家族企业、自己熟悉的企业或者由教师指定的企业为实践对象；四是学生按照公司组织与管理课程的教学进度，结合企业的实际情况，采访企业相关人士，完成实践技能训练。

五、课程实践技能参与式教学项目设计具体内容

公司组织与管理课程的实践技能参与式教学的设计是围绕本课程上述三项技能展开的。其中,第一项技能是公司设立技能,而公司又分有限责任公司和股份有限公司,因此,在设计参与式教学项目设计的具体内容时,将分有限责任公司和股份有限公司分别阐述,形成表3-2所示的内容。

表3-2 公司组织与管理课程实践技能参与式教学项目设计具体内容

技能训练单元一（1）：培养有限责任公司设立技能
有限责任公司的设立能力
【训练内容】有限责任公司设立条件：股东符合法定人数，有符合公司章程规定的全体股东认缴的出资额，股东共同制定公司章程，有公司名称，建立符合有限责任公司要求的组织机构；有公司住所；有限责任公司设立程序：发起人发起→制定章程→公司名称的预先核准→缴纳出资并验资→申请设立登记→登记发照
【训练要求】理解有限责任公司的设立条件，在收集资料的基础上，结合实践企业的情况，在企业老师和课程老师的指导下完成设立企业
【成果呈现】Word 文档
技能训练单元一（2）：培养股份有限公司设立技能
股份有限公司的设立能力
【训练内容】股份有限公司的设立条件：发起人符合法定人数，有符合公司章程规定的全体发起人认购的股本总额或者募集的实收股本总额，股份发行、筹办事项符合法律规定，发起人制订公司章程，采用募集方式设立的经创立大会通过，有公司名称，建立符合股份有限公司要求的组织机构，有公司住所；股份有限公司的发起设立程序：签订发起人协议→报经有关部门批准→制定公司章程→申请名称预先核准→认购股份→建立公司组织机构申请设立登记→公告；募集设立股份有限公司的程序：发起人签订发起人协议→行政审批→发起人订立公司章程→申请名称预先核准→发起人认购股份→募集股份→缴纳股款→召开创立大会→设立登记→公告
【训练要求】理解股份有限公司的设立条件，在收集资料的基础上，结合实践企业的情况，在企业老师和课程老师的指导下完成发起设立或募集设立股份有限公司
【成果呈现】Word 文档
技能训练单元二（1）：培养有限责任公司治理技能
1. 召开有限责任公司股东会会议
【训练内容】股东会的职权：决定公司的经营方针和投资计划，选举和更换由非职工代表担任的董事、监事，决定有关董事、监事的报酬事项，审议批准董事会的报告，审议批准监事会或者监事的报告，审议批准公司的年度财务预算方案、决算方案，审议批准公司的利润分配方案和弥补亏损方案，对公司增加或者减少注册资本做出决议，对发行公司债券做出决议，对公司合并、分立、解散、清算或者变更公司形式做出决议，修改公司章程，公司章程规定的其他职权；股东会会议：确认股东会会议的召集人和主持人，股东会会议的通知和股东会的决议
【训练要求】理解有限责任公司股东会的职权，在收集资料的基础上，结合实践企业的情况，在企业老师和课程老师的指导下完成股东会会议
【成果呈现】股东会会议记录

续表

技能训练单元二（1）：培养有限责任公司治理技能
2. 召开有限责任公司董事会会议 【训练内容】董事会的职权：负责召集股东会，并向股东会报告工作，执行股东会的决议，决定公司的经营计划和投资方案，制订公司的年度财务预算方案、决算方案，制订公司的利润分配方案和弥补亏损方案，制订公司增加或者减少注册资本以及发行公司债券的方案，制订公司合并、分立、解散或者变更公司形式的方案，决定公司内部管理机构的设置，决定聘任或者解聘公司经理及其报酬事项，根据经理提名决定聘任或者解聘公司副总经理、财务负责人及其报酬事项，制订公司的基本管理制度，公司章程规定的其他职权；董事会会议：董事会的召集和主持，董事会的决议方式 【训练要求】理解有限责任公司董事会的职权，在收集资料的基础上，结合实践企业的情况，在企业老师和课程老师的指导下完成董事会会议 【成果呈现】董事会会议记录 3. 召开有限责任公司监事会会议 【训练内容】监事会的职权：检查公司财务，对董事、高级管理人员执行公司职务的行为进行监督，对违反法律、行政法规、公司章程或者股东会决议的董事、高级管理人员提出罢免的建议，当董事、高级管理人员的行为损害公司的利益时，要求董事、高级管理人员予以纠正，提议召开临时股东会会议，在董事会不履行本法规定的召集和主持股东会会议职责时召集和主持股东会会议，向股东会会议提出提案，依照《公司法》第一百五十二条的规定，对董事、高级管理人员提起诉讼，公司章程规定的其他职权；监事会会议：监事会的召集，监事会的决议 【训练要求】理解有限责任公司监事会的职权，在收集资料的基础上，结合实践企业的情况，在企业老师和课程老师的指导下完成监事会会议 【成果呈现】监事会会议记录
技能训练单元二（2）：培养股份有限公司治理技能
1. 召开股份有限公司股东大会 【训练内容】股东大会的职权和有限责任公司的股东会职权相同；股东大会会议：股东大会的召集，会议的通知，股票的保存，会议的提案，会议的表决 【训练要求】理解股份有限公司股东会的职权，在收集资料的基础上，结合实践企业的情况，在企业老师和课程老师的指导下完成股东大会会议 【成果呈现】股东大会会议记录 2. 召开股份有限公司董事会会议 【训练内容】股份有限公司董事会的职权和有限责任公司的董事会职权相同；董事会会议：董事会的召集和主持，董事会的通知，董事的出席，董事会的决议方式 【训练要求】理解股份有限公司董事会的职权，在收集资料的基础上，结合实践企业的情况，在企业老师和课程老师的指导下完成董事会会议 【成果呈现】董事会会议记录 3. 召开股份有限公司监事会会议 【训练内容】股份有限公司监事会的职权和有限责任公司的监事会职权相同；监事会会议：监事会的召集和主持，监事会的决议。 【训练要求】理解股份有限公司监事会的职权，在收集资料的基础上，结合实践企业的情况，在企业老师和课程老师的指导下完成监事会会议 【成果呈现】监事会会议记录

续表

技能训练单元三：培养公司组织形式变更技能
1. 公司增资 【训练内容】董事会提出增资方案，股东大会（股东会）做出增资决议；股东投入资产或者现金；修改章程；办理增资登记 【训练要求】在收集资料的基础上，结合实践企业的情况，在企业老师和课程老师的指导下完成公司增资程序 【成果呈现】Word 文档 2. 公司减资 【训练内容】董事会提出减资方案，股东大会（股东会）做出减资决议；编制资产负债表及财产清单；通知和公告债权人；办理减资登记 【训练要求】在收集资料的基础上，结合实践企业的情况，在企业老师和课程老师的指导下完成公司减资程序 【成果呈现】Word 文档

以上是公司组织与管理课程实践技能参与式教学内容。由于有限责任公司和股份有限公司的设立的流程很多步骤雷同，公司治理技能也有很多雷同。因此，每组同学可根据抽签结果，完成技能训练单元一有限责任公司设立和技能训练单元二有限责任公司治理技能；或者完成技能训练单元一股份有限公司设立和技能训练单元二股份有限公司治理技能；但技能训练单元三必须都完成。同时，为达到较好的教学效果，丰富课堂教学形式，每组同学要根据抽签结果在课堂上采用情境模拟的方式，扮演不同的角色，模拟表 3-2 里一项实践技能，如模拟设立有限责任公司、有限责任公司的增资、模拟发起设立股份有限公司等当中的一项。

六、课程实践技能参与式教学评价标准

公司组织与管理课程的实践内容比较多，一是学生提交的有限责任公司设立能力、治理能力、增资和减资电子文档，或者是股份有限公司设立能力、治理能力、增资和减资电子文档；二是情境模拟表演。因此，平时分的比重较高，占期末总成绩的 50%，第一项占比 30%，第二项占比 20%。

第一项作业电子文档主要从以下四个方面进行评分：一是格式排版，占比 20%；二是资料的完整性，占比 30%；三是资料的逻辑性，占比 30%；四是团队协作情况，占比 20%。

第二项情境模拟表演主要从以下三个方面进行评分：一是表演内容的完整性，占比 40%；二是表演内容的逻辑性，占比 40%；三是参与表演者的表演情况，占比 20%。

七、课程实践技能参与式教学评价实施总结

公司组织与管理课程是一门应用性、实践性比较强的课程。由于工商管理专业学生缺乏相应的法理学基础知识，在教学上存在一些困难。教师应顺应应用型教育改革需要，根据公司组织与管理课程的结构知识点，提炼实践技能点，按照实践技能点课堂学习，设计教学内容；同时，采用多种教学方法，让学生主动参与到学习中去。通过这样的教学设计，学生的学习积极性和主动性得到大幅提高，课堂气氛活跃，取得较好的教学效果。

薪酬管理
参与式教学项目设计与实施

郭 珍

一、课程简介

薪酬管理是人力资源管理专业的主干课程，属于人力资源管理中的一项专业技术水平较高的管理领域，在整个专业体系中占据了很重要的位置。并且薪酬管理课程涉及面广，包括工作分析、职位评价、绩效考核等很多内容，实际操作性强，使该课程成为人力资源管理专业中一门老师不好讲、学生又不好学的"难点课程"。

本课程是从企业经营与战略的高度以及整体人力资源管理体系的角度来阐释薪酬管理在现代企业中的地位及作用。薪酬管理是组织针对所有员工的工作来确定他们应当得到的薪酬总额、公司薪酬结构和薪酬形式的过程。本课程从薪酬的基础理论入手，介绍薪酬与薪酬管理的基本概念及内涵、薪酬的特性和作用、工资理论以及制定工资制度的基本原则；从企业不同的战略出发讨论薪酬模式和策略；从薪酬设计这一核心内容出发，讲述薪酬调查方法及其应用、职务分析的方法及其应用、固定工资的制定方法、企业的奖励制度、企业福利的概念及意义；针对不同类型人员的薪酬设计特点对薪酬知识的应用进行了阐述。

课程内容可以分为三大篇章：战略篇、制度篇和技术篇。如图 3-1 所示。

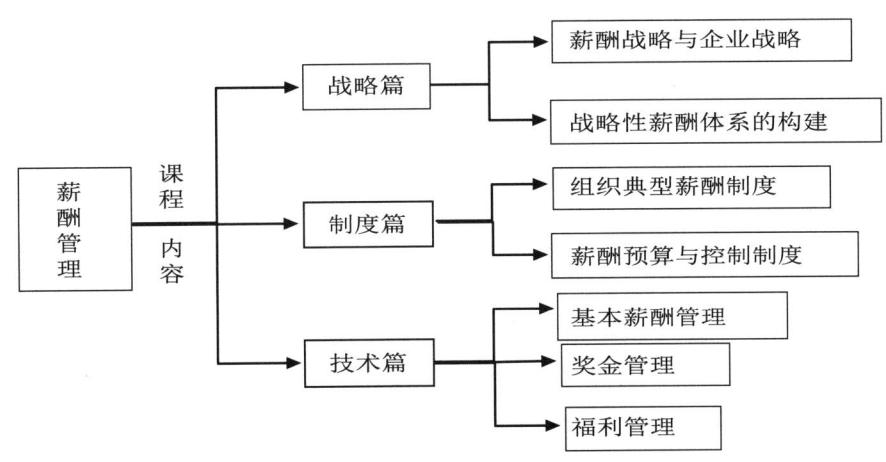

图 3-1 薪酬管理课程内容框架

二、课程教学目的

薪酬管理课程的目的是使本专业学生能够根据企业所处的具体环境、业务需要以及人力资源战略来设计和完善具有本企业特色的薪酬政策和薪酬制度。

第一，使学生了解薪酬及深刻理解薪酬管理在人力资源管理以及企业经营中的意义，了解薪酬管理和其他人力资源管理各职能的关系。

第二，理解薪酬与薪酬管理的基本概念，理解世界通行的三种薪资体系及其各自的适用性及特点。

第三，使学生理解薪资水平及其外部竞争性的重要作用，深刻理解薪酬调查对于一个企业的重要性。

第四，使学生理解薪资结构、激励计划、员工福利对员工和企业的影响及它们的设计过程。

第五，掌握薪酬管理常用的方法和技术，学会运用这些方法和技术设计薪酬体系，为企业决策提供方案。

三、课程重点与难点

本课程的重点：①薪酬及薪酬管理的基本概念、基本理论及方法或技术。②薪酬体系设计方法的训练。对薪酬管理核心知识点的理解与应用，培养学生掌握分析和设计企业薪酬体系和制度的能力。

本课程的难点：①岗位评价、岗位薪酬的设计、市场薪酬调查、绩效工资的设计以及福利制度的设计、薪酬预算与控制具体方法的掌握与应用。②掌握案例的分析方法，建立薪酬管理的基本思维能力。训练学生善于识别出企业现有薪酬体系的实际问题，并寻找相应的理论依据，据此分析、诊断实际问题，并提出相应的解决方案。

四、课程教学方法说明

薪酬管理课程具有较强的操作性、应用性，在教学上既要重视理论教学，又要强调对学生实践技能的培养以及管理智慧的提升。

本课程在教学方法的设计上主要按"理论讲授+案例教学+计算练习+企业调查分析"驱动型的教学模式来组织教学。在讲授每一章节内容时，一方面注重课程知识结构的提炼，按核心知识点构建薪酬管理知识树。另一方面案例教学穿插在每一单元模块内容中，使学生了解现实企业薪酬实施现状、存在问题，同时锻炼分析、解决问题的能力；对于薪酬的计算部分，在每一部分知识点之后即安排相关练习让学生进行操作演练；另外，在相关章节增加讲授国内外薪酬管理领域最新的研究成果，适当增加反映薪酬管理发展趋势的新观念、新理论、新研究领域的相关知识。如宽带薪酬、弹性福利制等。同时通过有意识地向学生提供企业网站资源等，激发学生的学习热情，拓宽学生的知识面。

在实践教学部分精心设置形式多样的实训内容。如案例讨论、模拟练习、团队学习、主题辩论、组织学生参与企业调查等灵活多样的教学方式，实现了学生从被动的传统学习方式向开放式的自主学习模式的转变，使学生的综合技能得到充分训练与培养。鼓励学生报名人力资源管理师认证考试，以进一步掌握相关技能，并帮助学生留意企业相关实习岗位和机会，以便使他们能够在企业实际岗位中进一步提升对薪酬管理的感性认识和解决问题的能力。

五、课程实践技能点与对应参与式教学项目设计

薪酬管理课程技能总目标：培养出融知识、能力与素质于一体的人力资源管理从业者（尤其是从事薪酬管理模块工作的HR）。

薪酬管理课程技能具体目标主要包括两项：

首先，通过训练深入认识与理解薪酬管理的理论精髓，树立薪酬管理理念。

其次，通过训练各项薪酬管理的技能要求，能运用薪酬管理的具体方法和技巧开展薪酬管理工作。具体为以下各项关键技能，即岗位评价技能、薪酬结构设计技能、薪酬调查技能、薪酬调整技能、奖金的设计和发放技能、福利设计和管理技能、薪酬费用预算和控制技能。

薪酬管理课程实践技能点与对应参与式教学项目设计如表3-3所示。

表3-3 薪酬管理课程实践技能点与对应参与式教学项目设计

序号	课程实践技能点	参与式教学项目设计	参与式教学评价标准	教学时间安排
1	培养学生对薪酬进行分类的技能	课堂讨论、案例分析	（1）能否理解薪酬的概念、构成及功能 （2）能否正确区分薪酬、薪酬管理及掌握薪酬管理的内容	第1周
2	培养学生对薪酬管理人员的素质特征进行提炼、归纳的技能	课堂讨论、案例分析	（1）能否树立正确的薪酬管理人员的角色意识 （2）能否归纳提炼出薪酬管理人员的胜任特征	第2周

续表

序号	课程实践技能点	参与式教学项目设计	参与式教学评价标准	教学时间安排
3	培养学生将薪酬管理与企业战略进行匹配的技能	课堂讨论、案例分析	（1）是否掌握战略性薪酬的内涵及基本内容 （2）是否能从战略层面确定薪酬管理的重心	第3周
4	培养学生资料收集及分析、演讲的技能	团队练习	（1）能否有针对性地收集到相关资料 （2）是否具备资料整合、分析的能力及演讲能力	第4周
5	培养学生对岗位价值进行评估的技能	课堂计算练习、个人作业	（1）是否掌握了各种岗位价值评估方法的特点及其实施步骤 （2）是否能对岗位价值进行评估计算	第5周
6	培养学生进行实践调查和访谈、分析的技能	企业调查与访谈	（1）能否准备充分的访谈提纲 （2）是否对对象进行有效访谈	第6周
7	培养学生制定技能薪酬体系的技能	课堂讨论、案例分析	（1）是否掌握技能薪酬体系的实施条件及实施步骤 （2）能否对技能进行分类和定价	第7周
8	培养学生收集资料和辩论的技能	课堂主题辩论	（1）能否正确区分薪酬水平的类型及影响因素 （2）是否掌握不同薪酬水平对于企业的意义 （3）能否根据收集到的资料进行有效的辩论	第8周
9	培养学生进行薪酬调查和数据分析的技能	团队练习、调查与访谈、课堂计算练习	（1）是否掌握薪酬调查的含义及步骤 （2）能否有效地开展薪酬调查工作 （3）是否能对薪酬调查的数据进行统计分析	第9周
10	培养学生设计企业薪酬结构的技能	课堂计算练习	（1）是否掌握薪酬结构设计的思路、方法与步骤 （2）是否能根据现有条件对企业的薪酬结构进行设计	第10周
11	培养学生设计奖励形式的技能	案例分析、课堂讨论	（1）是否掌握激励性薪酬的不同类型 （2）是否能根据不同企业的情况设计不同的奖励形式	第11周
12	培养学生奖金计算和分配的技能	案例分析、课堂计算练习	是否掌握了奖金的计算方法和分配方式	第12周
13	培养学生设计福利体系的技能	团队练习	（1）是否掌握了员工福利的概念及其构成 （2）是否能根据不同的企业情况对员工福利进行设计与管理	第13周
14	培养学生根据不同管理对象设计不同薪酬模式的技能	案例分析、课堂计算练习	（1）是否掌握各种不同类型人员薪酬管理特点及薪酬方案类型 （2）是否能对销售人员的薪酬进行准确的计算	第14周

续表

序号	课程实践技能点	参与式教学项目设计	参与式教学评价标准	教学时间安排
15	培养学生进行薪酬满意度调查和分析的技能	企业调查与访谈、团队练习	（1）是否能设计较合理的薪酬满意度调查问卷 （2）能否进行有效的调查和访谈及对数据进行有效分析	第15周
16	培养学生薪酬预算和控制的技能	案例分析、课堂计算练习	（1）是否掌握薪酬控制的概念及其意义 （2）是否掌握薪酬预算的影响因素及方法	第16周

通过实施此方案，实现学生从被动的传统学习方式向开放式的自主学习模式的转变，积极探索与运用参与式教学、体验式教学和互动式教学。本课程的教学方法说明如表3-4所示。

表3-4 薪酬管理课程实践技能训练教学方法说明

序号	教学方法	具体说明
1	课堂讨论	在薪酬管理知识点的讲授中，每章重要的知识点都设有案例辅助解释说明，在课堂教学中可以采用形式多样化教学方式展开讨论（如个人分析、小组分析等方法），由学生应用所学知识，放开思路，大胆表达自己的意见与建议，相互学习
2	团队练习	在第一次授课时，就要求学生自由组合成8个人左右的学习小组，选举小组负责人开展课程相关的团队练习训练，每次团队作业成员要有明确分工，最后还需要团队成员之间相互评分
3	案例分析	案例分析是薪酬管理教学理论联系实际的特色形式。本教程所选案例，均是较为典型的、具有学生讨论与研究空间的案例。我们选择了几十个国内外经典案例供教学之用，大多数案例作为课堂讲授举例资料加以使用。将学生分为若干组（每组一般8~10人为宜），先分组讨论分析，然后每组选派1名代表，将本组推荐的解决问题的方案在全班进行交流，其他组的同学可以提出质疑。各小组汇报结束后，教师进行简短小结。教师的指导重点应放在引导学生寻找正确的分析思路和对关键点的多视角观察上，而不是用自己的观点影响学生。教师对案例分析的总结，也不要对结果或争论下结论，而是对学生们的分析进行归纳、拓展和升华
4	调查与访问	根据教学与训练需要，特别是要带着特定的薪酬管理问题，组织学生编制问卷和访谈提纲进行社会调查，深入企业，访问任职者，再由学生进行数据分析，写出调研报告
5	学生讲坛	要求学生上网检索和整理热点经济事件的相关信息，结合薪酬所学相关知识加以分析，并要求在课堂中，能派代表在讲台前展示并引导同学深入讨论。使用该方法的目的在于能结合薪酬管理中的热点问题，增强学生对企业的理性认识，提高学生运用所学知识分析与解决实际问题的能力
6	主题辩论	课前让每个团队派出一名成员作为辩论队员，抽签决定正反方队员，教师给定一个薪酬管理的相关主题，让学生围绕该主题进行资料收集和准备，之后在课堂上围绕主题进行辩论
7	校外实习	参观企业与岗位实习

六、课程实践技能参与式教学项目设计具体内容

薪酬管理课程实践技能参与式教学项目设计具体内容如表 3-5 所示。

表 3-5 薪酬管理课程实践技能参与式教学项目设计具体内容

技能训练单元一：培养学生对薪酬进行分类的技能
1. 课堂讨论 （1）薪酬管理的现实问题 【讨论内容】讨论以下几点内容： 1）薪酬是否一定要跟绩效挂钩 2）在对人员定薪酬的时候需要做市场薪酬调查吗 3）薪酬一定要保密吗？保密作用到底是什么 4）如何规避同一个岗位不同薪酬的问题（部分员工都是跟公司谈工资，知道工资差距后会影响工作情绪，企业并没有绩效考核） 【训练目标】对企业中的薪酬管理现实有一个大体的概念 （2）薪酬的那些事儿 【讨论内容】讨论以下话题：用工荒；薪资增长（加薪）；最低工资标准；工资差距（地区差距、行业差距、企业内差距）；薪酬满意度；养老金并轨；国企高管薪酬改革 【训练目标】对当下的薪酬相关的社会热点问题有一定认识 （3）从寓言故事看薪酬分配的不同形式 【讨论内容】几种不同动物的物质分配分别是以什么作为基础？狮子出走的原因是什么 【训练目标】充分认识不同薪酬分配模式的区别 2. 案例分析 技术传播是怎样在企业被阻断的 【分析内容】分析以下两点内容： 1）是什么原因导致王黎明不愿意将技术传授给张雁和其他员工 2）你对彻底解决这个问题有何建议 【训练目标】充分认识企业薪酬制度可能出现的问题及如何解决
技能训练单元二：培养学生对薪酬管理人员的素质特征进行提炼、归纳的技能
1. 案例分析 （1）用"薪"关爱员工的胖东来 【分析内容】分析以下几点内容： 1）胖东来的员工服务质量为什么那么高 2）胖东来分别给了员工什么薪资福利项目 3）作为 HR，我们该如何管理员工的薪酬 【训练目标】充分认识优秀企业的薪酬管理的具体做法，并从此看到薪酬管理从业者需要思考和具备哪些素质和能力 （2）东航云南分公司飞行员的"集体返航"事件 【分析内容】分析以下几点内容： 1）"集体返航"事件反映出薪酬管理的哪些基本原理

续表

技能训练单元二：培养学生对薪酬管理人员的素质特征进行提炼、归纳的技能
2）针对这次"集体返航"事件中反映出来的薪酬问题，东航应该采取哪些改进措施 【训练目标】充分认识不同薪酬对于员工的意义，并训练准 HR 对企业问题的敏感性 2. 讨论 一位 HR 经理的自述 【讨论内容】企业 HR 应该具备什么样的素质和能力 【训练目标】充分认识 HR 从业者的素质和能力

技能训练单元三：培养学生将薪酬管理与企业战略进行匹配的技能
1. 课堂讨论 小蚂蚁的牢骚 【讨论内容】兵蚁和育婴蚁为什么会得到不同的待遇 【训练目标】理解企业战略对薪酬分配的影响意义 2. 案例分析 （1）"海底捞"的秘密武器 【分析内容】"海底捞"的秘密武器是什么？试评价"海底捞"的薪酬体系 【训练目标】充分认识薪酬体系如何与企业战略相匹配 （2）华为的发展历程及其薪酬战略 【分析内容】华为在不同发展阶段上的薪酬战略分别是什么？试评价华为的人力资源管理及其相应的薪酬战略 【训练目标】充分认识薪酬体系如何与企业战略及人力资源管理体系相匹配

技能训练单元四：培养学生资料收集及分析、演讲的技能
团队练习 【练习内容】请各小组于课后时间查阅相关材料，找到一个人力资源管理积极配合其企业战略的例子，并要求做成 PPT 在课堂上与其他小组分享 【训练目标】一方面训练学生的信息处理能力；另一方面能对企业现象做出思考与分析

技能训练单元五：培养学生对岗位价值进行评估的技能
课堂计算练习及个人作业 【练习内容】总点数1000，沟通这一报酬要素的权重为10%，且该报酬要素等级为5级，i=30%，要求用几何方法计算该报酬要素每一等级的点数 【训练目标】掌握要素计点法的计算 【课后作业】某企业确定职能部门岗位的主要薪酬要素是职责、对决策的影响、解决问题的能力和知识经验。其中职责最重要，对决策影响的重要度是职责的80%，解决问题的能力的重要度是职责的70%，知识经验的重要度是职责的60%。企业决定将各要素分成五个等级（各等级点数按照等差形式递增）。该企业计划的总点值是800。每个薪点的工资为10元。 现岗位 A 的评价结果是：职责二等级、决策影响三等级、解决问题能力三等级、知识经验四等级，问岗位 A 的薪资是多少 【训练目标】掌握用要素计点法来计算岗位薪资

续表

技能训练单元六：培养学生进行实践调查和访谈、分析的技能
调查与访问 【调查内容与方法】每位学生联系企业中的一名薪酬专员，对其进行深度访谈，了解其工作内容和大致的工作流程，形成文字材料。文字材料中应包括如下内容： （1）所调查公司薪酬管理岗位每年、每季度、每月的主要工作内容有哪些 （2）其重点、难点是什么 （3）主要工作开展的大致流程如何
技能训练单元七：培养学生制定薪酬体系的技能
1. 课堂讨论 （1）技能薪酬体系的适用性 【讨论内容】讨论以下两点内容： 1）技能薪酬体系适用于什么企业 2）技能薪酬体系适用于什么员工 【训练目标】充分认识技能薪酬使用的前提条件 （2）从高考制度的改革看社会需求 【讨论内容】你如何看待这一制度改革？这一改革能否成功取决于哪些因素 【训练目标】从社会热点看待薪酬改革的趋势 2. 案例分析 一线技术工人薪酬高于应届毕业生 【分析内容】分析以下两点内容： （1）一线技术工人薪酬水平高于应届毕业生合理吗？为什么 （2）企业如果同时需要雇佣一线技工和从事管理工作的应届大学毕业生，应当怎样考虑两者的薪酬水平 【训练目标】充分认识个人技能在个人贡献中的价值及对于企业的价值
技能训练单元八：培养学生收集资料和辩论的技能
课堂主题辩论 企业要做行业薪酬水平的领先者还是低于市场平均水平 【作业内容】要求学生每组派一个代表作为辩论队的队员、评委或主持人，在课前收集材料，为辩论主题做好准备，并在课堂上展开辩论 【训练目标】对企业采取不同薪酬水平的意义有更深刻的认识
技能训练单元九：培养学生进行薪酬调查和数据分析的技能
1. 团队练习、调查与访谈 保安人员薪酬水平调查 【调查内容】调查内容有以下几点： （1）以小组为单位完成问卷设计 （2）每位同学选择某地区某单位的一位保安人员，对其进行薪酬水平调查 （3）汇总全部调查数据，全班同学进行调查数据分析，并给出结论

续表

技能训练单元九：培养学生进行薪酬调查和数据分析的技能

【训练目标】 训练达到以下两点目标：
（1）培养分析问题的能力
（2）培养薪酬数据统计分析的能力

2. 案例分析

公务员的薪酬水平低吗

【分析内容】 分析以下两点内容：
（1）为什么一方面很多公务员抱怨自己的薪酬水平低，另一方面还有很多年轻人热衷于报考公务员
（2）应当怎样看待公务员薪酬水平的高低

【训练目标】 提高分析实际管理问题的能力

3. 课堂计算练习

【计算内容】 某工程师岗位的薪酬调查数据如下表所示：

某工程师岗位薪酬

被调查企业	平均月工资（元）
A	3900
B	5200
C	5200
D	4800
E	4300
F	5600
G	3900
H	3500
I	3200

请计算出 25% 点处、50% 点处和 75% 点处的工资

【培养目标】 学会如何统计分析薪酬调查

技能训练单元十：培养学生设计企业薪酬结构的技能

1. 课堂计算练习

薪酬结构等级范围计算

【练习内容】 某公司薪酬结构分为 8 个等级，第一等级区间中值为 1825 元，第八等级区间中值为 4162 元
（1）求该公司薪资等级级差
（2）若该公司薪资变动比率恒为 30%，求该公司第三等级薪资变动范围
（3）某员工薪资水平处于第六等级，实际薪资为 3000 元，求他的薪资比较比率与薪酬渗透度

【训练目标】 掌握薪酬等级设计的关键步骤

2. 案例分析

M 电信集团 H 省公司薪酬体系实施细则

【分析内容】 这家公司的薪酬体系能够达到内部公平性的要求吗？决定这家公司不同等级员工之间的薪酬差距的因素有哪些

【训练目标】 培养诊断和分析企业薪酬体系的能力

续表

技能训练单元十一：培养学生设计奖励形式的技能

1. 课堂讨论

猎人与猎狗的故事

【讨论内容】猎人分别采用了哪些奖励的形式？每种形式各有什么优缺点

【训练目标】对奖励形式有更深入的认识和理解

2. 案例分析

皇家威士忌公司促销员的薪酬管理难题

【练习内容】练习内容有以下两点：

（1）皇家威士忌在X市设计的几种不同薪酬方案的激励效果如何

（2）企业在修订薪酬方案时应当考虑哪些方面的问题

【训练目标】掌握不同激励方案的激励效果，培养对企业问题的诊断分析能力

技能训练单元十二：培养学生奖金计算和分配的技能

1. 案例分析

A公司的利润分享计划

【分析内容】该企业的利润分享计划有什么特点

【训练目标】加深学生对利润分享计划的理解

2. 课堂计算练习

【计算内容】部门及个人奖金分配

【训练目标】使学生掌握奖金分配方案的设计与实施

技能训练单元十三：培养学生设计福利体系的技能

团队练习

企业福利介绍分享

【练习内容】学生以小组为单位进行网络资料收集以及企业调查访谈，并做成PPT进行课堂演讲分享

【训练目标】对企业福利项目的设计有更充分的了解和认识

技能训练单元十四：培养学生根据不同管理对象设计不同薪酬模式的技能

1. 案例分析

证券公司的员工薪酬

【分析内容】分析以下两点内容：

（1）证券公司中的主要职位类型有哪些？不同类型职位的薪酬结构有何不同

（2）同样在一家证券公司中工作，不同类别员工的薪酬水平差距却很大，应当如何看待这种情况

【训练目标】深入理解企业中不同类型职位的薪酬模式

2. 课堂计算练习

【计算内容】销售人员的薪酬计算

【训练目标】掌握奖金、佣金等计算方法

续表

技能训练单元十五：培养学生进行薪酬满意度的调查和分析的技能
企业调查与访谈、团队练习 【练习内容】每个小组找一家企业进行员工薪酬满意度问卷设计和调查，并进行结果分析，对企业的薪酬满意度反映的问题提出解决对策 【训练目标】训练达到以下两点目标： （1）掌握员工薪酬满意度的内容 （2）培养对企业问题诊断和分析的初步能力
技能训练单元十六：培养学生薪酬预算和控制的技能
1. 案例分析 （1）富士康的薪酬难题 【分析内容】富士康为何会有这一系列的薪酬政策和人事决策 【训练目标】培养成本控制意识 （2）三菱银行薪酬整合触雷 【分析内容】分析以下两点内容： 1）三菱银行应当如何改进自己在并购过程中与员工之间的薪酬沟通 2）人力资源管理部门在并购过程中的薪酬沟通方面扮演何种角色 【训练目标】树立人力资源管理在企业管理中的角色意识 2. 课堂计算练习 薪酬预算的计算 【训练目标】掌握薪酬预算的各种计算方法

七、课程实践项目设计总结

薪酬管理课程实践技能参与式教学项目设计是人力资源管理专业实践教学计划的一个重要组成部分，目的是为学生提供一个理论联系实际，将书本知识转化为实践能力的机会，综合运用了理论讲解、案例引导、团队练习、主题辩论、实践调查、方案设计等手段，以期改善该课程传统教学模式，达到培养学生动手能力、创新能力和团队协作能力的目的。同时，这也是为了提高学生运用所学原理和方法，分析和解决实际问题的能力而进行的新的综合性的教学尝试，以期为学生将来从事企事业单位和国家机关的人力资源管理工作奠定良好的专业基础。

绩效管理
参与式教学项目设计与实施

陈　娜

一、课程简介

绩效管理是人力资源管理专业的主干课程，是人力资源管理六大知识模块[①]的重要组成部分。本课程理论与实践并重，在理论方面介绍了绩效管理的相关概念、基本流程、地位与作用；在实践方面介绍了绩效管理五个基本环节——绩效计划、绩效过程管理、绩效考核与评价、绩效反馈、绩效考核结果应用的操作方式以及绩效管理体系构建的方法，如基于目标管理的绩效考核、基于KPI的绩效考核等。课程内容由三个篇章构成，包括绩效管理概论、绩效管理体系的操作、绩效考核技术。

二、课程教学目的

绩效管理的课程教学目标是促进学生理解和掌握绩效管理的基本概念、方法及原理；掌握员工绩效管理体系的操作实务，掌握绩效指标体系的构建方法；能够利用所学知识分析企业绩效管理制度和实践方面的问题，并提出解决问题的方法。

三、课程重点与难点

本课程的重点：①理解绩效管理的内涵、绩效管理职责的主体、绩效管理和绩效考核的区别与联系、绩效管理的流程、绩效管理在企业的地位与作用。②掌握绩效计划、绩效过程管理、绩效考核与评价、绩效反馈、绩效考核结果应用的操作方式。③了解目标管理、KPI、BSC、标杆管理、素质考评的内涵以及操作的基本流程。

---

① 人力资源管理六大模块包括人力资源战略与规划、招聘与配置、培训与开发、绩效管理、薪酬管理、劳动关系管理。

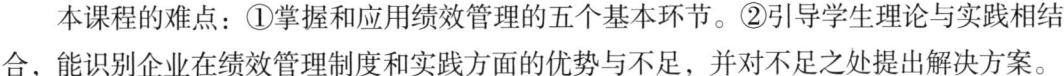

本课程的难点：①掌握和应用绩效管理的五个基本环节。②引导学生理论与实践相结合，能识别企业在绩效管理制度和实践方面的优势与不足，并对不足之处提出解决方案。

四、课程教学方法说明

绩效管理课程在教学方法上既注重教师在理论知识方面的讲解，也重视学生分析问题、解决问题能力的提升。因此在教学过程中，除了使用课堂授课的方式，还增加了课堂实践、课外实践、实践分享等环节。根据教学内容的不同，本课程采用了三类不同的教学方法。第一类教学方法：理论讲授，采取"教师讲授"、"课堂讨论"的方式，目的是使学生掌握绩效管理的基本概念和理论体系，为随后的实践打下基础；第二类教学方法：课堂实践，采取"案例教学"、"角色扮演"的方式，目的是使学生在模拟的场景下，将理论讲授的知识进行应用、加深理解；第三类教学方法：课外实践，采取"实践调查"的方式，目的是让学生亲近企业、了解企业绩效管理制度和实践的具体情况，培养他们解决实际问题的能力。以上教学方法的说明如表3-6所示。

表3-6　绩效管理课程实践技能训练教学方法说明

序号	教学方法	具体说明
1	教师讲授	理论类知识以教师讲授、课堂讨论为主。教师讲授即以教师的解说为主的教学方式，为了避免讲授过程中的平铺直叙，针对每个知识点，教师会引用多个案例，进行辅助解释说明
2	课堂讨论	在解说理论知识时，教师会列出思考题，请学生围绕这些思考题先进行课本阅读，然后在学习小组内对思考题的解答进行讨论，再做全班性的分享，教师做后续的点评和补充
3	案例教学	技能类知识以案例教学、角色扮演为主。案例教学即教师先收集与绩效管理体系的操作、绩效考核技术相关的企业案例（包括纸质案例、视频案例），发放（或播放）给学生进行独立思考、在学习小组内部进行讨论，然后在全班范围内做分享，最后教师进行点评和小结
4	角色扮演	企业在执行绩效管理的过程中存在多种角色——考核者、被考核者、制度制定者等，因此教师设计若干教学项目，让学生进行角色扮演，例如，扮演被考核者，制定个人绩效计划书；扮演考核者，审核其他同学制定的绩效计划书；扮演制度设计者，设计某社团的绩效过程管理制度等，然后对角色扮演的成果进行分享，鼓励学生互相点评，最后教师进行点评和小结
5	实践调查	实践调查的目的在于对理论类知识和技能类知识进行综合应用。要求学生以学习小组为单位，深入某家企业，调查其绩效管理制度的设计情况、绩效管理体系的运作情况，然后制作调查报告在班级进行分享、接受答辩和评比

五、课程实践技能点与对应参与式教学项目设计

绩效管理课程技能训练总目标：掌握绩效管理理论知识、能较为熟练地操作绩效管理五个基本环节。

绩效管理课程技能训练具体目标包括以下三项：①通过课堂训练，理解绩效管理的理论精髓，树立现代绩效管理理念。②通过课堂训练，能按照绩效管理的工作流程——绩效计划、绩效过程管理、绩效考核与评价、绩效反馈、绩效考核结果应用五个环节，开展绩效管理工作。③通过课外实践、课堂分享，能识别企业绩效管理在制度和实践方面的优势与不足，并对不足之处提出解决方案。

基于课程技能训练目标，现将绩效管理课程的实践技能点进行梳理，并设计出相应的参与式教学项目（如表3-7所示）。

表3-7 绩效管理课程实践技能点与对应参与式教学项目设计

序号	课程技能点	参与式教学项目设计	教学时间安排
1	现代绩效管理的认知技能	认识现代绩效管理	6课时
2	绩效计划的认知技能	认识绩效计划	6课时
3	绩效计划书的制定和审核技能	绩效计划书的制定和审核	6课时
4	绩效过程管理制度的设计技能	绩效过程管理制度的设计	4课时
5	绩效考核的技能	认识绩效考核、学会操作绩效考核	6课时
6	绩效反馈的技能	绩效面谈的流程与技巧	6课时
7	目标管理的操作技能	认识目标管理、学会分解目标	4课时
8	关键绩效指标体系的构建技能	成功关键因素法演练	4课时
9	绩效管理的综合分析技能	企事业单位绩效管理现状调查	24课时

六、课程实践技能参与式教学项目设计具体内容

绩效管理课程实践技能参与式教学项目设计具体内容如表3-8所示。

表 3-8　绩效管理课程实践技能参与式教学项目设计具体内容

准备阶段：学习小组的组建。要求 6~8 位学生组成一个学习小组，推举组长。上课时，相同学习小组的同学坐在一起，以便实施课堂讨论和分享。教师记录发言情况
参与式教学项目一：认识现代绩效管理
1. 课堂讨论 议题1：绩效是结果还是行为 【训练目标】了解绩效的内涵 议题2：请分析营业员的任务绩效和关系绩效 【训练目标】了解行为绩效的内涵 议题3：阅读课本，思考绩效管理每个环节的操作时间、操作内容 议题4：为什么绩效管理的各个环节缺一不可 议题5：绩效管理和绩效考核的区别与联系 【训练目标】了解绩效管理的基本流程、绩效管理的内涵 议题6：有哪些人员要参与到绩效管理的过程中，他们的工作内容是什么 【训练目标】了解绩效管理在企业内的职责分工 2. 案例分析 【案例】摩托罗拉的绩效管理案例 【讨论内容】摩托罗拉公司在绩效管理过程中，有哪些方面是值得借鉴的 【训练目标】了解绩效管理要成功运作必须具备的企业条件
参与式教学项目二：认识绩效计划
1. 案例分析 案例1：小周的不满 【讨论内容】讨论以下两点内容： （1）总经理和小周意见分歧的根源是什么 （2）如何避免这种矛盾 【训练目标】了解制定绩效计划的意义 案例2：小张的困惑 【讨论内容】小张的困惑体现了绩效管理中的什么问题 【训练目标】了解绩效计划的性质 案例3：两个企业的绩效计划书 【讨论内容】讨论以下两点内容： （1）A、B两家企业在绩效计划书的设计上有何不同 （2）你觉得哪一份绩效计划书设计得更好 【训练目标】了解绩效计划书的填写表格，懂得自己设计表格 案例4：A公司总经理与工厂经理绩效计划的沟通 【讨论内容】讨论以下几点内容： （1）两次沟通各明确了哪些事项 （2）哪些因素促成了沟通的顺利实施 （3）该公司绩效计划的制定步骤是什么 【训练目标】了解设定绩效计划的步骤、绩效沟通的技巧 2. 课堂讨论 归纳绩效计划的主要内容 【训练目标】了解绩效计划的主要内容、核心内容

续表

参与式教学项目三：绩效计划书的制定和审核
1. 课堂讨论 议题1：根据SMART原则，写出自己在本学期要完成的绩效目标或绩效指标 【训练目标】掌握绩效目标或绩效指标的书写方式 议题2：已知绩效目标是"9月份新增客户1000人"，请写出它的绩效标准（至少2种标准） 【训练目标】掌握绩效标准的制定方式、制定技巧 2. 角色扮演 主题：我的绩效计划书 要求： （1）每位同学都进行书写，每个学习小组评选出一份令他们满意的绩效计划书，并制作成PPT （2）学委收集齐PPT，教师在课堂现场随机抽取待点评的PPT （3）请其他学习小组的学生对被抽到小组的绩效计划书提出修改意见，教师进行补充点评 （4）评选出写得最好的学习小组 （5）点评活动结束后，全部学习小组修改自己的绩效计划书，教师会随堂抽查修改情况 【训练目标】掌握绩效计划书的制定和审核技能
参与式教学项目四：绩效过程管理制度的设计
1. 角色扮演 主题：某社团绩效过程管理制度的设计 要求： （1）设计的制度内容包括过程管理的方式、每个方式的实施时间、每个方式可能会用到的工具表单，并说明设计的理由，将上述内容制作成PPT （2）学委收集齐PPT，教师在课堂现场随机抽取待点评的PPT （3）请其他学习小组的学生对被抽到小组的制度提出修改意见，教师进行补充点评 （4）评选出写得最好的学习小组 （5）点评活动结束后，全部学习小组修改自己的过程管理制度，教师会随堂抽查修改情况 【训练目标】掌握绩效过程管理的方法、学会设计绩效过程管理制度 2. 案例分析 案例：某公司绩效过程管理制度 【讨论内容】讨论以下两点内容： （1）该公司采用了哪些过程管理的方法 （2）点评该公司过程管理制度设计的实用性 【训练目标】了解企业对绩效过程管理方法的选择及其原因，加深对绩效过程管理方法的了解、知晓设计的原则

续表

参与式教学项目五：认识绩效考核、学会操作绩效考核
1. 角色扮演 主题：考核我的绩效计划书 要求：在学习小组内部，两个同学为一组，互相评估对方的绩效计划书 【训练目标】加深对绩效考核方法的了解、学会应用绩效考核方式 2. 案例分析 案例1：某企业绩效评估方法 【讨论内容】讨论以下两点内容： （1）案例中的企业采用了哪些绩效评估方法 （2）你会为社团设计怎样的绩效评估方法 【训练目标】加深对绩效考核方法的了解、学会应用绩效考核方式 案例2：盛强公司员工的绩效"闷包" 【讨论内容】讨论以下两点内容： （1）章先生是怎么操作绩效考核的？他为何如此操作 （2）章先生的操作会带来哪些负面影响 【训练目标】了解绩效考核的主客观误区 3. 课堂讨论 议题：为何不论管理者还是员工都讨厌绩效考核呢 【训练目标】了解绩效考核的主客观误区、懂得如何规避操作误区

参与式教学项目六：绩效面谈的流程与技巧
案例分析 案例1：宋江与杨志的绩效面谈反馈（第一个版本） 【讨论内容】案例中需要改进的地方 案例2：陈经理与晓艺的绩效面谈 【讨论内容】讨论以下两点内容： （1）陈经理如何暖场？如何安排面谈的流程 （2）陈经理如何对优秀业绩进行反馈？如何对欠佳的业绩进行反馈 案例3：宋江与杨志的绩效面谈反馈（第二个版本） 【讨论内容】案例中做得好的地方 【训练目标】了解绩效面谈的流程、了解绩效沟通的技巧

参与式教学项目七：认识目标管理、学会分解目标
1. 案例分析 案例：某企业目标管理案例 【讨论内容】讨论以下几点内容： （1）该企业目标管理的实施流程 （2）成功实施目标管理的条件 （3）目标管理为何能帮助企业获得较好的经济效益 【训练目标】了解实施目标管理的意义、实施流程、应具备的企业条件

续表

参与式教学项目七：认识目标管理、学会分解目标
2. 角色扮演 主题：某营业厅绩效目标的分解 要求：在学习小组内部讨论出目标的分解方案 【训练目标】掌握绩效目标分解的原则和技巧
参与式教学项目八：成功关键因素法演练
角色扮演 主题：利用"成功关键因素法"，设计一套适用于学校的"教学工作评价指标体系" 要求： （1）分解关键绩效领域 （2）选择一个关键绩效领域分解关键绩效要素 （3）选择一个关键绩效要素分解关键绩效指标 【训练目标】掌握 KPI 体系的构建思路、了解什么是成功关键因素法、掌握成功关键因素法的操作步骤和技巧
参与式教学项目九：企事业单位绩效管理现状调查
实践调查 主题：企事业单位绩效管理现状调查 要求： （1）从开学到第十个教学周，学习小组选定调查企业、制定调查计划、实施调查、制作调查报告 （2）从第 11 个教学周开始，每周由两个学习小组分享调查报告 （3）调查报告的内容包括，但是不限于调查实施过程、小组分工情况、企事业单位的发展情况、组织结构情况、企事业单位的绩效管理制度及其执行情况、实操亮点和不足点的分析、对不足之处提出改进构想 【训练目标】了解企业绩效管理制度和实践的具体情况，培养学生综合解决实际问题的能力

七、课程实践技能参与式教学评价标准

上述参与式教学项目的评价标准如表 3-9 所示。

表 3-9　绩效管理课程参与式教学评价标准

序号	教学方法	评价方式
1	课堂讨论	（1）以学习小组为单位进行发言或成果展示，发言一次或展示学习成果一次该小组每位同学各积 1 分 （2）当学习成果被评为优秀时，该小组每位同学各积 2 分 （3）积分上不封顶，最后教师会进行折算、计入该同学的平时表现分
2	案例教学	
3	角色扮演	
4	实践调查	（1）考核标准：①调查计划（25%）；②报告内容（50%）；③ PPT 形式（10%）；④演讲技术（15%） （2）打分方式：教师评分占 60%、小组互评占 40%

参与式教学项目的综合得分构成学生的平时分，占总评的50%，期末笔试成绩占50%。

八、课程实践项目设计总结

课程技能点如果仅通过教师讲授的方式，无法达到预期的教学效果，所以需要设计多样性的参与式教学项目辅以教学。参与式教学项目，既有模拟场景下对绩效管理知识的应用，又有现实场景下对不同类型企业绩效管理体系的调研，能较全面地锻炼学生的实操能力。此外，以发言积分、优秀成果积分的方式及时、透明地激励那些积极参与实际操作并且质量较高的学生，能保护他们的学习积极性，同时在学生中营造出竞争的意识，激发他们投身互动教学、提高实践作业的质量水平。

"学习内容有条理、案例实践长技能、教师不唱独角戏、学生风采遍课堂。"绩效管理课程实践技能培养的教学项目设计与实施能激发学生的学习兴趣、提升学生主动参与课程的积极性，课堂氛围也能随之变得更加轻松活跃。师生间的良好互动，不仅使学生受益，对教师也是一种正反馈，它能提升教师对课堂教学的主动性和热情，这种热烈的情绪会促使教师在教学技能提升、课程内容设计等方面做出进一步的努力，从而促进教学质量的持续提升。

组织设计与工作分析参与式教学项目设计与实施

刘 飞

一、课程简介

组织设计与工作分析是人力资源管理专业的专业课程，是人力资源管理体系中的一个重要部分，是人力资源管理的第一步，学好这门课程对之后的绩效管理、薪酬管理等课程的学习具有重要意义。本课程以企业组织为对象，主要研究组织结构的设计与变革、组织岗位的设置与职责。对于研究企业的深化改革和管理现代化以及完善学生的知识结构、提高管理知识和能力等方面具有重要的现实意义。课程内容由三个篇章组成，包括组织设计、工作设计、职位管理。

二、课程教学目的

组织设计与工作分析课程建立在管理学原理、人力资源管理、组织行为学等课程的基础之上，并与工作设计与评估等学科密切联系。通过本课程的学习，使学生能系统地掌握组织设计与工作分析的基本理论和一般方法，掌握不同企业战略下的组织设计方法，具备较强的认识和分析组织管理问题的能力，能够进行初步的组织设计和岗位分析。

三、课程重点与难点

本课程的重点：①组织结构的概念、类型、基本形式及相互之间的转变。②工作设计的方法、操作流程。③职位体系、任职资格标准的设计与管理。

本课程的难点：①如何引导学生理论与实践相结合，根据企业规模、行业、战略等宏观因素，设计组织结构，识别结构问题并提出解决方案。②帮助学生熟练掌握工作分析技巧，并能为组织岗位撰写工作说明书。

四、课程教学方法说明

组织设计与工作分析是一门实践性很强的应用科学,在教学上既要重视理论教学,又要强调对学生实践技能的培养以及管理智慧的提升。本课程在教学方法的设计上主要将重心放在以下两个方面:

1. 理论教学

对理论教学部分,注重理论的提炼和分析,针对不容易识记的理论内容进行分解、举例,注意深入浅出,与学生熟悉的情景相结合,减少枯燥性,增加趣味性。同时及时更新理论内容,与学科前沿、热点知识相结合,分享最新的专业知识,开阔学生的思路和视野。

2. 实践教学

在实践教学部分精心设计形式多样的实训内容。如案例讨论、企业调查、实训设计、管理游戏等,与企业要求学生具备的专业技能接轨,促进理论与实践相结合,激发学生的学习热情和积极性,在实践中将本课程重难点内容融会贯通。

五、课程实践技能点与对应参与式教学项目设计

组织设计与工作分析课程技能总目标:融汇理论精髓、掌握实用专业技巧。
组织设计与工作分析课程对应培养学生以下能力:
第一,学习组织设计与工作分析基础知识,掌握设计的方法及操作流程,培养学生的专业知识。
第二,根据组织所在行业及规模,设计组织结构,培养学生的实践应用能力。
第三,进行岗位职责调研活动,培养学生调查设计、沟通能力。
第四,学习撰写岗位说明书,培养学生资料分析、整理能力。
组织设计与工作分析课程实践技能点与对应参与式教学项目设计如表 3-10 所示。

表 3-10 组织设计与工作分析课程实践技能点与对应参与式教学项目设计

序号	课程技能点	参与式教学项目设计	教学安排
1	掌握组织结构构建的技能	课堂讨论、角色扮演、案例分析、视频教学	第1~4周:进行组织结构设计的基本形式、设计方法及设计流程的教学

续表

序号	课程技能点	参与式教学项目设计	教学安排
2	掌握企业调查研究的实践技能	企业调研 团队练习	第5周：学生分组、选择行业及企业 第6周：进行企业资料收集、调研 第7周：组织结构设计
3	掌握报告撰写及公众演讲的技能	报告撰写、课堂演讲	第8周：撰写企业调研报告 第9周：调研结果课堂展演
4	掌握设计调查问卷及访谈的技能	问卷调查	第10周：选择岗位进行调查问卷设计及访谈提纲设计
5	掌握数据收集、分析的技能	实践调研	第11~12周：进行问卷或访谈调研，收集并整理分析数据
6	掌握撰写岗位说明书的技能	报告撰写	第13~14周：根据调研数据撰写岗位说明书并课堂汇报

通过实施此方案，实现学生从被动的传统学习方式向开放式的自主学习模式的转变，积极探索与运用参与式教学、体验式教学和互动式教学。本课程的教学方法说明如表3-11所示。

表3-11 组织设计与工作分析课程实践技能训练教学方法说明

序号	教学方法	具体说明
1	课堂讨论	在组织设计与工作分析知识点的讲授中，每章重要的知识点都设有案例辅助解释说明，在课堂教学中可以采用形式多样化的教学方式展开讨论（如个人分析、小组分析等方法），由学生应用所学知识，放开思路，大胆表达自己的意见与建议，相互学习
2	角色扮演	选出合适的案例，由师生共同编写剧本，在仿真的管理情境中运用管理理论知识，提升管理技能
3	团队练习	在授课时，就要求学生按照学号尾数组成学习小组，开展课程相关的团队练习训练。此种分组方式避免自由组合中小组层次差异大的现象，同时训练学生学会如何与不太熟悉的同学团队沟通、配合，共同完成团队作业
4	案例分析	案例分析是教学理论联系实际的特色形式。本教程所选案例均是较为典型的、具有学生讨论与研究空间的案例。有课程经典案例及哈佛商业评论推荐案例等，大多数案例作为课堂讲授举例资料加以使用，并组织学生进行课堂讨论、分析，教师对案例分析的总结是对学生们的分析进行归纳、拓展和升华
5	企业调研	根据教学与训练需要，特别是要带着特定的管理问题，组织学生进行社会调查，深入企业，访问企业家与管理者，再由学生写出调研报告
6	视频教学	视频教学主要为视频案例，利用一些视频资料加深学生对案例认识，提升学习兴趣
7	问卷调查	学生根据课程要求设计调查问卷或访谈提纲，对岗位的工作内容及职责进行调查分析，撰写岗位说明书

六、课程实践技能参与式教学项目设计具体内容

组织设计与工作分析课程实践技能参与式教学项目设计具体内容如表 3-12 所示。

表 3-12 组织设计与工作分析课程技能参与式教学项目设计具体内容

技能训练单元一：掌握组织结构构建的技能
1. 角色扮演 公司年终会议 【模拟内容】由五名同学分别扮演公司总经理、销售部经理、生产部经理、设计部经理、人力资源部经理，按案例剧本表演。设置思考问题：在公司年终会议上，今年利润下滑，各部门为什么相互推诿，纷纷把矛头指向人力资源部？人力资源部到底做错了什么 【训练目标】充分认识组织与工作设计对公司管理的实践意义 2. 课堂讨论 （1）总裁的困惑 【讨论内容】某公司发现一种新药，尚属市场空白，公司研究所通过两年努力，抢先开发出这种新药，并获取了国家批文，然后交给生产部门。生产部门接收后发现，该产品生产工艺尚有一些环节不够成熟，担心影响生产的稳定性，因此要求研究所完善工艺。研究所认为该药品已经获得注册了，研发工作已经结束，工艺方面也没有什么大问题，生产部门可以搞定。生产部门又询问销售部对该药品有什么需求，销售部没有提出明确的需求量和需求时间，因此生产部门一直没有投产。一年后，公司总裁发现这个产品一直没有上市，反而让竞争对手抢占了空白市场。总裁很困惑，到底问题出在哪？明明占有了市场先机，最后却被别人抢先 【训练目标】充分认识职能型组织结构的缺点 （2）饮料公司的组织结构设计 【讨论内容】某企业经营饮料，产品包括饮用水、果汁、乳酸奶、运动饮料、茶饮料等，公司在全国有十家生产基地，每个生产基地均有各类产品的生产线，年产值 40 多亿元，现行组织结构是职能制组织，准备向事业部转型。请问：按产品划分事业部还是按地区划分事业部 【训练目标】掌握产品事业部型和地区事业部型的实践应用条件 （3）组织流程设计 【讨论内容】假设各位是总经理，要在福建开设一家房地产公司，现在要做一个地产项目，公司组织结构要设置哪些部门？如果开设一家家电制造企业，公司要设置哪些部门 【训练目标】使学生了解不同行业组织结构的差异 3. 案例分析 组织结构设计及变革 【分析内容】某电子产品公司的总经理直接负责财务部和办公室工作，并直接管理家电、电信及机械控制产品三个部门的生产工作。总经理之下设置副总经理两名，其中一名负责企业的行政部和人力资源部工作；另一名负责研发部、销售部以及企业规划部工作。随着企业的不断壮大，高层管理者日益感到现行的组织结构的制约，许多新的问题开始显露，如产品无法满足客户需求、产品销售出现下滑趋势、管理人员人浮于事的现象严重等，在管理专家的建议下，企业领导决定按照事业部的方式对组织结构进行调整和变革，以达到提高管理效率的目的 请画出公司目前的组织结构以及调整后的事业部式的组织结构 【训练目标】进一步训练学生对理论知识的熟练程度，并灵活应用于实践

续表

技能训练单元二：掌握企业调查研究的实践技能
1. 案例分析 （1）苏宁组织变革历程 **【分析内容】**苏宁自1990年成立至今，进行了五次组织结构调整，分别是苏宁伊始、线下连锁化、从管控到支持、全面互联网阶段、全面O2O，每次战略调整都伴随着组织结构的变革 **【训练目标】**通过企业实际案例，使学生了解需要调研的内容 （2）企业组织结构梳理 **【练习内容】**以小组形式分别对华为和中兴、宝洁和联合利华、万达和万科、海尔和美的、阿里巴巴和京东五个行业十家企业的行业特点、集团组织结构、分公司组织结构、组织结构变革的历史、为什么采用此种组织结构、结构优缺点、集权分权程度、与同行相比的不同之处等课程讲过的问题进行小组研究 **【训练目标】**一是训练学生的资料收集和整理能力；二是训练学生对本章内容的掌握程度 （3）哈佛案例：组织再造麻辣烫 **【分析内容】**重庆威马摩托在聘请咨询公司进行组织变革过程中遇到一系列阻碍和问题，面临这样的情况，董事长应该如何选择 **【训练目标】**通过企业实际案例，使学生清晰地认识组织结构及变革中的问题，为企业调研和撰写报告提供范例 2. 视频展播 超级巨星——汽车大亨亨利·福特 **【视频内容】**福特公司战略变革 **【训练目标】**充分认知组织结构及变革的原因和重要性 3. 调查与访问 组织结构调查 **【调查内容】**调查内容有以下几点： （1）以小组为单位完成此次调研 （2）选择福建省的某一企业，通过实地调研完成任务 （3）调研该组织目前的组织结构、管理层次设计情况 （4）该组织结构方面的问题 （5）组织结构可以如何改进 **【训练目标】**训练达到以下几点目标： （1）培养对外交往能力 （2）培养解决实际问题的能力 （3）培养提出具体解决策略的能力
技能训练单元三：掌握报告撰写及公众演讲的技能
1. 报告撰写 撰写企业调研报告 **【撰写内容】**根据调研结果撰写完整的调研报告 **【训练目标】**培养学生报告撰写能力 2. 公众演讲 将撰写的调研报告提取重点，制作成PPT，进行课堂分享 **【训练目标】**培养学生的重点提取能力和当众表达演讲能力

续表

技能训练单元四：掌握设计调查问卷及访谈的技能
1. 案例分析 万科地产员工满意度调查问卷分析 【分析内容】万科地产员工满意度调查问卷讲解及分析 【训练目标】训练达到以下几点目标： （1）使学生了解如何设计调查问卷或访谈提纲 （2）设计过程中的注意事项 （3）信息收集后如何整理分析 2. 调查问卷设计 对身边的岗位进行岗位说明书设计 【调查内容】学生分为10个小组，对身边的岗位：保安、管理系教学秘书、管理系书记、管理系主任、管理系辅导员、管理系教师、学习部部长、组织部部长、食堂管理员、教务处老师进行调研，了解其工作内容及职责，设计调查问卷或访谈提纲 【训练目标】掌握设计问卷和访谈的能力
技能训练单元五：掌握数据收集和分析的技能
对身边的岗位进行调研数据的收集和分析 【调查内容】根据调查问卷或访谈提纲进行数据收集、整理和分析 【训练目标】掌握数据收集和分析能力
技能训练单元六：掌握撰写岗位说明书的技能
1. 案例分析 华润置地岗位说明书案例 【分析内容】华润置地员工岗位说明书讲解及分析 【训练目标】使学生了解如何撰写岗位说明书 2. 岗位说明书撰写 根据调查数据撰写相应岗位的岗位说明书并进行课堂演示 【训练目标】培养学生的岗位说明书撰写能力

七、课程实践技能参与式教学项目成果展示

表3-13为学生作业展示：对管理系主任这一岗位撰写岗位说明书。学生经过资料收集、访谈、总结复核等方式完成设计。

表 3-13 岗位说明书

岗位名称	管理学系主任	岗位任职人员	鄢奋
所在部门	福建师范大学协和学院管理学系	部门类别	教学管理
岗位编号	001	岗位职级	副处级
职位关系（如图3-2所示）	协和学院正、副院长 → 管理学系主任 → 主任助理；下设教学秘书、管理学系老师；行政管理处		
直接上级	协和学院正、副院长	直接下级	如图3-2所示
岗位目标			
完成每学期的教学科研任务，并建立有序的教师和学生管理制度。以学院指导思想为基础做好系部行政及教学管理工作			

工作职责或工作任务			
序号	职责概述	工作职责	工作时间百分比
1	教学研究	（1）关心学生发展以及学习情况，将学生的学习情况与学生对教师的评价作为教师奖惩的一个标准 （2）对教师业务工作进行检查、指导、考核、评比和落实，为学校实施的奖惩提供重要依据 （3）平时帮助教师申请需要用的电子设备以及软件，提高教师的教学质量，为学生营造一个轻松愉快的学习氛围	50%
2	科研计划	（1）协助校领导选聘教研科任组长、合理调配科任教师、指导拟写工作计划 （2）定期给教研室老师开会，研究解决工作中的问题 （3）在整个教学过程中督促教师做科研以及负责学校科研课题的策划和实施	15%

续表

序号	职责概述	工作职责	工作时间百分比
3	教师服务	（1）对教师的专业发展服务，学习促进教师发展方面的理论，用科研的方法和反思的策略去研究教师专业发展中遇到的问题，与教师共同发展 （2）给予教师发展的自主权，倾听教师的心声，由教师自己制定个人专业发展规划，将教师个人发展目标与学校发展目标有机结合，促进教师专业发展	15%
4	学生服务	（1）与其他负责人一起负责组织新生招收、学生编班调班、教材征订等事项。负责系学生留级、转学、休学等情况 （2）深入教学实际，了解教师的教情和学生的学情，及时纠正教学中的问题 （3）为了丰富学生的课余生活及见识，建立学生实践基地以及负责课外活动的组织和学科竞赛，文体科技创新等比赛，突出办学特色	15%
5	专业计划	按照院下达的计划，加强系部建设，保证完成教学和科研任务，提高教师的教学水平和学术水平，负责制定系教育、教学、教研等工作计划，健全并执行各项业务管理工作制度	5%
工作协作关系			
内部协调关系	协调所管理老师之间的关系		
外部协调关系	其他系别，外部企业，相关政府部门		
任职资格			
教育水平	硕士及以上学历，有一定管理理论水平		
专业背景	不限		
知识要求	掌握相关行政人事管理知识		
工作经验	五年以上教师经验，三年管理经验		
能力素质	管理能力，沟通决策能力，抗压能力，组织协调能力		
知识技能	熟练使用Office等办公软件		
其他			
使用工具/设备	计算机，一般办公设备（手机、传真机、打印机）		
工作环境特征	学校，办公场所		
工作时间特征	9：00~12：00　　14：00~17：00		

八、课程实践教学项目设计总结

组织设计与工作分析课程是人力资源管理专业核心课程之一,是企业人力资源管理活动的基础和前提,具有非常强的实践意义。本次课程创新改变了传统单纯理论教学的方式,课程目的由灌输知识到培养能力。课程设计及教学方法突出培养学生认知、信息收集、沟通调查、分析整理等能力。针对工作中常用到的设计组织结构和撰写工作说明书两项实践内容进行实操模拟,力求学生能达到从学校学习到企业应用的无缝对接。

人力资源培训与开发参与式教学项目设计与实施

江 珺

一、课程简介

人力资源培训与开发是管理专业的专业进阶课程，是在学习了管理学及人力资源管理的基本理论系统知识后的具体模块核心课程之一。本课程是以企业培训与开发为研究对象，是一门系统地研究企业管理中如何实施培训的学科，课程重点在于通过理论知识与实践技能的传授，让学生掌握培训在企业实践中的应用。课程内容主要包括培训的概念、培训需求分析、培训的类型与方法、培训的实施与管理、培训的转化与评估、员工开发等。

二、课程教学目的

通过本课程的学习，使学生能系统地掌握员工培训与开发的理论和实践的基本内容与发展状况，了解企业培训的新思路与前沿动向，培养学生从事人力资源管理及培训的技能。通过系统的学习和课堂讨论及模拟实践加深学生对人力资源管理相关理论的理解与应用，让学生具备基本的培训技巧。

三、课程重点与难点

本课程的重点：①培训的基本概念、特征、作用。②培训的基本流程。③培训的类型与主要方法。④管理人员开发培训。

本课程的难点：①如何引导学生以企业和培训师的角度制定科学、有针对性的培训计划，并有效地进行培训控制与实施、反馈评估。②在掌握基础理论知识的同时，培养学生善于发现问题、综合分析问题以及提出解决方案的实践技能。③训练学生学以致用能力的同时，注重理论知识的系统掌握。

四、课程教学方法说明

人力资源培训与开发是一门实践性很强的应用型学科，在教学上既要重视理论教学，又要强调对学生实践技能的培养。本课程的教学方法主要以课堂讲述为主，辅以案例教学、课堂案例讨论、小组模拟培训及课后实践作业等。

在理论教学部分除了课本的理论知识外，力求结合企业实践与前沿热点帮助学生学习、理解和掌握相关知识。在讲授章节内容时，为学生建立知识理论结构框架，便于其整体把握和理解知识，进而在每个枝节下进一步延伸教学。同时为学生提供一些前沿的、有趣的、有意义的扩充性、相关性学习资源，如培训网站、中外企业实例资源、权威学术专著等。在实践教学部分会融入企业培训的案例讨论、情境模拟、管理游戏、角色扮演、模拟培训、组织学生参与调查等，帮助学生更好地将理论与实践相结合，做到学以致用。

五、课程实践技能点与对应参与式教学项目设计

人力资源培训与开发课程技能总目标：培养出知识与技能双优的企业潜在培训人员。

人力资源培训与开发课程技能具体目标是通过学习深入了解现代培训与开发，树立重视企业培训与开发的管理意识；通过技能训练提升学生的培训技巧及决策能力、计划能力、沟通能力、组织能力、控制能力等。通过表3-14、表3-15的实施方案，帮助学生从被动的传统学习方式向开放式的自主学习模式转变，增加参与式教学、体验式教学和互动式教学在课堂教学中的应用。

表3-14　人力资源培训与开发课程实践技能点与对应参与式教学项目设计

序号	课程技能点	参与式教学项目设计
1	树立现代培训与开发的认知能力	案例分析、培训游戏
2	培养培训需求的发现技能	情境模拟、案例分析
3	培养作为培训师所需具备的组织、沟通、表达、控场、应变、激励等技能	情境模拟、角色扮演、课堂讨论
4	培养注重培训成果转化技能	案例分析
5	培养培训的科学评估技能	案例分析
6	现代培训与开发内容设计技能	案例分析、培训游戏

表 3-15　人力资源培训与开发课程实践技能训练教学方法说明

序号	教学方法	具体说明
1	案例分析	每章节后面的案例分析能够帮助学生通过企业实例进一步深入了解理论性知识,可以采用个人分析、小组讨论等方式,让学生学以致用,放开思路,大胆表达自己的意见与建议,相互探讨学习
2	模拟培训	学生以小组的形式,以班级所有同学为培训对象,设计一场模拟培训的内容,要求学生分析培训需求、确定培训内容及培训方法,最后实施模拟培训。通过模拟培训,学生可以更好地掌握培训的流程、技巧,能深入体会企业培训
3	角色扮演	给出一定的情境,让学生扮演其中的角色,了解学生是否掌握了情境背景与要求,设身处地地分析与解决所面临的问题。学生从所扮演角色的角度出发,运用所学知识,自主分析与决策,以提高学生分析问题与解决问题的能力
4	培训游戏	教材章节后面有不少培训游戏,都是现实企业培训中会应用到的,其游戏的目的各有不同,通过实施和参与培训游戏,学生能进一步体会培训的作用与效果,帮助理解课程内容

六、课程实践技能参与式教学项目设计具体内容

人力资源培训与开发课程实践技能参与式教学项目设计具体内容如表 3-16 所示。

表 3-16　人力资源培训与开发课程技能参与式教学项目设计具体内容

技能训练单元一：现代培训与开发的认知能力
1. 案例分析 微软的培训 【讨论内容】讨论以下两点内容： （1）为什么客户支持工程师的培训对微软来说是十分重要的 （2）为什么微软要设计这样的培训给客户支持工程师 【训练目标】充分认识培训在企业中的重要作用 2. 培训游戏 （1）李敖的妙计 【操作步骤】培训过程中,当气氛有些沉闷的时候,培训师突然说："大家知道演讲的人最怕哪四件事情吗？"问完,稍作停顿之后,培训师笑着说： 第一,听众不准时到会 第二,听到一半去小便 第三,小便之后再也不回来 第四,不鼓掌 【活动目的】在气氛有些沉闷的时候,使听众大笑并热烈鼓掌,激发听众活力,活跃现场气氛 （2）破冰游戏 【游戏方法】小组成员围成一圈,任意提名一位学员自我介绍单位、姓名,第二名学员接着介绍,但是要说：

续表

技能训练单元一：现代培训与开发的认知能力
我是×××后面的×××，第三名学员说：我是×××后面的×××的后面的×××，依次下去……最后介绍的一名学员要将前面所有学员的名字、单位复述一遍 【活动目的】活跃气氛，打破僵局，加速学员之间的了解
技能训练单元二：培养培训需求的发现技能
1. 案例分析 彼得的困惑 【分析内容】案例中存在什么问题？如何解决 【活动目的】让学生找出培训中问题所在，培养发现问题的能力 2. 情境模拟 iPhone 销售技能培训 【模拟情境】假设你们是苹果公司销售部的成员，围绕主题"销售最新款 iPhone"的培训需求进行头脑风暴练习 【活动目的】应用头脑风暴法确定培训需求
技能训练单元三：培养作为培训师所需具备的组织、沟通、表达、控场、应变、激励等技能
1. 培训游戏 （1）转移2人 【游戏方法】3名学员扮演工人一起被蒙住双眼，带到一个陌生的地方。有两名学生扮演经理，一名扮演总裁 游戏规则：工人可以讲话，但什么都看不见；经理可以看，可以行动，但不能讲话；总裁能看、能讲话，也能指挥行动，但他却被许多琐事缠住（他要在规定时间内做许多与目标不相干的事情），所有的角色需要共同努力才能完成游戏的最终目标——把工人转移到安全的地方去 注意：任务说明书可以由培训师根据情况设计，关键是总裁要有许多琐事缠身 【讨论内容】讨论以下两点内容： 1）你在本游戏中最大的体会是什么 2）你认为在一个企业的团队合作中，什么是最重要的 【活动目的】在一个团队中，需要有很多的角色，每个角色的任务不同，但都有一个共同的目标就是要完成整个团队的任务。本游戏就是帮助大家认识这一点 （2）代号接龙 【游戏方法】游戏按下列方法进行： 1）人数在10个人以内最适合 2）参加者围成一个圈坐着，先选出1人做鬼 3）参加者以鬼的位置为基准，从鬼开始数到的数字，就是自己的代号。每个当鬼的人都是1号，鬼的右边第一位是2号，依次为3号…… 4）游戏从鬼开始进行。如果鬼开始说"1、2"，就表示代号由第1个人传给第2个人的意思。2号在接到口令后，就要马上传给任何一个参加者，例如"2、5"，2当时就是自己的代号，5则是自己想传达者的代号，此数字可以自由选择 5）如此一直进行下去，直到某人的代号被叫到却没有回答，那么此人就要做鬼 6）鬼的代号是从1开始，所以当鬼换人的时候，则所有人的代号重新更改，游戏进行到下一轮

续表

技能训练单元三：培养作为培训师所需具备的组织、沟通、表达、控场、应变、激励等技能
【活动目的】活跃氛围，训练反应能力与记忆力 （3）我还能做什么 【游戏方法】游戏按下列方法进行： 1）培训师问大家，你能做什么？你的能力在哪里 事实上每个人所具备的能力可能有上百种之多，所以认真地探索你的技能，你会惊讶自己竟然如此多才多艺。 2）就下列题目，请学员在空白纸上填写： A. 在纸上列下你曾经成功完成的工作（比如，办一项社团活动、微积分考90分以上、打电动游戏超过原有纪录），并在之后想想完成这项工作需要有哪些技能，并将之列出来 B. 回顾你曾受过的教育、所修的课程，在这些过程中，你学会了哪些技能，将它们列出来 C. 再想想你平时常常从事的活动，列下这些活动需要的技能，继续扩充你的技能表 D. 请回想一次你在工作（不是单指职业，包括你曾做过的事）上曾经历的一次高峰经验（意指很快乐、很感动的一刻），与你旁边的同学分享这次经验，并分析在这次经验中显现出你的哪些能力，把它列出来 3）将学员分为四人一组，分享彼此所列的能力表，同时互相讨论与这些能力有关的职业有哪些 4）最后培训师告诉大家每个人都有自己的发光点，切勿妄自菲薄，轻视自己的能力 【相关讨论】游戏一开始你是否觉得自己的某些技能不值一提，玩了一段时间之后呢 2. 角色扮演 假如你是某鞋业公司的总经理，你们公司的一款具有划时代意义的运动鞋即将上市，但是在消费者试用过程中，却发生了意想不到的事情：那双鞋因为鞋帮的尼龙匹线不适应北方寒冷天气而发生断线。得到反馈后，公司销毁了20万双鞋，共损失200多万元，这个事件差点导致公司倒闭。事后公司产品研发部经理认为自己有不可推卸的责任，于是向你请辞。请问，你将如何做？两人一组，轮流扮演总经理、产品研发部经理 【训练目标】提高特定情境下解决问题的能力和决策力 3. 案例分析 一位人力资源管理者的困惑 【讨论内容】案例中存在什么问题？这种困惑可以如何解决

技能训练单元四：培养培训成果转化技能
1. 情境模拟 一名人力资源开发经理接到了一项紧急任务，要为一群将要着手的一个新项目的管理人员安排团队建设的培训，项目的成功主要依靠团队的努力。只有很少的时间来进行培训，突出的因素有： ——目标包含团队成员的技能的知识（例如团队交互作用）以及态度的形成 ——将学习转移到工作情境是必要的；组织气候受实用主义管理风格的影响，这支持了培训应该以实际为基础，而不是理论和辩论 ——资源是有限的：时间很短，预算经费很少 ——学员相关因素：管理人员负有家庭责任，可能不欢迎要求离家的培训，虽然他们可能最终被说服接受安排，但他们不能长时间地从他们的部门抽身出来 【活动目的】让学生分析情境、分析问题，找出解决对策并设计培训的所有环节 2. 案例分析 恒伟公司的员工培训计划 【分析内容】恒伟公司的培训计划是否完善？可以如何改进？该如何进行成果转化才能保证培训的效果

续表

技能训练单元五：培养培训的科学评估技能
案例讨论 （1）培训效果岂能以笑声多少来衡量 【讨论内容】培训真能以掌声（笑声）多少来衡量吗？为什么 （2）T公司的培训评估 【讨论内容】T公司的培训评估流程是怎么样的？有何优缺点 【活动目的】培养科学进行培训评估的意识
技能训练单元六：现代培训与开发内容设计技能
1. 案例分析 菲亚特集团的国际毕业生项目 【案例讨论】菲亚特集团是如何设计培训的？有何启示 【训练目标】帮助学生树立现代培训开发的新思维 2. 培训游戏 不考试的测试 【操作程序】按以下程序操作： 第一，在整个培训结束前30分钟或一个小时，发给每个员工一张白纸 第二，让员工用10分钟的时间写出这次培训中自己印象最深刻的内容，至少写出5~6点 第三，划分小组，在小组内进行分享并用头脑风暴法列出如何记住这些学习要点 第四，挑选出2~3个小组进行汇报

七、课程实践技能参与式教学评价标准

人力资源培训与开发参与式教学项目的综合得分构成学生的平时分，占总评的40%，期末笔试成绩占60%。具体的参与式教学项目的评价标准如表3-17所示。

表3-17 人力资源培训与开发课程参与式教学评价标准

序号	教学方法	评价方式
1	案例分析	以学习小组为单位进行讨论、发言或成果展示，积极讨论的小组奖励1分，积极发言或展示成果的小组加1分。若表现优异，则该小组积2分，积分上不封顶，最后教师会进行折算，计入该同学的平时表现分
2	角色扮演	
3	模拟培训	（1）培训前期准备及培训策划书按完成质量及效率给小组评1~20分 （2）培训过程中根据培训内容的传递及培训师的控场力、应变力、激励性以及培训学员的反映程度评10~60分 （3）培训结束后根据培训学员的评价及打分给培训小组评1~20分

续表

序号	教学方法	评价方式
4	培训游戏	以小组为单位组织培训游戏，积极参与游戏的小组奖励1分，培训游戏结束后获得胜利的小组奖励1分，培训游戏后分享游戏心得的学生奖励1分。积分上不封顶，最后教师会进行折算，计入该同学的平时表现分

八、课程实践项目设计总结

人力资源培训与开发是一门实践性较强的专业进阶课程，许多课程技能点如果仅通过教师讲授的方式是无法达到预期教学效果的，因此多样性的参与式教学项目作为辅助教学是非常必要且有效的。参与式教学项目，既有模拟场景下对培训的整体流程的实际模拟，又有各式企业的培训案例分析及培训游戏体验，能较全面地让学生了解到企业是如何做培训的。此外，以发言积分、优秀成果积分的方式能激励积极参与实际操作并且质量较高的学生，同时在学生中营造出竞争的意识，激发他们投身互动教学、提高实践作业的质量水平。人力资源培训与开发课程实践技能培养的教学项目设计与实施能激发学生的学习兴趣、提升学生主动参与课程的积极性，课堂氛围也能随之变得更加轻松活跃。尤其是模拟培训和培训游戏，让学生在玩中学，在学中玩，受到学生的欢迎及好评。这不仅有利于学生接受理论知识，还能加强师生间的良好互动，能让教师更好地寓教于乐，促进教学质量的有效提升。

公共关系管理参与式教学项目设计与实施

李 莉

一、课程简介

公共关系管理是工商管理、人力资源管理专业的必修课，是一门综合性的应用科学，本课程的内容是以建立社会组织与社会成员之间良好的沟通关系，在社会公众心目中树立社会组织的良好形象为主线贯穿始终。随着社会主义市场经济的发展，公共关系在理论上对社会组织尤其是经济组织提出的指导原则和在实践上对这些组织提供的全方位服务已经被越来越多的社会组织所接纳。在现代社会中，没有公共关系意识的社会组织不可能成为优秀的社会组织，没有公共关系能力的企业，不可能赢得社会公众的信赖而取得市场竞争的主动权。

二、课程教学目的

公共关系管理课程为人力资源管理、工商管理专业的必修课程。课程目的及任务包括以下内容：第一，知识目标。学习掌握公共关系基本理论和工作程序各步骤的基本知识，学习掌握公共关系管理工作的基本知识，并通过公关管理的实习实践，掌握公关实务的基本技能。第二，能力目标。懂得如何开展公共关系工作，懂得公关理论知识如何在实践中得到更好的应用，了解并掌握公关调查、公关策划、公关信息传播、公关效果评估、公关专题活动、接待工作、交际技巧、礼节习惯、谈判工作等公关的基本技能与技巧，为日后成为合格的公关管理工作人员打好基础，作好公关知识技能方面的储备。

三、课程教学基本要求

公共关系管理是一门应用性很强的综合性学科，教学基本要求也结合了应用型高校的办学宗旨和特色，体现其应用性的特点。第一，充分掌握公共关系基本理论知识，要求学生依据教师提供的案例或者社会、企业发生的实际案例，运用公共关系思路进行案例分析并提出解决的方法，特别是公关危机事件的处理。第二，要求学生能运用公关知识，结合实训企业的实际问题，寻找公关课题，并提出策划方案。第三，掌握公共关系管理的运作程序，完成教师布置的一次完整的公共关系活动，包括公关调查、公关策划、公关实施和评估。第四，要求学生将公共关系知识的学习与掌握运用到日常的接待中，掌握公关接待的程序和公关礼仪，熟悉不同公关场合的着装与礼仪。第五，掌握公关文书的传播和制作，通过采访编写黑板报，班级、年级的小报，公关广告文案的创作等活动进行必要的训练。第六，学习新媒体下的公共关系传播，锻炼创新公关思维，创新公关传播手段与方法。

四、课程重点与难点

本课程的教学基本思想贴近实践，教学重点大致有以下内容：公共关系的基本概念和相关范畴；公共关系的构成要素；公共关系运作的四步工作法（公关调查、公关策划、公关实施与公关评估）；公共关系传播与沟通的具体类型；公关文书；公关基本礼仪；企业CIS策划与导入；公共关系专题活动；企业公关危机的预防和管理。

教学难点：结合组织实际情况，综合运用公共关系的理论和方法策划公共关系活动并进行传播。

五、课程教学方法说明

公共关系管理是一门实践性很强的应用科学，在教学上既要重视理论教学，又要强调对学生实践技能的培养。本课程在教学方法的设计上主要采取讲授法、案例分析法、任务驱动法，由于任务驱动法贯穿整个教学过程，具有一定的课程特色，因此这里主要介绍该方法。

所谓"任务驱动"，就是在学习过程中，学生在教师的帮助下，紧紧围绕一个共同的任务，并以此为活动中心，在强烈的解决问题动机的驱动下，通过对学习资源的积极主动应用，进行自主探索和互动协作的学习，并在完成既定任务的同时，引导学生产生一种学习实践活动。"任务驱动"是一种建立在建构主义教学理论基础上的教学法。它要求"任务"的目标性和教学情境的创建，使学生带着真实的任务在探索中学习。在这个过程中，学生还会不断地获得成就感，可以更大地激发他们的求知欲望，逐步形成一个感知心智活动的良性循环，从而培养出独立探索、勇于开拓进取的自学能力。

"任务驱动"式教学最根本的特点就是"以任务为主线、教师为主导、学生为主体"，改变了以往"教师讲，学生听"、以教定学的被动教学模式，创造了以学定教、学生主动参与、自主协作、探索创新的新型学习模式。通过实践发现"任务驱动"法有利于激发学生的学习兴趣，培养学生的分析问题、解决问题的能力，提高学生自主学习及与他人协作的能力。

六、课程实践技能点与实践任务设计

1. 公共关系管理课程技能点

公共关系管理课程培养学生具有如下的能力：懂得如何开展公共关系工作，懂得公关理论知识如何在实践中得到更好的应用，了解并掌握公关调查、公关策划、公关信息传播、公关效果评估、公关专题活动、接待工作、交际技巧、礼节习惯、谈判工作等公关的基本技能与技巧，为日后成为合格的公关管理工作人员打好基础，作好公关知识技能方面的储备。

基于课程的教学目标，对公共关系管理课程的技能点进行梳理（如表3-18所示）。

表3-18 公共关系管理课程实践技能点

序号	课程技能点	课堂教学学时	课外跟踪指导
1	公众类型与心理分析能力	4学时	6学时
2	运用各种手段（特别是新媒体的运用）进行公共关系传播能力	4学时	8学时
3	商务组织形象设计（CIS设计）能力	6学时	8学时
4	公共关系调查（调查方法、程序，撰写调查报告）能力	4学时	8学时
5	公共关系策划（创新思维锻炼、策划的程序、撰写策划方案）能力	6学时	8学时
6	公共关系实施与评估（实施过程控制、评估方法）能力	6学时	8学时
7	公共关系专题活动的运作（调查、策划、实施与评估）能力	6学时	8学时
8	危机型公共关系的处理能力	4学时	6学时
9	公共关系谈判能力	2学时	6学时
10	常见公共关系文书的写作（主要是策划书、宣传册）能力	2学时	6学时
11	公共关系礼仪应用能力	4学时	6学时

2. 基于技能点的实践任务设计

（1）设计总体思想。由于公共关系管理各技能点不是相互独立的，它们是相互联系、相辅相成、系统的。例如，公关专题活动的实施就涉及了公关调查、策划、实施、传播、评估等技能。因此，在实践任务设计上，通过设计公共关系综合项目锻炼每一项技能，即一个项目的实施要综合运用到以上各技能点，但每一个项目锻炼的技能点有主次之分，即有主要技能和辅助技能之分。并且，每一项任务的实施需要耗时至少半个学期，未学到的技能需要通过自学和老师指导完成。

具体任务设计，如表 3-19 所示。

表 3-19　公共关系管理课程实践技能"任务"表

序号	实践任务	锻炼的技能
1	组织 CIS 策划	创新思维锻炼；MI、VI、BI、EI、AI 设计；公共关系传播；公关沟通、谈判技巧
2	旨在提升组织形象的公关活动	公关形象调查；公关策划（包括公关文书写作）；公关活动实施与评估；公关传播；公关沟通、谈判技巧
3	公益活动公关策划	公关形象调查；公关策划（包括公关文书写作）；公关活动实施与评估；公关传播；公关沟通、谈判技巧
4	为组织举办公共关系专题活动（联谊、展览会、赞助等）	公关活动策划（包括公关文书写作）；公关活动实施与评估；公关传播；公关沟通、谈判技巧
5	公关宣传册制作	公关文书写作；公共关系传播；公关沟通、谈判技巧
6	公关礼仪推广	公共关系礼仪；公共关系传播
7	企业营销公关	公关调查；公关策划（包括公关文书写作）；公关活动实施与评估；公关传播；公关沟通、谈判技巧
8	解决学生在食堂就餐引发食物中毒的问题	危机型公关处理；公共关系传播；公关沟通、谈判技巧

（2）基本环节。基本环节有以下几点：

1）创设情境。创设情境使学生的学习能在与现实情况基本一致或相类似的情境中发生。

需要创设与当前学习主题相关的、尽可能真实的学习情境，引导学习者带着真实的"任务"进入学习情境，使学习更加直观和形象化。公共关系管理创设的情境不是虚拟的，而是通过与校企合作的企业、学生自己的创业企业以及自己联系的企业或组织的合作，基于企业实际情况来完成相应的任务。

2）确定问题（任务）。在创设的情境下，选择与当前学习主题密切相关的真实性事件或问题（任务）作为学习的中心内容，让学生面临一个需要立即去解决的现实问题。

问题（任务）的解决有可能使学生更主动、更广泛地激活原有知识和经验，来理解、分析并解决当前问题，问题的解决为新旧知识的衔接、拓展提供了理想的平台，通过问题的解决来建构知识,正是探索性学习的主要特征。因此,在教学设计上,把公共关系管理相关技能点打包、综合,形成任务,每一学习小组都会领到一项任务,然后去完成它。

3)自主学习、协作学习。不是由教师直接告诉学生应当如何去解决面临的问题,而是由教师向学生提供解决该问题的有关线索,如需要收集哪一类资料,从何处获取有关的信息资料等,强调发展学生的"自主学习"能力。同时,倡导学生之间的讨论和交流,通过不同观点的交锋、补充、修正,加深每个学生对当前问题解决方案的认识。在教学过程中,学生是任务的执行者,需要实际解决问题,而教师作为指导者,进行任务跟踪指导。

七、课程实践技能"任务"设计具体内容

1. 技能"任务"内容

公共关系管理课程实践技能"任务"设计具体内容如表 3-20 所示。

表 3-20 公共关系管理课程技能"任务"设计具体内容

任务指派:① 6~8 名学生组成实践小组;②以抽签的形式领取任务;③如存在小组数多于任务数的情况,可允许有相同任务
任务一:组织 CIS 策划
【任务内容及要求】任务内容及要求有以下几点: (1)联系并确定实践对象:企业或其他组织 (2)制定工作计划 (3)与该任务企业负责人不断沟通,了解其文化、理念及其他组织实际情况 (4)运用"头脑风暴"等方法启发创新思维,结合企业实际对组织的 CIS 系统(理念识别系统、视觉识别系统、行为识别系统、听觉识别系统和环境识别系统)进行设计 (5)对设计好的组织 CIS 系统进行传播(特别是新媒体的传播) (6)对该任务的实施进行评价(包括自我评价、企业或组织评价) (7)每一位小组成员完成一篇日志 (8)完成课堂 15 分钟的任务汇报 【实践目标】达到以下几点实践目标: (1)掌握组织 CIS 策划的原理 (2)熟练运用 CIS 策划的方法、程序 (3)综合运用公共关系传播的途径与方法、公关评估的方法、公关文书写作、公共关系沟通、谈判、公关礼仪等技巧 【考核标准】考核按以下两点标准进行: (1)评分环节及比例:工作计划(10%);公关策划(20%);公关活动实施(20%);公关评估(20%);课堂汇报(10%);实践日志(10%);总体印象(10%) (2)教师评分占 60%;小组组长评分(取平均值)占 20%;企业评价占 20%

续表

任务二：旨在提升组织形象的公关活动
【任务内容及要求】任务内容及要求有以下几点： （1）联系并确定实践对象：企业或其他组织 （2）制定工作计划 （3）与该任务企业负责人不断沟通，了解组织公众、组织期待的形象及其他组织实际情况 （4）收集整理资料、设计组织公共形象问卷 （5）通过预问卷调查，对公关形象调查问卷进行修正 （6）发放、回收调查问卷；整理数据；撰写调查报告 （7）对比实际调查的组织形象与预期组织形象 （8）根据问卷调查情况和对比情况策划相应的公共关系活动并撰写策划书 （9）实施并评估该项活动（包括自我评价、企业或组织评价、公众评价） （10）每一位小组成员完成一篇日志 （11）完成课堂15分钟的任务汇报 【实践目标】达到以下几点实践目标： （1）掌握公共关系工作运作原理 （2）熟练运用公共关系调查程序、方法；公共关系策划的方法、策划书的撰写；公共关系活动实施的程序和过程控制；公共关系活动评估的方法 （3）综合运用分析公众心理的技能；公共关系传播的途径与方法（特别是新媒体的传播）；公关文书写作；公共关系沟通、谈判、公关礼仪等技巧 【考核标准】考核按以下两点标准进行： （1）评分环节及比例：公关调查（15%）；公关策划（20%）；公关活动实施（20%）；公关评估（15%）；课堂汇报（10%）；实践日志（10%）；总体印象（10%） （2）教师评分占60%；小组组长评分（取平均值）占20%；企业评价占20%
任务三：公益活动公关策划
【任务内容及要求】任务内容及要求有以下几点： （1）确定公益活动的内容，联系活动对象 （2）制定工作计划 （3）与该任务组织负责人不断沟通，了解组织实际情况 （4）撰写活动策划书 （5）前期公关宣传 （6）实施公益活动 （7）实施并评估该项活动（包括自我评价、企业或组织评价、公众评价） （8）每一位小组成员完成一篇日志 （9）完成课堂15分钟的任务汇报 【实践目标】达到以下几点实践目标： （1）掌握公共关系活动运作原理 （2）熟练运用公共关系策划的方法、策划书的撰写；公共关系活动实施的程序和过程控制；公共关系活动评估的方法；公共关系传播的途径与方法

续表

任务三：公益活动公关策划
（3）综合运用分析公众心理的技能；公关文书写作；公共关系沟通、谈判、公关礼仪等技巧 【考核标准】考核按以下两点标准进行： （1）评分环节及比例：工作计划（10%）；公关策划（20%）；公关活动实施（20%）；公关评估（20%）；课堂汇报（10%）；实践日志（10%）；总体印象（10%） （2）教师评分占60%；小组组长评分（取平均值）占20%；企业评价占20%
任务四：为组织举办公共关系专题活动（联谊、展览会、赞助等）
【任务内容及要求】任务内容及要求有以下几点： （1）联系并确定实践对象：企业或其他组织 （2）制定工作计划 （3）与该任务企业负责人不断沟通，了解组织公众、组织期待的形象及其他组织实际情况 （4）调查组织公众，并分析公众心理，形成调查报告 （5）根据调查情况确定活动类型与活动主题 （6）撰写活动策划书 （7）活动前期公关宣传 （8）实施并评估该项活动（包括自我评价、企业或组织评价、公众评价） （9）每一位小组成员完成一篇日志 （10）完成课堂15分钟的任务汇报 【实践目标】达到以下几点实践目标： （1）掌握公共关系专题活动工作运作原理 （2）熟练运用公共关系调查程序、方法；分析公众心理的技能；公共关系策划的方法、策划书的撰写；公共关系活动实施的程序和过程控制；公共关系活动评估的方法 （3）综合运用公共关系传播的途径与方法（特别是新媒体的传播）；公关文书写作；公共关系沟通、谈判、公关礼仪等技巧 【考核标准】考核按以下两点标准进行： （1）评分环节及比例：公关调研（15%）；公关策划（20%）；公关活动实施（20%）；公关评估（15%）；课堂汇报（10%）；实践日志（10%）；总体印象（10%） （2）教师评分占60%；小组组长评分（取平均值）占20%；企业评价占20%
任务五：公关宣传册制作
【任务内容及要求】任务内容及要求有以下几点： （1）联系并确定实践对象：企业或其他组织 （2）制定工作计划 （3）与该任务企业负责人不断沟通，了解组织架构、企业文化及理念、企业产品、企业特色等 （4）调查组织公众，并分析公众心理，形成调查报告 （5）根据调查情况与组织实际情况设计组织宣传册

续表

任务五：公关宣传册制作
（6）传播组织宣传册 （7）评估该项活动（包括自我评价、企业或组织评价、公众评价） （8）每一位小组成员完成一篇日志 （9）完成课堂15分钟的任务汇报 【实践目标】达到以下几点实践目标： （1）掌握公共关系文书写作的基本知识 （2）熟练运用公关文书特别是宣传册的制作技能；公共关系调查程序、方法；分析公众心理的技能；公共关系传播的途径与方法（特别是新媒体的传播）；公共关系活动评估的方法 （3）综合运用公共关系沟通、谈判、公关礼仪等技巧 【考核标准】考核按以下两点标准进行： （1）评分环节及比例：公关调查（10%）；宣传册文案（50%）；公关评估（10%）；课堂汇报（10%）；实践日志（10%）；总体印象（10%） （2）教师评分占60%；小组组长评分（取平均值）占20%；企业评价占20%
任务六：公关礼仪推广
【任务内容及要求】任务内容及要求有以下几点： （1）制定工作计划 （2）确定推广的目标公众 （3）调查目标公众，分析他们对公关礼仪的了解情况，形成调查报告 （4）根据调查情况确定公关礼仪推广活动的内容和推广途径 （5）撰写活动策划书 （6）活动前期公关宣传和推广 （7）实施并评估该项活动（包括自我评价、公众评价） （8）每一位小组成员完成一篇日志 （9）完成课堂15分钟的任务汇报 【实践目标】达到以下几点实践目标： （1）掌握公共关系礼仪的知识 （2）熟练运用公关礼仪技能；公共关系调查程序、方法；公共关系策划的方法、策划书的撰写；公共关系传播的途径与方法（特别是新媒体的传播）；公共关系活动实施的程序和过程控制；公共关系活动评估的方法 （3）综合运用公关文书写作；公共关系沟通、谈判等技巧 【考核标准】考核按以下两点标准进行： （1）评分环节及比例：公关调查（15%）；公关策划（20%）；公关活动实施（20%）；公关评估（15%）；课堂汇报（10%）；实践日志（10%）；总体印象（10%） （2）教师评分占60%；小组组长评分（取平均值）占20%；企业评价占20%

续表

任务七：企业营销公关
【任务内容及要求】任务内容及要求有以下几点： （1）联系并确定实践对象：企业或其他组织 （2）制定工作计划 （3）与该任务企业负责人不断沟通，了解组织目标市场（公众）、了解企业产品 （4）收集整理资料、设计市场调查问卷 （5）通过预问卷调查，对公关调查问卷进行修正 （6）发放、回收调查问卷；整理数据；撰写调查报告 （7）根据实际调查的情况分析消费者（公众）的心理、消费习惯、市场竞争情况 （8）根据问卷调查情况策划公共关系营销方案 （9）实施并评估该项活动（包括自我评价、企业或组织评价、公众评价） （10）每一位小组成员完成一篇日志 （11）完成课堂 15 分钟的任务汇报 【实践目标】达到以下几点实践目标： （1）掌握公共关系营销工作的运作原理 （2）熟练运用公共关系调查程序、方法；公共关系策划的方法、策划书的撰写；公共关系活动实施的程序和过程控制；公共关系活动评估的方法 （3）综合运用分析公众心理的技能；公共关系传播的途径与方法（特别是新媒体的传播）；公关文书写作；公共关系沟通、谈判、公关礼仪等技巧 【考核标准】考核按以下两点标准进行： （1）评分环节及比例：公关调查（15%）；公关策划（20%）；公关活动实施（20%）；公关评估（15%）；课堂汇报（10%）；实践日志（10%）；总体印象（10%） （2）教师评分占 60%；小组组长评分（取平均值）占 20%；企业评价占 20%
任务八：解决学生在食堂就餐引发食物中毒的问题
【任务内容及要求】内容：某高校因食堂卫生不良，导致大批学生生病，学生联合投诉。学校开始以为不是大问题，没有果断采取安全卫生检查措施。眼看又有一批学生因食物卫生问题而导致中毒，学生们联合起来罢课，把食堂的大门堵起来，一场危机即将爆发，请问你应采取什么措施应对这场危机 要求：运用所学的公共关系管理知识处理这场危机，写出《公共关系危机公关处理方案》，方案内容必须包括危机公关调查；危机公关应对策略；危机后形象重塑 【实践目标】达到以下几点实践目标： （1）掌握危机型公关处理的原则 （2）熟练运用危机型公关处理的步骤和方法 （3）综合运用公共关系传播；公关沟通、谈判技巧 【考核标准】危机公关调查占 30%；危机公关应对策略占 30%；危机后形象重塑占 30%；方案写作占 10%

2. 主要考核指标说明

主要考核指标说明如表 3-21 所示。

表 3-21　主要考核指标说明

考核指标	指标说明
工作计划	计划的完整性、合理性、可协调性、预警性
公关调查	调查对象合适；调查问卷设计的合理性、科学性；调查报告分析得当
公关策划	策划书撰写符合格式规范，内容完整；策划主题明确；策划内容具有创新性、可操作性、文化性
公关实施	公共关系活动按计划执行情况；公关策划的落实程度；实施过程的合理控制
公关评估	公共关系传播情况；公关活动自我评估、企业评估以及公众评估情况
实践日志	小组成员每人写一篇日志，字数达到1000字以上，格式符合规范，内容真实、深刻

注：由于每一小组的任务有所不同，因此，小组考核以主要考核标准为基础，根据实际任务略有差异。

八、课程实践教学项目设计总结

公共关系管理课程强调知识的深度与广度及其很强的操作性和实践性，"任务驱动"式教学以任务为主线、教师为主导、学生为主体，以学定教的模式恰好为该课程的开展提供了方法支持。教师通过创设情境、确定公共关系管理问题（任务）激发学生自主学习、协作学习的能动性，锻炼学生分析问题和解决问题的能力，增强他们的实践操作能力。"任务驱动"式的教学设计，为课本与实际搭建了一座桥梁，大大缩短了专业学习与就业岗位的距离。

国际人力资源管理
参与式教学项目设计与实施

杜 燕

一、课程简介

国际人力资源管理是大学本科人力资源管理专业的进阶课程。本课程是以国际化企业和不同国家或地区的人力资源管理模式为研究对象，了解国际人力资源管理发展历史、新趋势以及国际人力资源管理的特点和新模式。重点在于介绍国际人力资源管理的各种模式和跨文化管理差异，培养学生的国际化视野，让学生掌握国际化企业如何进行人力资源管理与变革与国际人力资源管理的实用技能与方法，使学生系统地学习国际人力资源管理理论知识，提高实际操作能力和解决问题能力。课程内容由五大篇章组成，包括国际人力资源管理总论、国际人力资源管理战略、国际人力资源管理的文化差异与沟通、国际人力资源管理模式、国际人力资源的招聘、培养、薪酬激励管理、绩效管理等实务操作。

二、课程教学目的

通过本课程的学习，使学生能系统地掌握国际人力资源管理的基本理论和一般方法，了解国际人力资源管理发展历史及前沿动向，培养学生掌握国际人力资源管理实务操作技能及跨文化理解与管理等工作的综合管理素质，让学生以全球化、国际化视野看待人力资源管理发展与变革，提高学生人力资源管理变革与创新意识。

三、课程重点与难点

国际人力资源管理课程的重点：①国际人力资源管理的基本概念、基本理论及方法或技术。②国际人力资源综合技能的训练。对国际人力资源管理核心知识点的理解与应用，培养学生创造性地运用知识解决管理问题的能力。

国际人力资源管理课程的难点：①如何引导学生能在系统学习国际人力资源管理知识的同时，掌握在不同文化的管理情景下发现问题、综合分析问题以及提出解决方案的一般管理技术和实践技能，以培养出融知识、能力与素质于一体的专业人力资源管理者。②掌握案例的分析方法，建立国际人力资源管理的基本思维和能力。训练学生善于识别国际人力资源管理问题，能够将一个实际问题抽象成为一个理论问题，再寻找相应的理论依据，据此分析、判断实际问题，并得出相应的分析结论。

四、课程教学方法说明

国际人力资源管理是一门实践性很强的应用科学，在教学上既要重视理论教学，又要强调对学生实践技能的培养以及管理智慧的提升。本课程在教学方法的设计上主要将重心放在以下两个方面：

1. 理论教学

对理论教学部分力求基础与前沿热点问题的有效融合，理论与案例并重。按"理论＋案例"驱动型的教学模式来组织教学。在讲授每章节内容时，既注重课程知识结构的提炼，按核心知识点构建国际人力资源管理知识树；又在一些关键概念、核心理论讲授中都能通过合适的案例启发学生思考，做到教与学并重。另外，在相关章节设置专题讲座，讲授国外人力资源管理领域最新的管理模式实践。适当增加反映人力资源管理发展趋势的新观念、新理论、新研究领域的相关知识。如跨文化管理、人力资源管理变革与创新等。同时通过有意识地向学生提供大量扩充性、相关性学习资源，包括人力资源管理国际名著、优秀学术论文、人力资源管理理论前沿、中外企业案例、国内外人力资源管理期刊、企业网站资源等，激发学生学习热情，拓宽学生的知识面。

2. 实践教学

在实践教学部分精心设置形式多样的实训内容。如案例讨论、情景模拟、管理游戏、角色扮演、管理（专题）辩论、组织学生开展企业人力资源管理变革和创新调查、企业咨询实践等灵活多样的教学方式，实现了学生从被动的传统学习方式向开放式的自主学习模式的转变，使学生的综合管理技能得到充分训练与提高。在教学过程中为教材精心编写国际人力资源管理技能提升方案、案例集、课后思考案例等实训教程，并在教学中不断更新与完善，以便教师与学生进一步深入学习和探索。同时福建师范大学协和学院ERP实验室已在筹建并将尽快投入使用,这将为教学提供实践性的教学环境。

五、课程实践技能点与对应参与式教学项目设计

国际人力资源管理课程技能总目标：培养出具有人力资源管理创新与变革意识的专业资源管理储备人才。

国际人力资源管理课程技能具体目标主要包括两项：

首先，通过训练深入认识与理解国际人力资源管理知识的理论精髓，树立现代管理理念。

其次，通过训练深入认识与理解国际人力资源管理者的必备素质与技能要求，能运用管理的普遍规律开展工作，其具体为六大关键能力，即国际人力资源管理战略决策能力、国际人力资源跨文化管理能力、国际人力资源规划与选聘能力、国际人力资源培养策略、国际人力资源绩效管理能力、国际人力资源薪酬福利管理能力。

国际人力资源管理课程实践技能点与对应参与式教学项目设计如表3-22所示。

表3-22　国际人力资源管理课程实践技能点与对应参与式教学项目设计

序号	课程技能点	参与式教学项目设计	教学时间安排
1	引导学生建立全球化、国际化管理视野	全球化与国际化企业发展的视频展播、案例讨论与分析	第1周
2	培养对国际化人力资源管理的环境认识能力	国际人力资源管理的视频展播、案例讨论与分析	第1周
3	培养学生关注国际人力资源管理变革和发展新趋势	课堂辩论、案例分析	第2周
4	培养学生掌握国际人力资源管理的主要内容	小组实践调查、案例分析	第3周
5	培养对人力资源管理创新和热点问题的研究能力	小组实践调查、案例分析	第3周
6	培养在企业国际化进程中的不同人力资源战略管理能力	案例分析	第4周
7	培养对文化、文化模型的基本认知及文化对管理的影响	案例分析、文化测评游戏	第5周
8	培养对不同国家和地区文化的认识和理解能力、掌握跨文化管理的能力	案例分析、视频教学、跨文化研究论文写作	第6~7周
9	培养对美国人力资源管理模式的理解	案例讨论与分析	第8周
10	培养对欧洲人力资源管理模式的理解	案例讨论与分析	第9~10周
11	培养国际人力资源规划与用人策略、选聘方式	案例分析	第11周

续表

序号	课程技能点	参与式教学项目设计	教学时间安排
12	培养国际人力资源招聘能力	视频案例教学、情境模拟、角色扮演	第12周
13	培养国际人力资源培训与发展	案例分析	第13周
14	培养演讲、培训的基本技能	演讲、培训技能训练	第14周
15	培养国际人力资源绩效管理技能	案例分析、团队练习	第15周
16	培养国际人力资源的薪酬、福利管理技能	案例分析、团队练习	第16周

通过实施此方案，实现学生从被动的传统学习方式向开放式的自主学习模式的转变，积极探索与运用参与式教学、体验式教学和互动式教学模式。本课程的教学方法说明如表3-23所示。

表3-23 国际人力资源管理课程实践技能训练教学方法说明

序号	教学方法	具体说明
1	课堂讨论	在国际人力资源管理知识点的讲授中，每章重要的知识点都设有案例辅助解释说明，在课堂教学中可以采用形式多样化的教学方式展开讨论（如个人分析、小组分析、管理游戏等方法），由学生应用所学知识，放开思路，大胆表达自己的意见与建议，相互学习
2	团队练习	在第一次授课时，就要求学生自由组合成10个人左右的学习小组，选举小组负责人开展课程相关的团队练习训练
3	角色扮演	给出一定的案例或要解决的管理问题，由学生扮演其中的角色（也可轮流扮演），设身处地地分析与解决所面临的问题。学生从所扮演角色的角度出发，运用所学知识，自主分析与决策，以提高学生分析问题与解决问题的能力
4	案例分析	案例分析是国际人力资源管理教学理论联系实际的特色形式。本教程所选案例均是较为典型的、具有学生讨论与研究空间的案例。我们选择了60多个国内外经典案例供教学之用，大多数案例作为课堂讲授举例资料加以使用，结合计划、组织、领导、控制四大主要职能各选1~3个课后思考案例组织分析。将学生分为若干组（每组一般8~10人为宜），先分组讨论分析，然后每组选派1名代表，将本组推荐的解决问题的方案在全班进行交流，其他组的同学可以提出质疑。各小组汇报结束后，教师进行简短小结。教师的指导要把重点放在引导学生寻找正确的分析思路和对关键点的多视角观察上，而不是用自己的观点影响学生。教师对案例分析的总结，也不要对结果或争论下结论，而是对学生们的分析进行归纳、拓展和升华
5	情境模拟	选出有意思的案例，由师生共同编写剧本，在仿真的管理情境中运用管理理论知识，提升管理技能
6	游戏教学	游戏围绕着对技能的学习和使用而展开，它帮助参与者思考、反应、操作，更重要的是会有很多启迪，通过一个完整的游戏过程，让学生在非正式的、非紧迫的情境下学会管理技巧，在寓教于乐中帮助学生体验管理的真谛

续表

序号	教学方法	具体说明
7	实践调查	根据教学与训练需要,特别是要带着特定的管理问题,组织学生进行社会调查,深入企业,访问企业家与管理者,再由学生写出调研报告
8	视频教学	视频教学包括视频案例与视频讲座。视频案例是将国内外企业经营管理中带有典型性的成功经验或失败教训,通过剪辑和艺术处理制成音像片。使学生如同亲临国内外企业经营管理现场,融知识性与娱乐性于一体。视频讲座是业界知名人士的著名演讲,有利于开阔学生视野
9	论文写作	专题研究小论文
10	校外实习	参观企业与岗位实习

六、课程实践技能参与式教学项目设计具体内容

国际人力资源管理课程实践技能参与式教学项目设计具体内容如表 3-24 所示。

表 3-24 国际人力资源管理课程技能参与式教学项目设计具体内容

技能训练单元一：引导学生建立全球化、国际化管理视野
视频教学与课堂讨论 专题报道视频播放,展示全球化与企业的相互影响,就视频中的企业案例展开小组课堂讨论和分析 【讨论内容】讨论以下几点内容： （1）全球化对中国企业的影响有哪些 （2）请分析沃尔玛在全球的竞争优势是什么 （3）经济全球化背景下,中国企业面临的挑战是什么 （4）中国企业在全球化进程中如何打造核心竞争力 【训练目标】充分认识全球化与中国经济之间的关系、全球化与企业的关系,建立学生对全球化背景下人力资源管理所处的环境特征认知
技能训练单元二：培养学生对国际化人力资源管理的环境认识能力
视频教学与课堂讨论 专题报道视频播放,展示中国企业国际化发展之路的实战案例,展开小组课堂研讨与分析 【讨论内容】讨论以下几点内容： （1）中国企业国际化进程中面临的挑战和障碍有哪些 （2）请以联想和 TCL 为例来分析中国企业在国际并购中的得与失 （3）比较海尔、联想、华为、东软的国际化发展策略 （4）中国企业在国际化发展中人力资源管理该如何服务于企业国际化战略 【训练目标】充分认识企业国际化发展过程面临的挑战及如何应对挑战,企业国际化进程中的发展战略变革、人力资源战略和人力资源管理变革如何服务企业国际化发展需要

续表

技能训练单元三：培养学生关注国际人力管理变革与创新以及新发展趋势
1. 人力资源管理变革与创新调查 【调查内容与方法】调查内容与方法有以下几点： （1）由学生自愿组成小组，每组6~8人。利用课余时间，选择一家人力资源管理较为优秀的企业进行调研，了解其人力资源管理变革和创新之处 （2）在调查访问之前，每组需根据课程所学知识经过讨论制定调查访问的提纲，包括调研的主要问题与具体安排，具体问题可参考以下几点： 1）该企业的发展历史、背景、环境和发展现状 2）当前的企业经营战略 3）企业人力资源管理经历了哪些变革 4）当前人力资源管理有哪些创新和有效的管理经验 （3）调查访问结束后，完成简要的调研分析报告 （4）组织一次课堂交流与讨论 【训练目标】使学生深入了解企业人力资源管理变革实践与创新，加深对全球化影响和企业国际化发展进程的认识与理解 2. 案例分析 华为的人力资源管理变革：人力资源共享服务中心 【分析内容】国际化进程中的华为为什么要进行人力资源管理变革？华为的人力资源管理做了哪些变革？新的人力资源管理模式能帮助华为解决什么样的问题 【训练目标】深入了解国际化发展的企业人力资源管理变革如何进行，实践中运用的情况如何
技能训练单元四：培养学生掌握国际人力资源管理的主要内容
案例讨论与分析 欧莱雅的人力资源发展战略如何支持其在全球市场的国际化发展 【分析内容】介绍欧莱雅的全球人力资源管理策略，欧莱雅如何在中国通过人才挖掘和人才培养实现快速发展 【训练目标】充分认识人力资源策略对企业经营发展的支持和影响，训练学生的人力资源战略意识和思考问题的能力
技能训练单元五：培养对跨文化管理问题的学术研究能力
论文写作 反映文化差异的电影观后感论文 【写作内容】让学生课后观看电影《喜宴》，就电影中展现出的中美文化差异进行思考和分析，完成一篇3000字左右的论文 【训练目标】培养学生建立对文化差异的认知，提高对不同文化背景下的人的洞察力和理解力
技能训练单元六：培养文化敏感度和文化理解与跨文化管理能力
1. 文化测评游戏 掌握文化的核心 【测评游戏】给出几种动物，让每个人根据自己的喜好进行排序，每种动物代表不同的内容 【训练目标】让学生认识到文化的核心是价值观，每个人的成长环境不同，形成的文化价值观不同

续表

技能训练单元六：培养文化敏感度和文化理解与跨文化管理能力
2. 视频教学与分析 有关文化的基本理论和案例 【视频教学内容、课堂讨论与分析】文化的本质，文化模型的几个层次，每播放一段，停下来让学生们讨论，结合自己身边的现实生活例子来谈谈文化特点、文化差异和对人的影响 【训练目标】训练达到以下几点目标： （1）提高洞察环境和感受文化差异的能力 （2）对有关跨文化的理论知识形成系统的认识 （3）培养对跨文化的敏感度和跨文化管理应用能力
技能训练单元七：培养跨文化沟通的能力
1. 角色扮演 婉转与直接 【模拟情境】老师提供案例剧本，由学生依照剧本表演。设置思考问题：为什么中方企业代表所表达的内容，美方企业代表却理解成另外的意思？在进行跨文化沟通前要做哪些准备工作 【训练目标】深刻认识东方人在沟通表达中的婉转与美国人的直接表达而产生的沟通障碍及如何更好地理解对方的真正意思，提高沟通时文化差异的理解力 2. 视频教学 插嘴与沉默 【分析内容】展示欧美人、东方人、拉美人沟通的模式差别，老师提供视频案例。让学生思考问题：欧美人、东方人、拉美人的沟通模式的差异反映了什么样的文化特征 【训练目标】深刻认识欧美人、东方人、拉美人在沟通时对插嘴或沉默是如何看待的以及不同的沟通模式所传递的意思，提高沟通时文化差异的理解力 3. 视频教学 高语境与低语境 【分析内容】播放电影《喜宴》中的片段，展示中国人的高语境和美国人的低语境。让学生思考问题：高语境文化与低语境文化下沟通的特点是什么 【训练目标】深刻认识高语境文化与低语境文化沟通的特点，提高沟通时文化差异的理解力 4. 角色扮演 联想与抽象 【模拟情境】老师提供案例剧本，由学生依据剧本表演。感受同质文化下的联想沟通，异质文化下的联想沟通与抽象沟通的障碍。设置思考问题：联想沟通的特点和抽象沟通的特点，如何与联想型沟通的人有效沟通 【训练目标】深刻认识联想型的沟通文化与抽象型的沟通文化特点，提高对联想型沟通文化的人有效沟通的能力 5. 角色扮演 用跨文化理论分析跨文化对话： （1）对话一：请病假 （2）对话二：写报告 【模拟情境】老师提供案例剧本，由学生依照剧本表演。让学生用跨文化理论分析两个跨文化对话。设置思考问题：不同文化背景的经理与员工沟通障碍是什么 【训练目标】深刻认识跨国企业中不同文化背景的员工之间沟通的障碍，提高对不同文化的敏感度和理解，提高有效的跨文化沟通能力

续表

技能训练单元八：培养对跨文化管理的能力
案例讨论与分析 迪士尼乐园的跨国经营 【讨论与分析内容】讨论、分析以下几点内容： （1）日本迪士尼与法国迪士尼各有什么样的经营特点 （2）为什么日本迪士尼与法国迪士尼会出现如此巨大的反差 （3）如何评论文化因素对日、法两国的迪士尼在人力资源管理上的影响 （4）迪士尼公司应该如何吸取跨国经营中的经验教训？如何改善在法国的经营管理 【训练目标】培养学生能分析跨文化管理中的实际问题和提高解决跨文化管理的能力
技能训练单元九：培养对美国人力资源管理模式的理解和应用能力
案例分析 迪士尼公司人力资源管理特色 【分析内容】分析以下两点内容： （1）详细分析迪士尼公司的人力资源管理具有哪些特色 （2）迪士尼通过招聘、培训、激励、沟通等方面的管理措施传递了什么样的企业文化 【训练目标】学习美国人力资源管理的优秀经验，提高人力资源管理的专业能力
技能训练单元十：培养对欧洲人力资源管理模式的理解和应用能力
案例分析 （1）德国人力资源管理模式 【分析内容】德国企业的培训与人力资源开发的特点，员工参与共同决策制度，德国社会的人力资源开发管理经验 【训练目标】学习德国人力资源管理的优秀经验，提高人力资源管理的专业能力 （2）法国欧莱雅的人力资源管理经验 【分析内容】法国欧莱雅基于全球战略的人才战略，人才储备三级战略有力支持全球战略的实现 【训练目标】学习法国优秀企业的人力资源管理的经验，提高人力资源管理的专业能力
技能训练单元十一：培养对日本人力资源管理模式的理解和应用能力
案例分析 松下之道：要造电器，先造就人才 【分析内容】以松下企业为例，分析日本人力资源管理模式的特点与日本人力资源管理的发展变化历程，总结日本人力资源管理的优秀经验 【训练目标】掌握日本文化下的人力资源管理特点，吸取值得中国借鉴的经验，提高人力资源管理的专业能力

续表

技能训练单元十二：培养在中国环境下人力资源管理变革能力
视频教学与课堂讨论 奥康鞋业集团，家有舅舅 【视频案例】播放展示奥康集团的管理变革，展示经济开放的中国企业在时代变迁下所经历的人力资源管理变革：如何从家族企业蜕变成职业经理人管理和规范化管理模式 【讨论内容】讨论以下两点内容： （1）家族企业的弊端有哪些 （2）奥康集团采用了哪些措施进行企业变革？这些措施给企业带来什么好处 【训练目标】掌握中国经济背景和时代发展变化下的中国人力资源管理特点吸取优秀中国企业的经验，提高人力资源管理的变革意识
技能训练单元十三：培养为国际企业做人力资源规划与选聘的能力
案例分析 （1）如何选聘合适的国际管理者 【分析内容】某电信跨国公司前后招聘了两位CEO：前一个是美国人，有MBA文凭，通信行业的行销专家，不到一年以失败而告终。后选了一个拉丁美洲人，没有MBA文凭，以前没做过通信行业，9个月后便使公司扭亏为盈 设置思考的问题：为企业选聘国际管理者应当考虑的关键因素是什么 【训练目标】掌握选聘合适的国际管理者需要考虑的关键因素 （2）著名跨国公司选人的标准 【分析内容】列举不同行业的跨国公司选用人的标准，让学生分析为什么要这样选人 【训练目标】训练达到以下两个目标： 1）掌握不同行业性质，不同企业需求的用人标准不同 2）培养能够根据企业实际情况和需要来设定适合企业的用人标准 （3）全球领导者的特征 【分析内容】苹果公司前任总裁乔布斯的领导对苹果战略业务变革、创新和团队组建所发挥的重要作用；海尔领袖张瑞敏的领导能力对海尔国际化发展的关键作用 设置思考的问题：全球领导者需要具备什么样的特征 【训练目标】掌握跨国企业需要什么样的全球领导者
技能训练单元十四：培养为国际企业做人力资源开发与培训的能力
1. 案例分析 不同国家和地区的人力资源开发与培训策略 【分析内容】分析以下几点内容： （1）美国戴尔公司的"太太式"培训 （2）日本"上下一致，一专多能"的在职培训。有层次的纵向培训与职能性的横向教育培训相结合 （3）法国企业根据生产经营实际需要提供在职培训，小班教学，注重实际操作技能训练 【训练目标】培养根据企业经营管理实际需要设计培训内容的能力 2. 情境模拟 一分钟即兴演讲技能训练 【训练内容】每个同学在一张纸条上任意写一个词语作为演讲题目，统一交给老师。老师宣布演讲规则和要求，学生轮流随意抽一张纸条，纸条上的词语即是其要演讲的题目，每个学生只有一分钟准备时间，演讲时间为一分钟 【训练目标】培养学生演讲、培训的基本技能，掌握演讲、培训中有效表达的基本技巧

续表

技能训练单元十五:培养为国际企业做绩效管理的能力
案例分析 (1)外派人员绩效考核困境 **【分析内容】**国声电子公司在越南设立了子公司,公司高层与海外事业部派遣服务多年的黄副总经理担任当地子公司的总经理,黄副总经理到越南后,一方面学习当地文化、风俗和习惯;另一方面,在规章制度的建立与人员的安排上下了一番功夫。但在市场开拓方面,虽然投入较多,却迟迟不见效果。原因:公司的品牌和产品在当地还不被认可,公司产品的销售遇到了很大的阻力。一年多以后,公司业务仍然没有起色,母公司总经理实在不能理解,母公司每月还必须注入资金来弥补长期的亏损。总经理对黄副总的绩效开始抱有负面的印象。两年后,越南子公司制度已经建立完善,公司也已经培养了一批优秀的当地人才队伍,黄副总觉得此时正是抢占市场的大好机会,但公司却以他在外派期间没有绩效为由,希望他能归国任职,并已遴选了另一位人选替他的角色 设置思考的问题:国声公司对黄副总的绩效考核是否合理?对外派管理者的绩效考评要考虑哪些因素 **【训练目标】**培养对外派人员的绩效评价如何公平合理设计的能力 (2)跨国企业的绩效管理优秀实践 **【分析内容】**BP公司的T型管理系统是如何运作的?以业绩为基础的绩效管理方式。 设置思考的问题:T型管理系统有什么好处?以业绩为基础的绩效管理如何设计才能发挥其有效性 **【训练目标】**掌握国际企业绩效管理的方式和方法
技能训练单元十六:培养为国际企业做薪酬与福利管理的能力
案例分析 影响国际薪酬的因素:跨国公司薪酬激励实践 **【分析内容】**分析以下几点内容: (1)IBM公司的薪酬管理:薪酬水平与职务、业绩和行业水平相联系 (2)西门子公司灵活的激励机制:基于员工满意度调查设计灵活的薪酬激励措施 (3)东原公司选择目前的时机进行组织变革是否成熟 **【训练目标】**训练达到以下两点目标: (1)掌握跨国公司薪酬策略 (2)培养国际薪酬设计的能力

七、课程实践技能参与式教学评价标准

依据国际人力资源管理课程对学生实践技能培育的目标,结合学习要求,课程参与式教学评价标准设计如表3-25、表3-26所示。

表 3-25 团队案例分析作业评价表

参考标准	优	良	中	合格	不合格	满分	成绩
作品陈述	内容完整，分析全面，思路清晰，逻辑合理，能准确把握问题的核心与关键，语言流畅，用词准确	内容比较完整，分析基本到位，思路比较清晰，能基本把握问题的核心与关键，语言比较流畅	主要内容明确，分析基本到位，思路比较清晰，主要内容无明显缺漏，语言表达一般	作品基本符合要求，主要内容无缺漏，分析不充分，思路不够清晰	作品格式不规范，内容杂乱，缺少条理性	20	
文献资料使用情况	使用材料翔实、恰当，掌握较多的背景资料和数据。有参考文献	有比较丰富的文献材料和较充足的理论依据	持论有据	理论根据及客观材料有少部分欠缺	缺乏理论依据，客观材料空泛	10	
综合知识与技能的运用	具有综合运用专业知识以及计算机、英语等各方面的能力	具有运用专业理论以及计算机、英语等各方面能力。有较好的理论基础和专业知识	基础知识和综合能力一般，但能独立完成论文	基础知识和综合能力较差，经过努力可在教师指导下完成论文	缺乏应有的专业基础知识和综合能力，不能独立完成论文	20	
PPT内容	PPT内容分析准确，思路清晰，逻辑严密，层次分明，重点突出，语句流畅。图文并茂，搭配美观、极为恰当	PPT内容分析恰当，条理清楚，重点比较明确，语句通顺，图文并茂，搭配比较恰当美观	PPT内容条理清楚，有一定的分析能力和说服力，有少许语病。图文搭配尚可，有少许不协调	PPT内容材料陈述较为清楚。但分析力不强，个别地方语言不通顺。图文搭配不够恰当	PPT内容材料堆砌，语言不准确，缺少条理，仅有文字，缺少配图	20	
理论水平	有独到的个人见解，学术性较强	有一定的个人见解和学术性	能从个人角度分析和解决问题	无明显的个人见解	结论观点有错误	10	
格式规范化	作品书写格式符合要求，打印清晰、漂亮，无错别字	格式基本符合要求，有个别错误，打印清楚	内容基本符合要求，但个别地方格式有问题，打印基本清楚	书写格式基本规范，但有些内容字体大小不妥当	格式不规范，打印不清晰	10	
时间把控	在规定时间内完成陈述，回答评委提问，无拖延时间行为	在规定时间内完成陈述，回答评委提问拖延时间不超过1分钟	在规定时间内完成陈述，回答评委提问拖延时间不超过1分半	陈述超过规定时间，回答评委提问拖延时间，总共不超过3分钟	陈述超过规定时间，回答评委提问拖延时间超过3分钟	10	

指导教师评分（百分制）：

评语：

表3-26 个人作业评价表

参考标准	优	良	中	合格	不合格	满分	成绩
论文选题	选题角度有新意，具有创造性，具有较高的理论水平和现实意义	中心论题明确，有一定的理论水平和应用价值	中心论题基本明确，能结合专业理论学习和社会实践	论文选题与专业基本相关，但理论水平和应用性较差	论文选题无理论和现实意义，与专业无关	10	
文献资料	使用材料翔实、恰当，掌握较多的背景资料和数据。至少有一篇外文参考文献	有比较丰富的文献材料和较充足的理论依据	持论有据	理论根据及客观材料有少部分欠缺	缺乏理论根据，客观材料空泛	20	
综合知识与技能的运用	具有综合运用专业知识以及计算机、英语等各方面的能力	具有运用专业理论以及计算机、英语等各方面能力。有较好的理论基础和专业知识	基础知识和综合能力一般，但能独立完成论文	基础知识和综合能力较差，经过努力可在教师指导下完成论文	缺乏应有的专业基础知识和综合能力，不能独立完成论文	20	
写作水平	理论分析准确，思路清晰，逻辑严密，层次分明，结构合理，语言流畅	理论分析恰当，条理清楚，层次比较分明，语言通顺	条理清楚，有一定的分析能力和说服力，有少许语病	材料陈述较为清楚，但分析力不强，个别地方语言不通顺	分析能力差，论证不准确，材料简单堆砌，语言不准确	30	
学术水平	有独到的个人见解，学术性较强	有一定的个人见解和学术性	能从个人角度分析和解决问题	无明显的个人见解	结论观点有错误	10	
格式规范化	论文格式符合要求，打印清晰、漂亮，无错别字，达到正式出版物水平	格式基本符合要求，有个别错误，打印清楚，基本达到正式出版物水平	内容提要和正文基本符合要求，但注释和参考文献格式有问题，打印基本清楚	行文基本规范，但不符合学校规定的要求	论文的格式不规范，打印不清晰	10	

指导教师评分（百分制）：

评语：

八、课程实践教学项目设计总结

国际人力资源管理是应用型本科人力资源管理专业的进阶课程。本课程为实现"培养学生国际化视野和专业综合能力，以满足学生未来企业人力资源管理岗位的工作需求"。除常规课堂教学之外，专门设计了上述实践教学项目。项目设计力求做到以下三个方面的结合：一是实践教学内容设计与课程时数相结合。能在有限的课程时数中充分完成实践教学的内容。二是实践教学内容与学生现实条件相结合。实践教学内容设计充分考虑学生可能完成的条件，让大多数学生能够在实践教学内容中愉快地学习。三是实践教学内容与课程成绩相互结合。目的在于调动学生参与实践教学项目的积极性以及提高作品质量。在实践教学项目实施过程中妥善处理好以下关系：①常规课堂教学与实践教学的关系问题；②学生调查团队的结构、协作效果以及部分学生"搭便车"问题；③学生一专多能的培育，既要培育专长，也要拓宽其知识面；④教师的合理评价与引导。实践教学改革是应用型本科教学改革的趋势和必然，因此，如何逐步完善实践教学项目设计与实施中存在的缺点和疏漏将成为本课程实践教学改革的主要任务。

企业危机管理参与式教学项目设计与实施

翁清清

一、课程简介

企业危机管理是人力资源与工商管理专业的基础课程,这门课程是专业进阶课程,融合学生过往专业知识进行综合应用的专业课程。本课程是以组织的危机事件为研究对象,致力于研究组织管理人员应如何有效地进行危机管理活动,降低危机发生之后对企业造成的损害,是一门系统地研究危机管理活动的普遍规律、基本原理和一般方法的学科。

二、课程教学目的

通过本课程的学习,使学生能系统地掌握危机管理的基本理论和一般方法,培养学生在未来管理中应急处理危机事件的基本能力。通过对本课程学习,充分了解危机的特性、危机发展的规律以及危机管理的基本理念与原理,使学生以更加科学合理的方式管理企业危机事件,并在模拟危机事件中学习随机应变的能力。

三、课程重点与难点

本课程的重点:①危机的含义与特性、危机管理的要素与原则、危机管理的一般程序、危机预案与危机传播管理。②危机公关与综合应变沟通技能的训练。熟练掌握危机管理的核心知识点与基本理念,培养学生创造性地应用危机管理理论知识,灵活解决企业活动中突发事件的能力。

本课程的难点:①如何引导学生能在系统学习危机管理基础知识的同时,掌握在不同突发性事件情境中快速分析、挖掘问题的起因与处理关键环节。并提出解决方案以及善于跟外界进行公关沟通的一般管理技术和实践技能,从而实现培养融知识、能力与综合素质于一体的职业管理者。②掌握案例的分析方法，建立危机管理与处理的基本思维方式。③训练学生识别危机问题，能够将一次危机事件中的实际问题抽象成为一个理论模型，再寻找相应的理论依据，据此分析、判断并得出相应结论的能力。

四、课程教学方法说明

企业危机管理是一门实践性很强的应用科学，在教学上既要重视理论教学，又要强调对学生实践技能的培养以及危机管理智慧的提升。本课程在教学方法的设计上主要将重心放在以下两个方面：

1. 理论教学

对理论教学部分力求理论与危机实务的有效融合，按"理论＋案例"驱动型的教学模式来组织教学。在讲授每章节内容时，既注重课程知识结构的提炼，按核心知识点构建企业危机管理的知识体系；又在一些关键概念、核心理论讲授中通过案例启发学生思考，做到理论与实务并重。同时通过有意识地向学生提供大量扩充性、相关性学习资源，包括中外企业危机管理案例、企业网站资源、企业失败案例最新时评类微信公众号等，激发学生学习热情，拓宽学生的知识面，不断更新所储备的案例资源。对于实践性较强的学科，必须通过大量的案例来培养学生一定的处理经验，毕竟危机爆发在企业里是较小概率的事件，在实际中很难碰到，也较难进行情境模拟，案例教学是该门课程的重中之重。

2. 实践教学

在实践教学部分精心设置形式多样的实训内容。如案例讨论、情境模拟、管理游戏、角色扮演、管理（专题）辩论、组织学生参与企业咨询实践等灵活多样的教学方式，实现了学生从被动的传统学习方式向开放式的自主学习模式的转变，使学生的综合管理技能得到充分训练与提高。

五、课程实践技能点与对应参与式教学项目设计

企业危机管理课程技能总目标：培养出融知识、能力及素质于一体以及应变处理能力的职业管理者。

企业危机管理课程技能具体目标主要包括两项：

首先，通过训练深入认识与理解企业危机管理的基础知识和理论精髓，树立现代管理理念。

其次，通过训练能运用危机管理的普遍规律开展应急事件的处理工作。企业危机管理课程实践技能点与对应参与式教学项目设计如表 3-27 所示。

表 3-27 企业危机管理课程实践技能点与对应参与式教学项目设计

序号	课程技能点	参与式教学项目设计	教学时间安排
1	培养危机意识	课堂讨论、案例分析	第 1 周
2	培养学生多角度分析危机事件的能力	案例分析	第 2~4 周
3	学习企业危机管理的基本流程与原则	课堂讨论、案例分析	第 5~7 周
4	危机预案与危机计划的编写能力	团队练习、报告写作	第 8~9 周
5	培养对突发事件的快速反应处理能力	情境模拟、课堂讨论	第 10~11 周
6	培养危机中的对内沟通能力	案例分析、情境模拟、课堂讨论	第 12 周
7	培养危机中的对外沟通能力	案例分析、情境模拟、课堂讨论	第 13 周
8	"案例近距离"（企业来宾分享与引领）学习他人危机管理技能	论坛、讲座	第 14~15 周
9	理论联系实践的应用能力	课堂讨论、角色扮演、情境模拟	第 16 周

通过实施此方案，实现学生从被动的传统学习方式向开放式的自主学习模式的转变，积极探索与运用参与式教学、体验式教学和互动式教学模式。本课程的教学方法说明如表 3-28 所示。

表 3-28 企业危机管理课程实践技能训练教学方法说明

序号	教学方法	具体说明
1	课堂讨论	在危机管理知识讲授中，每章重要的知识点都设有案例辅助解释说明，在课堂教学中可以采用形式多样化的教学方式展开讨论（如个人分析、小组分析、管理游戏等方法），由学生应用所学知识，放开思路，大胆表达自己的意见与建议，相互学习
2	团队练习	在第一次授课时，就要求学生自由组合成 10 个人左右的学习小组，选举小组负责人开展课程相关的团队练习训练
3	案例分析	案例分析是管理类教学理论联系实际的特色形式。本教程所选案例均为较为典型的、具有学生讨论与研究空间的案例。我们选择了 60 多个国内外经典案例供教学之用，大多数案例作为课堂讲授举例资料加以使用，结合危机管理理论框架，各选 1~3 个课后思考案例组织分析。将学生分为若干组（每组一般 8~10 人为宜），先分组讨论分析，然后每组选派 1 名代表，将本组推荐的解决问题的方案在全班进行交流，其他组的同学可以提出质疑。各小组汇报结束后，教师进行简短小结。教师的指导要重点放在引导学生寻找正确的分析思路和对关键点的多视角观察上，而不是用自己的观点影响学生。教师对案例分析的总结，也不要对结果或争论下结论，而是对学生们的分析进行归纳、拓展和升华

续表

序号	教学方法	具体说明
4	情境模拟	选出有意思的案例，由师生共同编写剧本，在仿真的管理情境中运用企业危机管理理论知识，提升应急处理技能
5	论坛与讲座	邀请企业嘉宾来校进行系列讲座与分享，给学生实战启示，并能现场进行职场问题的互动、讨论与学习。加深学生的印象，认知与社会实际对接
6	角色扮演	通过给学生设定角色，并配合相应的背景案例，让学生融入其中，模拟他们未来可能的职业处境，来设置危机问题，给予人力等的支持，让他们去解决问题，体会危机管理的复杂性

六、课程实践技能参与式教学项目设计具体内容

企业危机管理课程实践技能参与式教学项目设计具体内容如表 3-29 所示。

表 3-29 企业危机管理课程技能参与式教学项目设计具体内容

技能训练单元一：培养危机意识
1. 课堂讨论 什么是危机？从消费者立场，你理解的企业危机是什么样的 【讨论内容】在日常生活当中，你对企业危机有怎样的印象？有没有哪一次企业突发性新闻事件恰好是与你消费的产品有关的 【训练目标】引入、唤起对危机事件的认知，从而引入对危机的看法 2. 案例分析 什么是危机生命周期 【分析内容】分析以下两点内容： （1）突发性事件等于危机吗？对此，你如何看待 （2）通过案例，谈谈你对危机的初步认识以及它的特性 【训练目标】充分认识危机的特征与其生命周期
技能训练单元二：培养学生多角度分析危机事件的能力
1. 案例分析 （1）苏泊尔"特富龙"危机管理 【分析内容】案例反映的主题是什么？解决问题的关键是什么 【训练目标】在讲授完危机管理的基本理论后，结合之前案例讨论中所总结的经验，深入认识危机管理理论在实践中的应用方式 （2）波音公司应对"AN-26 事件" 【练习内容】要求学生上网检索波音公司这次事件的相关材料再做讨论 【训练目标】一方面训练学生的信息收集能力；另一方面能对企业的行为做出思考与分析

续表

技能训练单元二：培养学生多角度分析危机事件的能力
（3）农夫山泉"有点烦"相关事件新闻视频 【分析内容】分析以下几点内容： 1）你是如何看待在这个事件中作为媒体方《京华时报》的作为 2）农夫山泉为何不早一点召开新闻发布会 3）面对危机事件的突然发生，你觉得自身企业最先要做的是什么 4）这对于农夫山泉是一次教训，如何总结经验避免类似事件的发生 【训练目标】培养学生对实践性案例的分析理解能力 （4）蒙牛是否还能再"牛" 【分析内容】分析以下两点内容： 1）蒙牛爆发危机的主要原因是什么 2）蒙牛应该如何进行整顿来重新获得消费者的信赖 【训练目标】训练达到以下两点目标： 1）深入理解危机传播管理的重要性 2）整合网上资源的能力 （5）强生公司泰诺胶囊中毒事件 【分析内容】分析以下几点内容： 1）第一次突发中毒事件强生公司是如何处理的？你觉得处理得如何 2）第二次中毒事件发生后，如果你是消费者，会对该企业有怎样的印象 3）第二次中毒事件中强生公司的处理方式与第一次有没有不同 4）总结强生公司在这两次处理中的亮点 5）就中美史克曾经的 PPA 风波以及 999 感冒药的风波，对比这三家公司处理危机的相似之处和不同之处 【训练目标】训练达到以下两点目标： 1）提高查阅资料整合资料的能力 2）能够结合实际案例进行对比分析、挖掘要素 （6）肯德基系列危机案例梳理与纵向对比与分析 【分析内容】分析以下几点内容： 1）肯德基在这四次危机事件中处理方式的相似点 2）肯德基在这两次危机事件中处理方式的不同点 3）你觉得肯德基的危机管理效果如何？应遵循什么样的原则 4）注意，不同的危机诱因，企业在应对处理时，是否有态度的明显不同？内因引发的危机该以怎样的态度更好面对 【训练目标】通过不断的提问反思，让学生们形成自己的看法并敢于陈述自己的看法，并且有效地组织语言进行表达 （7）同 2011 年度知名企业危机案例横向对比与分析 【分析内容】通过肯德基"豆浆门"事件与味千拉面"骨汤"事件分析以下几点内容： 1）对比两家企业的危机处理，你觉得有何异同点 2）你觉得哪家企业的处理你更认同 3）从中总结的经验教训是什么 【训练目标】通过不断反思，让学生们形成自己的看法并能有效组织语言表达

续表

技能训练单元二：培养学生多角度分析危机事件的能力
2. 课后作业 【作业内容】查阅网上资料，写一篇1500字的关于企业人力资源管理危机事件的文章。将网络资料进行整理，使之具有清晰的脉络，不得抄袭 【训练目标】训练达到以下两点目标： 1）通过案例理解危机管理 2）通过查阅资料，编写案例，深入理解

技能训练单元三：学习企业危机管理的基本流程与原则
1. 课堂讨论 【讨论内容】三家企业在突发危机事件中处理的成功经验，总结出自己所认为的危机管理的要点和原则是什么。将学生分组，4~5人为一组，针对事先发放的三个案例资料，结合课堂，学生自身手机百度后进行讨论 【训练目标】充分认识危机管理也是一项需要技巧且为实践性的技能 2. 案例分析 尼康相机D600黑斑门事件 【分析问题】分析以下几点问题： （1）作为消费者，你对于此类事件的看法是什么 （2）如果你站在尼康公司的立场，你觉得这件事情要怎么妥善处理 （3）中国消费者不仅是第一次遭遇歧视对待，你觉得可能的原因有哪些 【训练目标】这是一个反面教材和事例，通过分析，理解它违背了怎样的危机管理的原则和要领，导致顾客强烈的不满和企业的负面影响短期内无法修复。通过对比来更好的理解

技能训练单元四：危机预案与危机计划的编写能力
1. 案例分析 《肯德基店长手册》 【分析主题】分析以下几点问题： （1）肯德基对哪些类型的危机事件和突发事件做了预测以及安排 （2）日常管理中如何去预演突发事件或危机事件的发生，提高基层管理者的应对能力 （3）总结快餐行业会遇到的主要危机类型 【训练目标】从大型企业的手册中学习如何将危及预案和危机计划化为每个岗位的具体职责和可操作行为 2. 课堂讨论 【讨论主题】讨论以下两点问题： （1）当遇到客户抱怨和投诉时，作为店长，应如何处理 （2）第二天突然知晓新闻报道质疑肯德基的食品安全等问题，你看到有记者进入店面采访，此时应如何应对与发言？请根据店长手册，为这类危机事情写个小预案 3. 课后作业 协和大门外御膳西厨是一家学生创业企业，也是一家小西餐厅。请查阅资料、结合餐饮业的特点，为这家店铺写一份店长手册

续表

技能训练单元五：培养对突发事件的快速反应处理能力
1. 课堂讨论 **【讨论主题】**描述一次你所遇到的紧急事情，你是怎么处理的 **【训练目标】**训练达到以下两点目标： （1）回忆并体会遇到短时间内需要做出快速反应的事情如何应对 （2）在紧急事件处理的过程中如何关照到相关人员的心理感受 2. 情境模拟 麦当劳现磨豆浆非现磨事件 **【表演内容】**表演以下内容： （1）团队角色设定，一名店长、一名麦当劳相关主管、一名麦当劳高层公关发言人、两名记者、其余作为消费者 （2）模拟情境，消费者进行投诉和质疑，记者进行跟踪和报道，主管和管理团队成员开会，沟通危机处理的方法，最后一名公关代表进行发言，并书写公开通告 （3）从总结经验教训的角度，请提出未来麦当劳在这类事件中应该采取怎样的预防措施以及对相关危机管理方式进行评价 **【训练目标】**训练要达到以下两点目标： （1）训练快速决策解决问题的能力 （2）培养结合实际统筹协调的能力 3. 案例分析 **【分析内容】**危机状态下，高层的决策速率与效果对一次危机事件的重大影响力 **【案例内容】**2010年丰田召回门事件 在美国一起一家四口的车祸，被媒体有意无意地循环播报，导致事件进一步扩大，丰田汽车在美国的销量急速下滑，并且导致了大量对丰田汽车的投诉、退货以及心理担忧。丰田随后进行了全球多达700多万辆的汽车召回 **【训练目标】**训练要达到以下几点目标： （1）学习查找资料和数据 （2）整理企业相关危机事件素材，并做对比与分析 （3）了解激烈的商业竞争中，对于突发事件应该如何进行快速决策 （4）总结本次危机事件的决策执行要点和注意事项 4. 课后作业 **【作业内容】**查阅资料：一次成功的危机管理事件和一次失败的危机管理事件，最好是同行业的两家企业，或产品比较类似的企业。有句歌词说"兴亡谁能定，胜败岂无凭"，通过对比，点评这两家企业胜败的原因。谈谈你们小组的看法，总结一定的经验和规律。并制作PPT讲演 **【训练目标】**培养对比分析问题的能力
技能训练单元六：培养危机中的对内沟通能力
1. 案例分析 加多宝更名事件 **【分析要求】**分析以下几点内容： （1）在广药想索回王老吉商标时，加多宝的反应是什么

续表

技能训练单元六：培养危机中的对内沟通能力
（2）这里只讲到高层的反应，如果假设你是内部员工，公司成功经营的一项产品如今要被索回，你是否会担心公司以后难以经营 （3）假设你是公司高层，在做好应对广药的同时，如何跟公司内部的基层管理员以及员工沟通，让大家重塑对公司未来的信心 【训练目标】训练要达到以下两点目标： （1）领会危机事件中内部沟通的重要性 （2）经过一次危机事件，除了更好地扭转公司的外部形象，还要有能力提升公司的凝聚力 2. 情境模拟 高管因患癌被辞退，相关团队多名主管人员同期跳槽，记者们指责公司缺乏人道主义，竞争对手公司以高薪挖墙脚，公司一时间出现人力危机 【模拟情境1】由高管们组成的危机研究与决策团队商议危机处理方案、对外的沟通解释 【模拟情境2】高管、部门主管以及员工或工会代表组成的公司内部大型会议，探讨本次危机可能造成的损失和影响、公司的应对措施、各部门如何配合、关于内部员工晋升和福利等方面的解释 【训练目标】训练要达到以下两点目标： （1）培养灵活应变能力 （2）培养观察、分析、解决实际问题的能力

技能训练单元七：培养危机中的对外沟通能力
1. 案例分析 酒鬼酒塑化剂风波 【分析要求】分析以下几点内容： （1）酒鬼酒塑化剂风波事件是怎么开始的 （2）面对突发性事件，企业受到的冲击主要有哪些方面 （3）面对这次事件酒鬼酒官方的公关能力如何？对外公开的谈话应该遵循怎样的原则 【训练目标】训练要达到以下两点目标： （1）学习、模仿新闻发言和写公告的能力 （2）培养对危机事件中公司发言行为背后思路的敏感度 2. 情境模拟 【模拟内容】模拟以下几点内容： （1）设定危机事件发生场景，由消费者团、记者团和企业危机管理小组组成 （2）管理小组撰写发言稿，派代表发言 （3）实行记者质疑追问，危机管理小组答记者问，消费者观摩与提问 【训练目标】训练要达到以下两点： （1）培养灵活应变能力 （2）培养观察、分析、解决实际问题的能力 3. 课堂讨论 【讨论内容】讨论以下两点内容： （1）让学生讨论所见过的新闻发布会的特点、目的、出席人员 （2）课前查阅相关企业的资料，谈谈发言稿应该注意的技巧 【训练目标】提高商业沟通和发言能力

续表

技能训练单元八："案例近距离"——学习他人危机管理技能
讲座与论坛 【讲座与论坛内容】讲座与论坛有以下几点内容： （1）如何做好毕业后三年的职业生涯规划 （2）在日常工作当中遇到哪些紧急的人力资源方面的突发事件 （3）对于职场管理工作真正的要领 【训练目标】训练要达到以下几点目标： （1）记录相关负责人的谈话内容，思考如果是自己处理有哪些事项是需要注意的？不同行业的危机传播管理有何特殊性 （2）认知社会，了解社会对毕业生的实践能力要求、对企业中的工作实践有更多的认知 （3）理解今天所储备的知识未来在企业中的可能应用
技能训练单元九：理论联系实践的综合应用能力
1. 课堂讨论 【讨论内容】讨论以下几点内容： （1）危机事件通常会给心理造成怎样的负面影响 （2）危机过后如何与社会大众沟通、进行心理疏导，尽快恢复 （3）你印象中的企业在危机事件后能够缓解你心理疑虑的事件 2. 角色扮演 【扮演内容】你是一家刚创业的公司 CEO 【面临问题】面临的问题有以下几点： （1）产品卫生问题遭到质疑，你应该如何写新闻稿对外进行沟通解释 （2）如何消除消费者的疑虑 （3）面对记者的一再追问质疑，应该如何应对 【训练目标】训练要达到以下两点目标： （1）危机对外公关发言能力 （2）撰写新闻发言稿 （3）情境模拟 【模拟内容】下面的记者可以针对危机事件陆续"刁难"，CEO 和团队们如何开会合作进行"答疑解惑"，让消费者信服 【训练目标】训练要达到以下两点目标： （1）培养分析所面对应急问题的能力 （2）培养面对实际的答记者问情景进行组织和策划的能力

七、课程实践技能参与式教学评价标准

企业危机管理课程实践技能参与式教学评价标准如表 3-30 所示。

表 3-30　企业危机管理课程实践技能参与式教学评价标准

考核对象	评分主要参考
案例分析	回答的创意性、条理性、全面性
情境模拟	情境设置合时宜、回答问题用语的专业性
角色模拟	前期准备充分、团队配合默契、能给观众一定启示、回答问题更具反思性
课堂讨论	一半的小组必须参与讨论、提问有深度、有广度
课后作业	格式的规范性、框架清晰、字数达到要求、内容要有自主思考部分

相关要求：①学生满意度、班委满意度情况登记与收集。情境模拟课一定要做一次满意度测试。让学委登记，班委们的意见是重要的参考。②情境模拟课程前期必须草拟课程组织计划、课后进行反思。不让学生点赞，有意让学生挑剔，提更多的不足和改进意见，促进课堂组织能力的进一步提升。每周课后进行一次意见收集，然后阅读学生的意见稿。仔细审查学生心得体会的作业内容。③作为期末测评的一项重要内容。认真阅读，对于投入程度和字数不够的学生不给予高分支持。让学生认真总结，从书写的语段中领会学生的需求，改进来年的课堂教学。

八、课程实践技能参与式教学设计总结

1. 寓教于情境模拟会更有效果

经过一学期的试行调整，将会把课堂组织得更加合理有序，学生在项目中不仅能得到动手实践的乐趣，还能培养相应的能力。

2. 有体系的案例对比分析更有利于理解领会

在大学课堂当中，对于很难模拟的情境，必须通过更多的案例让学生进行认知。案例的梳理，最好能配合相关的视频，通过视听，达到更好的效果。

3. 通过提问和互动更好地引领启发式教学

大学课堂教师单纯讲授的时间要适量缩短，必须通过多提问、讨论和互动，让学生思考、表达和发挥才是真正的大学课堂，启发学生的思维。

4.课堂教学的任何内容背后都应该有对于学生能力培养的构想和主思路

大学课堂的模式多种多样，对于商科而言，最没有效率的模式就是老师针对书本长时间地讲理论、讲概念。而丰富多彩的创新课堂形式并不是为花样化而设计，必须明确设计的目的，并设置指标甚至量化指标来衡量教学是否达到预期的训练结果。这就是教学管理中的控制反馈。

第四篇　财务管理

基础会计
参与式教学项目设计与实施

高培玲

一、课程简介

基础会计是经济管理类专业的一门专业基础课，是应用性的经济管理学科，本课程在概括阐述会计基本理论和会计工作组织的基础上，重点阐述会计核算方法的原理和操作技能，包括会计确认、计量、记录、报告的基本原理和方法。该课程既有特定的理论和方法体系，又具有较强的实用性和操作性。

二、课程教学目的

通过本课程的学习，使学生能够了解基础会计的课程性质、重要意义和研究方法；理解和掌握基础会计的基本概念、基本理论和基本方法。理解借贷记账法原理，熟练掌握会计核算的七种专门方法，掌握会计核算的基本前提、基本原则、会计工作组织等理论问题，从而能够运用基础会计的理论和方法分析并解决企业的会计基础问题。

三、课程重点与难点

基础会计课程的重点：①了解会计对象的内容，了解六大会计要素的含义和内容。②会计等式以及经济业务对会计等式的影响。③设置会计科目的意义和原则；账户的基本结构。④复式记账的原理。⑤借贷记账法的账户结构、记账规则及试算平衡。

基础会计课程的难点：①如何引导学生对六大会计要素的识别。②如何引导学生领会会计科目与账户的关系。③如何引导学生运用复式记账、借贷记账法对企业发生的经济业务进行会计核算。

四、课程教学方法说明

基础会计课程安排一个学期,课时计划是每周 4 学时,总共 72 学时,4 学分。其中,课堂讲授 47 学时,课堂练习 7 学时,计 3 学分;实验室实验 18 学时,计 1 学分。

在教学过程中,本着以人为本的教学理念,根据会计实务操作性强的特点,采用课堂讲授与实物案例教学相结合,理论联系实际的教学方法进行相关的实验教学;通过多媒体课件,将形象又生动的企业经济业务的活动过程完整地展示给学生,安排一定课时组织学生进行课堂讨论和练习,并根据教学进度及时布置作业,然后再进行配套的实验,充分调动学生的多种感官参与教学活动,真正实现教与学的互动。

五、课程实践技能点与对应参与式教学项目设计

基础会计课程技能总目标:具备运用会计核算方法的原理对企业发生的各种经济业务进行确认、计量、记录、报告,为日后成为专业会计人员打好基础。

基础会计课程技能具体目标主要包括三项:

首先,"识记"——会计学的基本理论、基本知识体系。对会计有关的名词、概念、知识能正确认知和表述。

其次,"理解"——在识记的基础上,能全面把握基本概念、基本理论、基本方法,能掌握有关概念、方法的区别与联系。

最后,"应用"——在理解的基础上,能运用基本概念、基本方法对企业发生的经济业务进行会计处理。从而达到具备分析问题和解决问题的基本能力。

基础会计课程实践技能点与对应参与式教学项目设计如表 4-1 所示。

表 4-1 基础会计课程实践技能点与对应参与式教学项目设计

序号	课程技能点	参与式教学项目设计	教学时间安排
1	会计基本理论知识的认知能力	课堂讨论、案例分析	讲授 4 课时
2	会计核算的基本方法,会计要素、会计等式、会计账户和复式记账原理运用能力	课堂讨论、案例分析、实验室实验	讲授 11 课时,课堂讨论和练习 3 学时,实验室实验 4 课时
3	企业主要经济业务的会计核算能力	课堂讨论、案例分析、实验室实验	讲授 14 课时,课堂讨论和练习 2 学时,实验室实验 10 课时
4	会计核算形式、财产清查和会计报表实际操作能力	课堂讨论、案例分析、实验室实验	讲授 16 课时,课堂讨论和练习 2 课时,实验室实验 4 课时
5	会计管理工作能力	课堂讨论	讲授 2 课时

六、课程实践技能参与式教学项目设计具体内容

基础会计课程实践技能参与式教学项目设计具体内容如表 4-2 所示。

表 4-2　基础会计课程实践技能参与式教学项目设计具体内容

技能训练单元一：会计的基本理论知识的认知能力
1. 课堂讨论 【讨论内容】讨论以下两点内容 （1）什么是会计，会计就是记账吗？你是如何理解会计的 （2）结合生活中的实例，谈谈会计有哪些作用 【训练目标】训练达到以下两点目标： （1）理解和掌握会计的概念 （2）认知会计在经济生活中的作用 2. 案例分析 个人创办小企业到盈利过程 【讨论内容】会计在创办小企业过程中扮演了什么样的角色 【训练目标】了解会计术语，什么是投资、借款、费用、收入、投资人投资以及独资企业、合伙企业和公司
技能训练单元二：理解和掌握会计核算的基本方法、会计要素、会计等式、账户和复式记账原理的运用能力
1. 课堂讨论 【讨论内容】讨论内容有以下几点： （1）根据企业的生产经营过程，思考其中的资金运动方式 （2）试结合会计等式的平衡关系说明经济业务对会计等式的影响 （3）会计科目与账户的区别与联系 （4）在借贷记账法下会不会破坏会计恒等关系，为什么 （5）编制会计分录的目的是什么 （6）总分类账户与明细分类账户平行登记的原理是什么 【训练目标】训练达到以下几点目标： （1）对会计对象、会计六大要素的本质理解 （2）会计等式的"恒等"概念的理解 （3）会计科目与账户在会计核算中的重要性 （4）掌握借贷记账法的使用 （5）掌握会计分录定义以及使用会计分录的意义 （6）借贷记账法下的试算平衡的方法 2. 案例分析 （1）某企业账务处理存在错误 【讨论内容】每一笔的错误违背了哪项会计假设或会计原则 【训练目标】认知会计假设或会计原则 （2）某企业试算平衡表存在假平衡 【讨论内容】为什么会存在假平衡

续表

技能训练单元二：理解和掌握会计核算的基本方法、会计要素、会计等式、账户和复式记账原理的运用能力
【训练目标】认知试算平衡表的本质 3. 实验室实验 账户的设置与登记 【实验资料及要求】实验资料及要求有以下几点： （1）根据经济业务编制会计分录 （2）根据会计分录登记总分类账及相关明细账 （3）根据总分类账户的资料编制试算平衡表 （4）根据明细分类账户的资料编制本期发生额和余额核对表，并与总分类账相核对 【训练目标】总分类账户和明细分类账户的设置、平行登记以及试算平衡，给初学会计知识的学生以感性认识
技能训练单元三：企业主要经济业务的会计核算能力
1. 课堂讨论 【讨论内容】讨论内容有以下几点： （1）根据企业资金运动的内容，简要说明会形成哪些主要的经济业务 （2）公司举债经营和所有者追加投资这两种筹资方式各有什么优缺点？如何做出适当的选择 （3）结合"划分收益性支出与资本性支出"原则的内容说明借款费用资本化对企业财务状况和经营成果的影响 （4）生产费用、生产成本的含义及其相互关系 （5）为什么要专设"利润分配"账户记录企业的利润分配内容，而不在"本年利润"账户核算 （6）企业的每一笔调整分录都对净利润有影响吗？为什么 【训练目标】训练达到以下几点目标： （1）认知企业的经济业务内容 （2）认知所有者权益和负债的概念和区别 （3）认知收益性支出与资本性支出，借款费用资本化的本质 （4）区别生产费用和生产成本 （5）认知"利润分配"账户和"本年利润"账户用的时点 （6）认知净利润的形成 2. 案例分析 （1）权责发生制和收付实现制 【讨论内容】权责发生制和收付实现制的概念 【训练目标】认知权责发生制和收付实现制的区别 （2）结转完工产品生产成本 【讨论内容】制造费用，跨期摊配费用，固定资产折旧费 【训练目标】完工产品成本的计算、结转 （3）供应过程的核算 【讨论内容】工业企业的经济业务是怎样进行分类的 【训练目标】供应过程核算的账户设置及灵活运用主要经济业务的核算 （4）生产过程的核算 【讨论内容】工业企业生产经营过程包括哪几个阶段？各阶段的主要核算内容是什么 【训练目标】生产过程核算的主要内容，生产过程核算的账户设置

续表

技能训练单元三：企业主要经济业务的会计核算能力
（5）销售过程主要经济业务的核算 **【讨论内容】** 何时确认销售收入、销售过程账户核算应设置哪些账户 **【训练目标】** 要求正确理解销售过程核算的主要内容、账户设置 （6）销售过程主要经济业务的核算 **【讨论内容】** 何时确认销售收入、销售过程账户核算应设置哪些账户 **【训练目标】** 要求正确理解销售过程核算的主要内容、账户设置 （7）财务成果的核算 **【讨论内容】** 什么是财务成果及账户的设置，本年利润和利润分配账户的设置和区别 **【训练目标】** 认知财务成果实现和分配 3. 实验室实验 经济业务模拟实验 **【实验资料及要求】** 实验资料及要求有以下几点： （1）根据经济业务编制会计分录 （2）根据经济业务审核外来原始凭证 （3）根据经济业务练习自制原始凭证的填制 （4）根据会计分录编制科目余额 **【训练目标】** 了解目标企业常规业务的构成，掌握常规业务原始凭证的传递、填制和审核，常规业务记账凭证的编制与审核，常规业务会计账簿的开设与登记方法，培养学生动手和实践能力

技能训练单元四：会计核算形式、财产清查和会计报表实际操作能力
1. 课堂讨论 **【讨论内容】** 讨论内容有以下几点： （1）账户是如何分类？为什么 （2）会计凭证有哪些作用和种类 （3）什么叫账簿？账簿分类的标准有几个？企业要设置哪些账簿 （4）什么叫成本？费用与成本之间的关系如何 （5）财产清查的核算需要设置的主要账户是什么？如何核算 **【训练目标】** 训练达到以下目标： （1）认知按经济内容分类以及账户按用途和结构分类的方法，熟悉各类账户的用途和结构特点 （2）认知会计凭证的审核、传递和保管 （3）正确理解账簿的概念、账簿的作用和账簿的种类、设置和登记 （4）正确进行成本的计算 （5）财产清查的账务处理 2. 实验室实验 登记总账、明细账、错账更正 **【实验资料及要求】** 实验资料及要求有以下几点： （1）根据会计分录登记总账、明细账 （2）根据总账编制科目余额 （3）错账更正 **【训练目标】** 认知记账规则、错账更正方法

续表

技能训练单元五：会计管理工作能力
课堂讨论 【讨论内容】如何把凭证、账簿、报表衔接起来，使之成为有机整体 【训练目标】会计核算组织程序的意义、要求和种类

七、课程实践项目设计总结

基于应用型本科人才培养目标和培养规格，在教学方法上以能力培养的系统化取代知识培养的系统化，因此我们对基础会计的教学方法进行改革，以求全面提升人才培养的质量。

基础会计课程的改革强调理论与实践教学并重，突出学生素质、能力思维的培养，设置了课堂讨论、课堂练习、案例分析、实验实训课等环节来引导学生学习，激发学生的学习兴趣，引导学生在"角色"、"情境"中思考和分析问题，培养学生的动手能力、创新能力和解决问题的能力。

基础会计模拟实验
参与式教学项目设计与实施

蔡赛容

一、课程简介

基础会计模拟实验是一门将会计理论与会计实务融为一体，以培养学生基本专业技能为根本宗旨的必修实践课。基础会计模拟实验以《企业会计准则》和《会计基础工作规范》为依据，以企业经济活动为线索，设计了七个单项实验和一个综合实验，模拟从原始凭证的填制、审核，记账凭证的填制、审核，日记账、总账和各种明细账的登记，错账更正到资产负债表和利润表的编制等完整会计循环流程。

二、课程教学目的

基础会计模拟实验课程所提供的经济业务，尽量选择真实的原始凭证，按照实际工作中日常业务发生的顺序编排，使学生了解和掌握会计工作的实际程序，并进行仿真演练。本课程尽量采用规范化的原始凭证，要求学生在处理每一项经济业务之前，必须先对原始凭证进行认真的审核，并在此基础上再进行账务处理。为了培养学生综合、分析问题能力，本课程除强化企业财务会计、成本会计及簿记的实践外，还应综合该专业教学计划中其他主干课程如财务管理和审计学等的有关内容。本课程应充分体现会计改革和税制改革的基本内容，使学生更深入地了解其改革现状，以缩短步入社会的适应期限。

三、课程重点与难点

基础会计模拟实验课程的重点：①基础会计中相关基本概念、基本理论及方法或技术。②基础会计技能的训练。对基础会计学核心知识点的理解与应用，培养学生创造性地运用知识解决各种问题的能力，处理各种账务的技能。

基础会计模拟实验课程的难点：①如何引导学生能在系统学习基础会计学基础知识的同时，掌握在不同企业财务环境中遇到的各种业务问题及业务流程。②掌握工业企业一个完整会计循环流程的做账技能。

四、课程教学方法说明

基础会计模拟实验是一门实践性很强的应用科学，在教学上既要重视理论教学，又要强调对学生实践技能的培养。本课程在教学方法的设计上重点采用仿真实训平台进行实训和手工实训做账相结合的两种教学方法。

五、课程实践技能点分析

基础会计模拟实验课程实践技能点与对应参与式教学项目设计如表 4-3 所示。

表 4-3　基础会计模拟实验课程实践技能点与对应参与式教学项目设计

序号	课程技能点	参与式教学项目设计	教学时间安排
1	填制和审核各类原始凭证技能	平台实训、团队练习、团队讨论	第 1~2 周
2	填制和审核各类记账凭证技能	平台实训、团队练习、团队讨论	第 3~4 周
3	会计凭证的整理和装订技能	视频教学、团队讨论	第 5 周
4	账簿的设置和登记技能	平台实训	第 6~7 周
5	对账与错账更正的技能	平台实训	第 8 周
6	资产负债表和利润表编制技能	平台实训、团队练习	第 9~10 周
7	特殊项目技能	团队练习	第 11 周

通过实施此方案，实现学生从被动的传统学习方式向开放式的自主学习模式的转变，积极探索与运用参与式教学、体验式教学和互动式教学。本课程的教学方法说明如表 4-4 所示。

表 4-4　基础会计模拟实验课程实践技能训练教学方法说明

序号	教学方法	具体说明
1	平台实训	为每位学生创建一个账号和密码，让学生登录到网中网基础会计实训平台进行仿真实训
2	团队讨论	在基础会计学知识点的讲授中，每章重要的知识点都有解释说明，在课堂教学中可以采用形式多样化的教学方式展开讨论。由学生应用所学知识，放开思路，大胆表达自己的意见与建议，相互学习

续表

序号	教学方法	具体说明
3	团队练习	在第一次授课时，就要求学生自由组合成4个人左右的学习小组，选举小组负责人开展课程相关的团队练习训练
4	手工实训	每位学生运用真实的凭证资料和会计办公用品进行企业一个期间的账务处理
5	视频教学	视频教学是将企业财务部会计人员对凭证装订和整理的手工操作流程通过剪辑制成音像片，让学生观看学习

六、实践技能参与式教学项目设计具体内容

1. 填制和审核各类原始凭证技能项目设计具体内容

由于原始凭证的种类不同，其具体填制方法和填制要求也不尽相同，但就原始凭证应反映经济业务、明确经济责任而言，原始凭证的填制有其一般要求。为了确保会计核算资料的真实、正确且及时，应按下列要求填制原始凭证：①必须真实和正确。②必须完整和清楚。③书写格式要规范。④必须有经办人员和有关责任人员的签章。⑤必须及时填制。

审核原始凭证主要有以下两方面：①审核原始凭证的真实性。②审核原始凭证的合法性、合规性和合理性。即原始凭证所反映的经济业务是否符合国家颁发的有关财经法规、财会制度，是否有违法乱纪等行为。经审核的原始凭证应根据情况不同进行处理：①对于完全符合要求的原始凭证，应及时据以编制记账凭证入账。②对于真实、合法、合理但内容不够完整、填写有错误的原始凭证，应退回给有关经办人员，由其负责将有关凭证补充完整、更正错误或重开后，再办理正式会计手续。③对于不真实、不合法的原始凭证，会计机构、会计人员有权不予接受，并向单位负责人报告。

结合以上实训要求，在此环节设计了两个具体实训内容（如表4-5所示），以期培养学生填制和审核各类原始凭证的技能。

表4-5 填制和审核各类原始凭证技能实训任务设计

名 称	实训内容
实训任务1：原始凭证的填制	（1）与销售有关的原始单据填制 （2）与生产有关的原始单据填制 （3）与其他方面经济活动有关的原始单据填制
实训任务2：原始凭证的审核	请对上述填制的原始凭证进行审核

2. 填制和审核各类记账凭证技能项目设计具体内容

（1）对记账凭证的要求。记账凭证是登记账簿的依据，正确填制记账凭证，是保证账簿记录正确的基础。填制记账凭证应符合以下几点基本要求：

1）审核无误，即在对原始凭证审核无误的基础上填制记账凭证。这是内部控制制度的一个重要环节。

2）内容完整，即记账凭证应该包括的内容都要具备。应该注意的是记账凭证的日期，一般为编制记账凭证当天的日期，按权责发生制原则计算收益、分配费用、结转成本利润等调整分录和结账分录的记账凭证，虽然需要到下个月才能编制，仍应填写当月月末的日期，以便在当月的账内进行登记。

3）分类正确，即根据经济业务的内容，正确区别不同类型的原始凭证，正确应用会计科目。在此基础上，记账凭证可以根据每一张原始凭证填制，或者根据若干张同类原始凭证汇总编制，也可以根据原始凭证汇总表填制，但不能将不同内容和类别的原始凭证汇总填制在一张记账凭证上。

4）连续编号，即记账凭证应连续编号。这有利于分清会计事项处理的先后，便于记账凭证与会计账簿之间的核对，确保记账凭证的完整。

（2）记账凭证的审核内容。记账凭证填制后，必须经过审核无误后，才能据以登记账簿。记账凭证审核的主要内容有以下几点：

1）记账凭证是否附有原始凭证，所附原始凭证是否齐全，记账凭证的经济内容是否与所附原始凭证的内容相符等。

2）记账凭证中载明的业务内容是否合法、正常，应借应贷的账户是否正确。

3）记账凭证上的项目是否填写清楚、完整，编号是否连续，有关人员的签章是否齐全。

结合以上实训要求，在此环节设计了两个具体实训内容，以期培养学生填制和审核各类原始凭证的技能（如表4-6所示）。

表4-6 填制和审核各类记账凭证技能实训任务设计

名　称	实训内容
实训任务1：记账凭证的填制	（1）收款凭证的填制 （2）付款凭证的填制 （3）转账凭证的填制 （4）通用记账凭证的填制
实训任务2：记账凭证的审核	请对上述填制凭证进行审核

3. 整理和装订记账凭证技能项目设计具体内容

会计凭证登记完毕后，应将记账凭证连同所附的原始凭证或者原始凭证汇总表按照编号顺序折叠整齐，准备装订。会计凭证在装订之前，必须进行适当的整理，以便于装订。会计实务中收到的原始凭证纸张往往大小不一，因此，需要按照记账凭证的大小进行折叠或粘贴。通常，对面积大于记账凭证的原始凭证采用折叠的方法，按照记账凭证的面积尺寸，将原始凭证先自右向左，再自下向上两次折叠。折叠时应注意将凭证的左上角或左侧面空出，以便于装订后的展开查阅。对于纸张面积过小的原始凭证，则采用粘贴的方法，即按一定次序和类别将原始凭证粘贴在"单据粘贴单"上。粘贴时要注意，应尽量将同类同金额的单据粘在一起，粘贴完成后，应在粘贴单上注明原始凭证的张数和合计金额。对于纸张面积基本与记账凭证相同的原始凭证，则可以用回形针或大头针别在记账凭证后面，待装订凭证时，抽去回形针或大头针，或在填制凭证时直接将原始凭证粘在记账凭证后面。对于数量过多的原始凭证，如领料单，发放表等，可以单独装订保管，但应在封面上注明原始凭证的张数、金额，所属记账凭证的日期、编号、种类。封面应一式两份，一份作为原始凭证装订成册的封面，封面上注明"附件"字样；另一份附在记账凭证的后面，同时在记账凭证上注明"附件另订"，以备查考。

会计凭证的装订要求：①每册凭证的厚薄应基本保持一致，不能把几张应属一份记账凭证附件的原始凭证拆开装订在两册之中，要做到既美观大方又便于翻阅。②一本凭证的厚度一般以2~3厘米为宜。以月份为单位，分现金、银行、转账，装订成若干册。③会计凭证应于月末结账后10日内装订完毕。④凭证封面应用较为结实、耐磨、韧性较强的牛皮纸等，凭证要用两张空白纸张做封底，防止最后一张凭证损坏。封面上应注明单位名称、年度、月份、凭证种类、起讫号码，整理负责人和保管人分别盖章。凭证侧面装订处也要填写年度、月份、凭证种类、起讫号码，装订成册的会计凭证封面正面必须加盖财务专章，装订线处加盖齐缝章。⑤凭证编号，先按凭证种类编号如现金×号、银行×号、转账×号，再按全月全部凭证编号如共6本则编号为1/6，2/6，…，6/6，顺序为现金、银行、转账，以便能较快查找全月凭证。⑥凭证装订采用"三针引线法"装订，装订凭证应使用棉线，在左上角部位打上三个针眼，实行三眼一线打结，并放在凭证封皮的里面，装订时尽可能缩小所占部位，使记账凭证及其附件保持尽可能大的显露面，以便于事后查阅，但是也要注意不能太小，防止凭证脱落。

本技能采用软件视频教学实验方式进行培养。视频地址如下：

基础会计实训教学平台（版本6.0）访问网址：http://10.134.242.13:8080/netinnet_jckj_v60。

4.账簿的设置和登记技能项目设计具体内容

会计账簿是用以全面、连续、系统地记录各项经济业务的簿籍。且由具有专门格式、相互联结的账页所组成。不同的账簿有不同的登记依据和方法。

总分类账一般采用订本式账簿。总分类账的账页格式，一般采用"借方"、"贷方"、"余额"三栏式，根据实际需要，也可以在"借方"、"贷方"两栏内增设"对方科目"栏。总分类账的账页格式也可以采用多栏式格式，如把序时记录和总分类记录结合在一起联合账簿，即日记总账。

三栏式明细分类账簿的格式与三栏式总分类账簿的格式基本相同，设有"借、贷、余"三个基本栏次，但一般不设置反映对应科目的栏次。三栏式明细分类账是由会计人员根据审核无误的记账凭证或原始凭证，按经济业务发生的时间先后顺序逐日逐笔进行登记。

在一个明细账单中，根据账目的明细内容，设置多个栏目，用来（填写）显示统计项目的各种属性以及各种属性之间的因果关系。多栏式明细账适用于物资采购明细分类核算、营业外支出明细分类核算、生产成本明细分类核算、产品销售收入以及费用类明细分类核算等。这种明细账单的栏目有并列结构，也有树状结构。

数量金额式明细分类账其借方（收入）、贷方（发出）和余额（结存）都分别设有数量、单价和金额三个专栏。适用于既要进行金额核算又要进行数量核算的账户。数量金额式明细分类账是由会计人员根据审核无误的记账凭证或原始凭证，按经济业务发生的时间先后顺序逐日逐笔进行登记的。

现金日记账（Cash Journal）是用来逐日反映库存现金的收入、付出及结余情况的特种日记账。现金日记账必须采用订本式账簿，其账页格式一般采用"收入"（借方）、"支出"（贷方）和"余额"三栏式。现金日记账通常由出纳人员根据审核后的现金收款凭证和现金付款凭证，逐日逐笔顺序登记。但由于从银行提取现金的业务，只填制银行存款付款凭证，不填制现金收款凭证，因而从银行提取现金的现金收入数额应根据有关的银行存款付款凭证登记。每日业务终了时，应计算、登记当日现金收入合计数、现金支出合计数以及账面结余额，并将现金日记账的账面余额与库存现金实有数核对，借以检查每日现金收入、付出和结存情况。

银行存款日记账是专门用来记录银行存款收支业务的一种特种日记账。银行存款日记账必须采用订本式账簿，其账页格式一般采用"收入"（借方）、"支出"（贷方）和"余额"三栏式。银行存款收入数额应根据有关的现金付款凭证登记。每日业务终了时，应计算、登记当日的银行存款收入合计数、银行存款支出合计数及账面结余额，以便检查监督各项收入和支出款项，避免坐支现金的出现，并便于定期同银行送来的对账单核对。

为了培养学生获得账簿设置和登记技能，设置了以下三个实训任务，如表4-7所示。

表 4-7　账簿的设置和登记技能实训任务设计

名　称	实训内容
实训任务 1：账簿的设置	（1）总账的建账 （2）明细账的建账 （3）日记账的建账
实训任务 2：账簿的启用	（1）总分类账账簿的启用 （2）现金日记账账簿的启用 （3）银行存款日记账账簿的启用 （4）数量金额式明细账账簿的启用 （5）三栏式明细账账簿的启用 （6）多栏式明细账账簿的启用
实训任务 3：账簿的登记	（1）明细账的登记 　1）三栏式明细账 　2）数量金额式明细账 　3）多栏式明细账 （2）日记账的登记 　1）现金日记账的登记 　2）银行存款日记账的登记 （3）总分类账的登记 1 　1）银行存款总账 　2）应收账款总账 　3）短期借款总账 　4）应付账款总账 （4）总分类账的登记 2 　1）库存现金总账登账 　2）其他应收款总账登账 　3）应付票据总账登账

5. 对账与错账更正技能项目设计具体内容

对账内容包括以下几项：①账证核对。账证核对应就原始凭证、记账凭证与账簿记录中的各项经济业务核对其内容、数量、金额是否相符以及会计科目是否正确。根据业务量的大小，可逐笔核对，也可抽查核对。如发现有差错，应逐步查对到最初的依据，直至查出差错的原因为止。②账账核对。账账核对是指核对不同会计账簿之间的账簿记录是否相符。③账实核对。账实核对要求账簿记录余额与各项财产物资和现金、银行存款及各种有价证券的实存数核对相符。核对的方法是财产清查。对固定资产、材料、在产品、产成品、现金等，均应通过盘点实物，并与账存数核对，看其是否相符。④账表核对。账表核对是指对会计账簿的记录与会计报表有关内容核对。

常用的错账更正方法有以下三种：①画线更正法。适用于记账凭证正确，而账簿记录中的文字或数字有错误时。操作方法：先在错误的文字或数字上画一条红线予以注销，并使原来的字迹仍可辨认，然后在红线上方空白处用蓝字填写正确的文字或数字，并在更正处由记账人员盖章。②红字更正法。适用于记账凭证上的应记科目或金额发生错误，并据已登记入账。操作方法：更正时先用红字金额填写一张内容与错误凭证完全相同的记账凭证，并在摘要栏注明"冲销（或更正）×月×日第×号凭证错误"，并据以用红字金额登记入账，冲销原有错误记录。然后，用蓝字金额填制一张正确的记账凭证，并据以登记入账。另外，有时在记账后发现记账凭证中应借、应贷的账户没有错，只是所填金额大于应填金额，可填制一张红字金额记账凭证，在"金额"栏中填列多计的金额，在"摘要"栏内注明"冲转第×号凭证多计数"，并据以入账，冲销原来多记的金额。③补充登记法。适用于根据记账凭证登记账簿后，发现记账凭证中应借、应贷的会计账户正确，但所填的金额小于正确金额的情况。操作方法：按少记的金额用蓝字填制一张记账凭证，在"摘要"栏中写明"补记第×号凭证少计数"，并据以登记入账，以补充登记少记的金额。

本技能的培养设置了以下两个实训任务（如表4-8所示）。

表4-8 对账与错账更正的技能实训任务设计

名　称	实训内容
实训任务1：对账	（1）账账核对（制造费用） （2）账账核对（管理费用） （3）账证核对（管理费用） （4）账证核对（制造费用）
实训任务2：错账更正	（1）红字更正法（会计科目错误） （2）红字更正法（会计科目及金额错误） （3）红字更正法（金额错误） （4）补充更正法专练

6.资产负债表与利润表编制技能项目设计具体内容

会计报表作为企业内部管理者了解本单位生产经营活动情况及其结果的重要信息资料和企业外部利害关系集团了解企业财务状况及其经营成果的唯一信息资料，必须保证会计报表的质量，以充分发挥其在决策中的作用。因此，各单位在编制会计报表时，应当根据真实的交易、事项以及完整、准确的账簿记录等资料，并按照国家统一的会计制度规定的编制基础、编制依据、编制原则和方法进行，做到内容完整、数字真实、计算准确、报送及时。

为了培养本技能设置了以下两个实训任务（如表4-9所示）。

表4-9　资产负债表和利润表编制技能实训任务设计

名　称	实训内容
实训任务1：资产负债表的编制	（1）北京海南有限公司资产负债表编制 （2）竞和有限公司资产负债表编制
实训任务2：利润表的编制	北京南方股份有限公司利润表编制

7. 特殊项目专练技能项目设计具体内容

银行存款余额调节表可作为银行存款科目的附列资料保存。该表主要目的在于核对企业账目与银行账目的差异，也用于检查企业与银行账目的差错。通过核对调节"银行存款余额调节表"上的双方余额相等，一般可以说明双方记账没有差错。如果经调节仍不相等，要么是未达账项未全部查出，要么是一方或双方记账出现差错，需要进一步采用对账方法查明原因，加以更正。调节相等后的银行存款余额是当日可以动用的银行存款实有数。对于银行已经划账，而企业尚未入账的未达账项，要待银行结算凭证到达后，才能据以入账，不能以"银行存款余额调节表"作为记账依据。

财产清查是对各项财产、物资进行实地盘点和核对，查明财产物资、货币资金和结算款项的实有数额，确定其账面结存数和实际结存数额是否一致，以保证账实相符的一种会计专门方法。财产清查是内部牵制制度的一部分，其目的在于定期确定内部牵制制度执行是否有效。在企业日常工作中，在考虑成本、效益的前提下，可选择范围大小适宜、时机恰当的财产清查。也就是说，可按照财产清查实施的范围、时间间隔等把财产清查适当地进行分类。

为了培养特殊项目专练技能，设置了下面两个实训任务（如表4-10所示）。

表4-10　特殊项目专练技能实训任务设计

名　称	实训内容
实训任务1：银行存款余额调节表的编制	北京南方股份有限公司银行存款余额调节表
实训任务2：财产清查	北京南方股份有限公司财产清查表编制

七、课程实践技能参与式教学评价标准和总结

  基础会计模拟实验课程实践技能参与式教学评价标准是通过上述各个单项技能的培养，使同学们能够熟练运用前述各项技能，并最终达到能够加以综合应用的目的。在各单项技能培养后，让同学们完成某一工业企业一个会计期间内的账务循环，以其是否能够独立完成这项任务作为教学的评价标准。基础会计模拟实验是一门应用性较强的课程，如果仅仅通过课堂纯理论的讲授将很难达到预期的教学效果，所以必须要有既能让学生学习到理论知识，又能将理论知识运用到实际中的教学方法和教学过程，而参与式教学方法就很好地满足了这些要求。由于教学时间和教学场所的限制，本课程的参与式教学项目总共设计了七项。在这七个项目的执行中将会遇到一些困难，比如，如何提高课堂模拟业务和企业业务之间的拟合度，使学生真正处在一个真实的企业环境中去处理真实的各项业务等，这些困难都需要在后续的课程教学中去妥善解决。

出纳实务
参与式教学项目设计与实施

何李坚

一、课程简介

出纳实务课程是财务管理专业一门专业实践课程,全面地介绍了出纳岗位的工作要求、工作内容和工作方法。

二、课程教学目的

通过本课程的学习,使学生不仅能全面了解并熟悉出纳各环节的业务处理方法,而且能完整地掌握现金、银行存款收支业务的办理程序及出纳现金日记账、银行存款日记账的登记办法等,对把握出纳知识要点,提高出纳工作水平意义重大。让每个学生可以得到锻炼,培养和提高学生财务管理的实际操作能力、分析判断能力、解决综合问题的能力,为将来的工作奠定良好的基础。

三、课程重点与难点

出纳实务课程的重点:①现金、银行存款收支业务的办理程序。②出纳现金日记账、银行存款日记账的登记。

出纳实务课程的难点:①点钞训练。②银行综合实务。③日记账的登记。

四、课程教学方法说明

出纳实务是一门实践性很强的应用科学,在教学上既要重视理论教学,又要强调对学生实践技能的培养。本课程在教学方法的设计上主要将重心放在以软件操作为主，教材自学为辅，完成从理论转向实践、从单项技能向综合技能的过渡。课程教学将紧密联系理论与实际，要求学习者关注知识与方法的应用。

五、课程实践技能教学项目设计

出纳实务课程技能总目标：培养融知识、能力与素质于一体的职业能力。

出纳实务课程实践技能点与对应参与式教学项目设计如表4-11所示。

表4-11 出纳实务课程实践技能点与对应参与式教学项目设计

序号	课程技能点	参与式教学项目设计	实施时间
1	数字的书写和计算技能	平台实训	第1周
2	点钞技能及假钞识别技能	视频教学、团队练习	第2~3周
3	办理银行票据和结算凭证的填制技能	平台实训	第4~8周
4	收付款业务常用原始凭证填制技能	平台实训	第9~11周
5	出纳账簿的设置与核算技能	平台实训	第12~13周
6	货币资金清查及票据管理技能	平台实训、团队练习	第14~15周

通过实施此方案，实现学生从被动的传统学习方式向开放式的自主学习模式的转变，积极探索与运用参与式教学、体验式教学和互动式教学。本课程的教学方法说明如表4-12所示。

表4-12 出纳实务课程实践技能训练教学方法说明

序号	教学方法	具体说明
1	平台实训	为每位学生创建一个账号和密码，让学生登录到网中网基础会计实训平台进行仿真实训
2	团队练习	在第一次授课时，就要求学生自由组合成3个人左右的学习小组，选举小组负责人开展课程相关的团队练习训练
3	视频教学	视频教学是将银行工作人员点钞视频以及会计人员对凭证装订和整理的手工操作流程通过剪辑制成音像片给学生观看学习

六、课程实践技能参与式教学项目设计具体内容

1. 数字的书写和计算技能项目设计具体内容

本技能要求掌握现金管理的原则、中文大写金额数字日期填写规范，通过技能的训练，

掌握出纳的岗位职责及岗位操作内容。

（1）现金管理的原则：①收付合法原则。来源、使用、收付范围合法。②钱账分管原则。现金管理不得兼管收入、支出、债权债务账簿的登记；稽核；保管会计档案。③收付两清原则。收付现金要当面点清，并复核。④日清月结原则。当日的现金收付业务都计入现金日记账，每日结出账面余额，并与实存数核对相符；现金日记账每月至少结一次账，并与其他有关账核对，看账账是否相符。

（2）中文大写金额数字、日期填写规范。银行、单位和个人填写的各种票据和结算凭证是办理支付结算和现金收付的重要依据，直接关系到支付结算的准确、及时和安全。票据和结算凭证是银行、单位和个人凭此记载账务的会计凭证，是记载经济业务和明确经济责任的一种书面证明。因此，填写票据和结算凭证必须做到标准化、规范化，要素齐全、数字正确、字迹清晰、不错漏、不潦草，防止涂改。出纳人员业务技能中最基本的一项是应当写得一手标准的数字和文字，特别是日期和金额的规范化书写。

1）中文大写金额数字填写。中文大写金额数字应用正楷或行书填写，如壹、贰、叁、肆、伍、陆、柒、捌、玖、拾、佰、仟、万、亿、元、角、分、零、整（正）等字样。不得自造简化字，不得使用一、二（两）、三、四、五、六、七、八、九、十、廿、毛、另（或0）填写。如果金额数字书写使用繁体字，如貳、陸、億、萬、圓，也是正确的。中文大写金额数字到"元"为止，在"元"之后应写"整"（或"正"），在"角"之后可写"整"（或"正"），也可以不写"整"（或"正"）。大写金额数字后面有"分"的，"分"后面不写"整"（或"正"）。中文大写金额数字前应标明"人民币"字样，大写金额数字应紧接"人民币"字样填写，不得留有空白，大写金额数字前未印有"人民币"字样的，应手工加填"人民币"三个字。阿拉伯数字中间有"0"时，中文大写应按照汉语语言规律、金额数字构成和防止涂改的要求进行书写。举例如下：①阿拉伯数字中间有"0"时，中文大小写金额要写"零"字，如￥1602.5，应写成人民币壹仟陆佰零贰元伍角整。②阿拉伯数字中间连续有几个"0"时，中文大写金额中间可以只写一个"零"字，如2008.45，应写成人民币贰仟零捌元肆角伍分。③阿拉伯金额数字万位或元位是"0"，或者数字中间连续有几个"0"，万位、元位也是"0"，但千位、角位不是"0"时，中文大写金额中可以只写一个"零"字，也可以不写。如￥1680.32，应写成人民币壹仟陆佰捌拾元叁角贰分或者写成人民币壹仟陆佰捌拾元零叁角贰分；又如￥304000.82，应写成人民币叁拾万肆仟元零捌角贰分或者叁拾万零肆仟元捌角贰分。④阿拉伯金额数字角位是"0"，而分位不是"0"时，中文大写金额"元"后面应写"零"字。如￥26505.02，应写成人民币贰万陆仟伍佰零伍元零贰分。又如￥325.04，应写成人民币叁佰贰拾伍元零肆分。阿拉伯小写数字金额前均应填写人民币符号"￥"，阿拉伯小写金额数字要认真填写，不得连写分辨不清。

2）中文大写日期填写。票据的出票日期必须使用中文大写。为防止变造票据的出票日期，在填写年月日时，月为壹、贰的和壹拾的，日为壹至玖和壹拾、贰拾和叁拾的应在其前加"零"；日为拾壹至拾玖的就在前加壹。如 2008 年 1 月 15 日，应写成贰零零捌年零壹月壹拾伍日。再如 2009 年 10 月 20 日，应写成贰零零玖年零壹拾月零贰拾日。票据出票日期使用小写填写的，银行不予受理。大写日期未按要求规范填写的，银行可予受理，但由此造成损失的，由出票人自行承担。

本技能的培养设置了如表 4-13 所示的两个实训任务。

表 4-13　数字的书写和计算技能实训任务设计

实训内容
1. 平台实训 中文大写金额数字日期填写规范 2. 案例分析 　　小张与小李都是应届会计专业本科毕业，同时应聘广东长江科技有限公司的会计职位。财务经理对小张、小李面试的表现都十分满意，真是难以取舍！在等待通知期间，小张、小李分别接到财务经理的来电：单位的出纳休产假三个月，担任会计期间同意兼任出纳吗？小张说："没问题！年轻人应该在实践工作中多锻炼。"小李说："不合适吧，会计不可以兼任出纳，经理还是另作安排。" 【分析内容】广东长江科技有限公司最终应录用小张还是小李？为什么 【训练目标】明确出纳岗位职责

2. 点钞技能及假钞识别技能项目设计具体内容

本技能要求掌握钞票识别要领和点钞技能，掌握出纳的岗位职责及岗位操作内容。
钞票识别要领有以下几点：

（1）水印。第五套人民币 100 元、50 元为毛泽东人头像固定水印，20 元为荷花固定水印，10 元为玫瑰花，5 元为水仙花，1 元为兰花。2005 版在冠号下方有白水印面额数字。

（2）红、蓝彩色纤维。在第五套人民币 1999 版 100 元、50 元、20 元、10 元、5 元的票面上，可看到纸张中有红色和蓝色纤维(2005 版取消此措施)。

（3）安全线。第五套人民币 1999 版 100 元、50 元为磁性微文字安全线；20 元为明暗相间的磁性安全线；10 元、5 元为正面开窗全息安全线。2005 版第五套人民币为全息开窗安全线，50 元和 100 元的窗开在背面，20 元、10 元、5 元开在正面。

（4）手工雕刻头像。第五套人民币所有面值纸币正面主景的毛泽东头像均采用手工雕刻凹版印刷工艺，形象逼真、传神、凹凸感强。

（5）隐形面额数字。第五套人民币各面值纸币正面右上方有一装饰图案，将票面置于与眼睛接近平行的位置，面对光源作平面旋转 45 度或 90 度角，可看到阿拉伯数字面额字样。

（6）光变面额数字。第五套人民币100元正面左下方用新型油墨印刷了面额数字"100"，当与票面垂直观察其为绿色，而倾斜一定角度则变为蓝色。50元则可由绿色变成红色。

（7）阴阳互补对印图案。第五套人民币正面左下角和背面右下方各有一圆形局部图案，透光观察，正背图案组成一个完整的古钱币图案。2005版100元、50元的互补图案在左侧水印区的右缘中部。

（8）雕刻凹版印刷。第五套人民币中国人民银行行名、面额数字、盲文面额标记等均采用雕刻凹版印刷，用手指触摸有明显凹凸感。1999版1元和2005版各面值正面主景图案右侧有一组自上而下规则排列的线纹，采用雕刻凹版印刷工艺印制，用手指触摸，有极强的凹凸感。

（9）号码(凸印)。第五套人民币1999版100元、50元为横竖双号码，横号为黑色，竖号为蓝色；其余面额为双色横号码，号码左半部分为红色，右半部分为黑色。2005版100元、50元为双色异型号码，中间大两边小。

（10）胶印缩微文字。第五套人民币100元、50元、20元、10元等面额纸币印有胶印缩微文字"RMB100"、"RMB50"、"RMB20"、"RMB10"、"RMB5"等字样，大多隐藏在花饰中。

（11）专用纸张。第五套人民币采用特种原材料由专用抄造设备抄制的印钞专用纸张印制，在紫外光下无荧光反应。较新的纸币在抖动时，会发出清脆的响声。

（12）变色荧光纤维。第五套人民币在特定波长的紫外光下可以看到纸张中随机分布有黄色和蓝色荧光纤维。

（13）无色荧光图案。第五套人民币各券别在正面行名下方胶印底纹处，在特定波长的紫外光下可以看到面额阿拉伯数字字样，该图案采用无色荧光油墨印刷，可供机读。

（14）有色荧光图案。第五套人民币100元背面主景上方椭圆形图案中的红色纹线，在特定波长的紫外光下显现明亮的橘黄色；20元券背面的中间在特定波长的紫外光下显现绿色荧光图案；50元券背面在紫外光下也会显现图案。

（15）胶印接线印刷。第五套人民币100元正面左侧的中国传统图案是用胶印接线技术印刷的，每根线均由两种以上的颜色组成。

（16）凹印接线印刷。第五套人民币背面最大的面额数字和正面左侧面额数字是采用凹印接线技术印刷的，两种墨色对接自然完整。

（17）凹印缩微文字。第五套人民币在正面右上方装饰图案中印有凹印缩微文字，在放大镜下，可看到"RMB100"、"RMB20"等与面值对应的字样。

（18）磁性号码。用特定的检测仪检测，1999版100元、50元的黑色横号码和20元、10元、5元的双色横号码中黑色号码有磁性，可供机读。

本技能的培训设置了如表4-14所示的两个实训任务。

表 4-14　点钞技能及假钞识别技能实训任务设计

实训内容
1. 平台实训 "兆日支付密码器"的使用 2. 模拟比赛 点钞模拟比赛

3. 办理银行票据和结算凭证的填制技能项目设计具体内容

重点掌握现金支票、转账支票、进账单、银行本票、银行汇票、商业承兑汇票、票据贴现凭证、银行电汇凭证、银行信汇凭证各类银行结算方式的专业技能。

（1）现金支票。支票是出票人签发的，委托办理支票存款业务的银行在见票时无条件支付确定的金额给收款人或者持票人的票据。支票上印有"现金"字样的为现金支票，现金支票只能用于支取现金。单位和个人在同一票据交换区域的各种款项结算，均可以使用支票。签发支票的金额不得超过付款时在付款人处实有的存款金额，禁止签发空头支票。支票的出票人预留银行签章是银行审核支票付款的依据，银行也可以与出票人约定使用支付密码，作为银行审核支付支票金额的条件。签发现金支票必须符合国家现金管理的规定。支票的提示付款期限自出票日起10日内。

（2）转账支票。支票是出票人签发的，委托办理支票存款业务的银行在见票时无条件支付确定的金额给收款人或者持票人的票据。支票上印有"转账"字样的为转账支票，转账支票只能用于转账。单位和个人在同一票据交换区域的各种款项结算，均可以使用支票。支票的提示付款期限自出票日起10日内。

（3）进账单。进账单是持票人或收款人将票据款项存入收款人银行账户的凭证，也是银行将票据款项记入收款人账户的凭证。

（4）银行本票。银行本票是申请人将款项交存银行，由银行签发的承诺自己在见票时无条件支付确定的金额给收款人或者持票人的票据。单位、个人需要使用银行本票进行结算，必须先填写银行本票申请书，向银行申请签发银行本票。银行本票申请书应填写收款人名称、支付金额、申请日期等事项并签章。

（5）银行汇票。银行汇票是出票银行签发的，由其在见票时按照实际结算金额无条件支付给收款人或者持票人的票据。单位和个人在异地、同城的各种款项结算，均可使用银行汇票。银行汇票可以用于转账，填明"现金"字样的银行汇票也可以用于支取现金。申请人或者收款人均为单位的，不得在"银行汇票申请书"上填明"现金"字样。银行汇票的提示付款期限自出票日起1个月内，可背书转让。申请人办理银行汇票，应向出票银行填写"银行汇票申请书"，出票银行受理银行汇票申请书，收妥款项后签发银行汇票，并用压数机压印出票金额,将银行汇票和解讫通知一并交给申请人。申请人应将银行汇票和解讫通知一并交付给汇票上记明的收款人。

(6)商业承兑汇票。商业承兑汇票是出票人签发的,由银行以外的付款人承兑,委托付款人在指定日期无条件支付确定的金额给收款人或者持票人的票据。商业承兑汇票的出票人,为在银行开立存款账户的法人以及其他组织,与付款人具有真实的委托付款关系,具有支付汇票金额的可靠资金来源。必须具有真实的交易关系或债权债务关系,才能使用商业承兑汇票,商业承兑汇票的付款人为承兑人。商业承兑汇票可以由付款人签发并承兑,也可以由收款人签发交由付款人承兑。可以在出票时向付款人提示承兑后使用,也可以在出票后先使用再向付款人提示承兑。商业汇票的付款期限最长不得超过 6 个月。商业汇票的提示付款期限自汇票到期日起 10 日内。

(7)票据贴现凭证。商业汇票的收款人或被背书人需资金时,可持承兑汇票向其开户银行申请贴现,填制贴现凭证。贴现凭证的内容包括申请人的全称、账号、开户行,贴现汇票的种类及号码、出票日、到期日、汇票承兑人、汇票金额、贴现率等。票据贴现是持票人在需要资金时,将其收到的未到期承兑汇票,经过背书转让给银行,先向银行贴付利息,银行以票面余额扣除贴现利息后的票款付给收款人,汇票到期时,银行凭票向承兑人收取现款。就客户而言,贴现即贴息取现。

银行在贴现票据时,贴现付款额的计算公式如下:

银行贴现付款额 = 票据面额 ×(1– 年贴现率 × 贴现后到期天数 /360 天)

(8)银行电汇凭证。电汇凭证是存款账户办理汇款的凭证。电汇是目前使用较多的一种汇款方式,便于汇款人向异地主动付款。单位和个人的各种款项结算均可使用电汇。

(9)银行信汇凭证。信汇是指汇出行应汇款人的申请,将信汇付款委托书寄给汇入行,授权解付一定金额给收款人的一种汇款方式。信汇实际上是客户将款项委托给银行,由银行通过邮寄方式将款项汇入到客户指定的收款人的当地银行转入收款人手中。这种汇款方式很慢,现在客户要求办理的较少。

本技能的培训设置了如表 4-15 所示的八个实训任务。

表 4-15 办理银行票据和结算凭证的填制技能实训任务设计

实训内容
实训任务 1:现金支票实训
实训任务 2:转账支票填列及进账单填列实训
实训任务 3:银行本票实训
实训任务 4:银行汇票实训
实训任务 5:商业汇票结算
实训任务 6:汇兑结算方式
实训任务 7:委托收款结算
实训任务 8:购买支付结算凭证

4. 收付款业务常用原始凭证填制技能设计具体内容

重点掌握填写增值税专用发票、增值税普通发票、通用手工发票、收据、现金存款凭条等收付款业务常用原始凭证的专业技能。

（1）增值税专用发票。增值税专用发票是由国家税务总局监制设计印制的，只限于增值税一般纳税人领购使用的，既作为纳税人反映经济活动中的重要会计凭证又是兼记销货方纳税义务和购货方进项税额的合法证明；是增值税计算和管理中重要的决定性的合法的专用发票。

按照国家税务总局规定，从2003年8月1日起，所有增值税一般纳税人如果需要使用增值税专用发票，必须使用防伪税控系统开具增值税专用发票。因此，增值税专用发票使用对象只能是安装了防伪税控系统的增值税一般纳税人。

增值税专用发票是可以认证进行税额抵扣的。

增值税专用发票基本联次为三联：

第一联为记账联，销售方用作记账凭证。

第二联为抵扣联，购货方扣税凭证。

第三联为发票联，购货方记账凭证。

（2）增值税普通发票。增值税普通发票，是将除商业零售以外的增值税一般纳税人纳入增值税防伪税控系统开具和管理，也就是说一般纳税人可以使用同一套增值税防伪税控系统开具增值税专用发票、增值税普通发票等，俗称"一机多票"。增值税普通发票是不可以认证进行税额抵扣的，在开具时，普通发票的购货单位栏也可以只填写购货人的公司名称。

增值税普通发票基本联次为两联：

第一联为记账联，销售方用作记账凭证。

第二联为发票联，购买方用作记账凭证。

（3）通用手工发票。通用手工发票分为千元版和百元版两种，规格为190毫米×105毫米。手工发票基本联次为三联，即存根联、发票联、记账联。

（4）收据。收据是企事业单位在经济活动中使用的原始凭证，主要是指财政部门印制的盖有财政票据监制章的收付款凭证，用于行政事业性收入，即非应税业务。一般没有使用发票的场合都应该使用收据，其是重要的原始凭证。

（5）现金存款凭条。现金存款凭条是开户单位将现金送存银行时填写的单据。各单位必须按库存限额保管、使用现金，收取的现金和超出库存限额的现金应该及时送存开户银行。

现金送存的一般程序：首先由出纳人员清点票币，款项清点整齐核对无误后，出纳人员根据清点情况填写现金存款凭条并将现金送存银行。

银行经办人员清点无误并核对存款凭条后，在现金存款凭条上加盖现金收讫章，将第一联交存款单位作记账凭证，第二联银行留存作为贷方传票。

本技能的培训设置了如表 4—16 所示的两个实训任务。

表 4-16 收付款业务常用原始凭证填制技能实训任务设计

实训内容
实训任务 1：收款业务涉及的原始凭证
实训任务 2：付款业务涉及的原始凭证

5. 出纳账簿的设置与核算技能设计具体内容

重点练习现金日记账、银行存款日记账的填制及学习结账和对账的知识，掌握出纳账簿与凭证交接的专业技能。

（1）日记账具体要求。日记账的要求有以下几点：

1）根据复核无误的收、付款记账凭证记账。现金出纳人员在办理收、付款时，应当对收款凭证和付款凭证进行仔细的复核，并以经过复核无误的收、付款记账凭证和其所附原始凭证作为登记现金日记账的依据。

2）所记载的内容必须同会计凭证相一致，不得随便增减。每一笔账都要记明记账凭证的日期、编号、摘要、金额和对应科目等。经济业务的摘要不能过于简略，应以能够清楚地表述业务内容为度，便于事后查对。日记账应逐笔分行记录，不得将收款凭证和付款凭证合并登记，也不得将收款付款相抵后以差额登记。登记完毕，应当逐项复核，复核无误后在记账凭证上的"账页"一栏内做出"过账"符号"√"，表示已经登记入账。

3）逐笔、序时登记日记账，做到日清月结。为了及时掌握现金收、付和结余情况，现金日记账必须当日账务当日记录，并于当日结出余额；有些现金收、付业务频繁的单位，还应随时结出余额，以掌握收、支计划的执行情况。

4）必须连续登记，不得跳行、隔页，不得随便更换账页和撕去账页。现金日记账采用订本式账簿，其账页不得以任何理由撕去，作废的账页也应留在账簿中。在一个会计年度内，账簿尚未用完时，不得以任何借口更换账簿或重抄账页。记账时必须按页次、行次、位次顺序登记，不得跳行或隔页登记，如不慎发生跳行、隔页时，应在空页或空行中间划线加以注销，或注明"此行空白"、"此页空白"字样，并由记账人员盖章，以示负责。

5）文字和数字必须整洁清晰，准确无误。在登记书写时，不要滥造简化字，不得使用同音异义字，不得写怪字体；摘要文字紧靠左线；数字要写在金额栏内，不得越格错位、参差不齐；文字、数字字体大小适中，紧靠下线书写，上面要留有适当空距，一般应占格宽的 1/2，以备按规定的方法改错。记录金额时，如果没有角分的整数，应分别在角分栏内写上"0"，不得省略不写，或以"—"号代替。阿拉伯数字一般可自左向右适当倾斜，以使账簿记录整齐、清晰。为防止字迹模糊，墨迹未干时不要翻动账页；夏天记账时，可在手臂下垫一块软质布或纸板等书写，以防汗浸。

6）使用钢笔，以蓝、黑色墨水书写，不得使用圆珠笔（银行复写账簿除外）或铅笔书写。但按照红字冲账凭证冲销错误记录及会计制度中规定用红字登记的业务可以用红色墨水记账。

7）每一账页记完后，必须按规定转页。为便于计算了解日记账中连续记录的累计数额，并使前后账页的合计数据相互衔接，在每一账页登记完毕结转下页时，应结出当月发生额合计数及余额，写在本页最后一行和下页第一行的有关栏内，并在摘要栏注明"过次页"和"承前页"字样。也可以在本页最后一行用铅笔字结出发生额合计数和余额，核对无误后，用蓝、黑色笔在下页第一行写出上页的发生额合计数及余额，在摘要栏内写上"承前页"字样，不再在本页最后一行写"过次页"的发生额和余额。

8）现金日记账必须逐日结出余额，每月月末必须按规定结账。现金日记账不得出现贷方余额（或红字余额）。

9）记录发生错误时，必须按规定方法更正。为了提供在法律上有证明效力的核算资料，保证日记账的合法性，账簿记录不得随意涂改，严禁刮、擦、挖、补，或使用化学药物清除字迹。发现差错必须根据差错的具体情况采用画线更正、红字更正、补充登记等方法更正。

（2）现金日记账。现金日记账是由出纳人员根据现金收、付款凭证，按时间的先后顺序逐日逐笔登记的账簿。通过登记现金日记账，可以逐日反映现金收入、付出和结存情况。加强对现金收付的监督和管理。便于与实际库存现金核对，以保证账实相符。

（3）银行存款日记账。银行存款日记账专门用来记录银行存款收支业务的一种特种日记账。银行存款日记账必须采用订本式账簿，其账页格式一般采用"收入"（借方）、"支出"（贷方）和"余额"三栏式。银行存款收入数额应根据有关的现金付款凭证登记。每日业务终了时，应计算、登记当日的银行存款收入合计数、银行存款支出合计数及账面结余额，以便检查监督各项收入和支出款项，避免坐支现金的出现，并便于定期同银行送来的对账单核对。

（4）对账。对账就是对账簿记录的内容进行核对，使账证、账账和账实相符的过程。现金日记账的账证核对，主要是指现金日记账的记录与有关的收、付款凭证进行核对；账账核对，则是指现金日记账与现金总分类账的期末余额进行核对；账实核对，则是指现金日记账的余额与实际库存数额的核对。

（5）结账。结账就是把一定时期（月、季、年）内所发生的经济业务全部登记入账后，结出各种账簿的本期发生额和期末余额的一种方法。

结账可分为月结、季结、年结。

1）月结的方法。月结的方法是在最后一笔经济业务的记录下面画一条通栏红线；在红线下面的一行"摘要"栏内注明"本月合计",在"收入""付出"和"结存"三栏分别计算出本月收入、付出合计数和月末结存数;然后在此行下面再画一条通栏红线,表示本月结账工作结束。

2)季结的方法。季结的方法是在每季最后一个月月结的下一行"摘要"栏内注明"本季度累计";在"收入""付出"和"结存"三栏分别计算出本季三个月的收入、付出合计数和季度末结存数;然后在此行下面再画一条通栏红线,表示本季结账工作结束。

3)年结的方法。年结的方法是在本年最后一季度季结的下一行"摘要"栏内注明"本年累计";在"收入""付出"和"结存"三栏分别计算出本年收入、付出合计数和年末结存数;然后在"本年累计"行下面画两条通栏红线,表示本年结账工作结束。

本技能的培训设置了如表 4-17 所示的三个实训任务。

表 4-17　出纳账簿的设置与核算技能实训任务设计

实训内容
实训任务 1:出纳日记账的设置
实训任务 2:出纳日记账的格式和登记方法
实训任务 3:登记备查簿

6. 货币资金清查及票据管理技能设计具体内容

掌握货币资金清查及票据管理的专业技能。

(1)现金清查。现金清查是为了确保现金的安全,企业除实行钱账分管制度外,出纳员还应在每日和每月终了时根据日记账的合计数结出库存现金余额,并与库存现金实有数核对。必须做到账款相符。主管会计应随机抽查盘点出纳的库存现金,加强监督。清查出现现金多余或短缺时,应及时报告领导,并做出账务处理。不准以长顶短,或任意冲减现金。

现金清查的主要方法是通过实地盘点库存现金的实存数,然后与现金日记账相核对,确定账存与实存是否相等。其步骤如下:

首先,在盘点前,出纳人员应先将现金收、付凭证全部登记入账,并结出余额。

其次,盘点前,出纳人员必须在场,现金由出纳人员经手盘点,清查人员从旁监督。盘点时,除查明账实是否相符外,还要查明有无违反现金管理规定,如有无以"白条"抵冲现金,现金库存是否超过核定的限额,有无坐支现金等。

最后,盘点结束应根据盘点结果编制"库存现金点报告表",并由检查人员和出纳人员签名盖章,作为重要的原始凭证。

(2)银行存款清查。银行存款清查,首先,不一定是企业记账错误,因为企业和银行都有可能发生时间性记账差异，需要企业提供银行存款余额调节表，并进行核实，根据业务实际状况判断调节结果。其次，如今的银行对账单有些没有银行加盖业务章，这是很危险的，已经有很多企业提供虚假对账单的案例了。还有可能企业存在账外小金库，导致二者的差异。最后，遇到这种情况，还有必要核对一下日记账和银行流水中较大的发生额，以保证账面记录真实完整。

本技能的培训设置了如表4-18所示的两个实训任务。

表4-18 货币资金清查及票据管理技能实训任务设计

实训内容
实训任务1：现金盘点与清查实训
实训任务2：银行存款余额调节表实训

七、课程实践技能参与式教学评价标准

第一，平时成绩占30%（主要包括课题考勤、平时软件操作成绩）。
第二，测试成绩占40%。
第三，期末报告成绩占30%。主要包括实验日志和实验报告。

八、课程实践项目设计总结

出纳实务的课程主要是填制各种表格，承担现金收付、银行结算、货币资金的核算、开具增值税发票和现金及各种有价证券的保管等重要任务，还有如何办理货币资金和各种票据的收入，保证自己经手的货币资金和票据的安全与完整，如何填制和审核许多原始凭证以及如何进行账务处理等问题。这就要求出纳员要有全面精通的政策水平、熟练高超的业务技能、严谨细致的工作作风。作为一名合格的出纳员，应具备以下基本要求：

第一，学习、了解和掌握政策法规和公司制度，不断提高个人的政策水平。

第二，出纳工作需要很强的操作技巧。用财务软件、填支票、点钞票等都需要深厚的基本功。作为专职的出纳员，不但要具备处理一般会计事务的财务会计专业基本知识，还要具备较高的处理出纳事务的出纳专业知识水平和较强的数字运算能力。

第三，做好出纳工作首先要热爱出纳工作，要有严谨细致的工作作风和职业道德。

第四，出纳人员要有较强的安全意识，现金、有价证券、票据、各种印鉴，既要有内部的保管分工，各尽其责，并相互牵制，也要有对外的保安措施，维护个人安全和公司的利益不受到损失。

本实践项目是大学理论学习中难以学习的实践技能。若只是学习书面上的知识并没有

真正接触到实训，学生会因为整天对着枯燥无味的账目和数字而心生烦闷、厌倦。本实践项目却能通过仿真实例帮助学生用心去做，越做越有乐趣。理论知识与更多的实践结合在一起，才能使一个本科生具备较强的处理基本实务的能力与比较系统的专业知识。毕竟会计是个重视实务操作的专业，要真正的掌握技能才会对学生日后的工作有帮助。

财务报告分析
参与式教学项目设计与实施

柯 芳

一、课程简介

财务报告分析是以财务报表及相关资料为基础，以分析主体的信息需求为目标，运用特定的分析工具与方法对企业的经营状况进行评判，以帮助财务信息使用者进行科学决策的过程。本课程是财务管理专业的基础课程，学好这门课对后续核心课程与进阶课程的深入学习具有重要意义。在此课程的学习之前，学生需要会计学原理和中级财务会计课程的知识作基础。

二、课程教学目的

财务报告分析课程的教学目的是通过学习，使学生能系统地掌握财务分析的基本程序、重要内容以及财务分析的常用方法与技巧，使学生不仅能看懂财务信息，还能读透财务报表、运用财务数据，通过财务报表分析对企业的方方面面做出评判，挖掘出财务报告隐藏的重要信息，做出准确的决策。最终能够写出一份内容全面、重点突出的财务分析报告。

三、课程重点与难点

财务报告分析课程的重点有如下几点：第一，资产负债表、利润表和现金流量表的编制原理和过程。财务报表是财务报告的重要组成部分，学生熟悉财务报表的生成过程是财务报告分析的基础。第二，偿债能力、盈利能力和营运能力的分析。企业财务能力分析是财务报表分析的重要内容，衡量这些能力的财务指标非常多，需要学生熟练掌握这些财务指标。

财务报告分析课程的难点有如下几点：第一，如何引导学生将理论知识与实务相结合，能够运用所学理论知识分析具体的上市公司财报，对公司的财务能力有一个正确的判断。第二，掌握企业综合财务分析方法，能够从整体上把握一家公司的财务状况和经营成果，并能从中发现问题和分析原因。

四、课程教学方法说明

财务报告分析是一门实践性很强的应用科学，在教学上既要重视理论教学，又要重视学生实践能力的培养。既要增强学生对财务报表的理解，又要提高学生对财务报告的分析能力。本课程在教学方法的设计上既要重视理论教学，又要注重实训的练习。

本课程的教学方法遵循"以就业为导向、以教学为中心、以任务驱动培养学生实践技能为出发点"的设计理念，在平时教学过程中融入参与式教学方法，既提高学生的理论知识水平，又提高学生的实践和应用能力。在此基础上，确定学生所需具备的专业知识、技能和素质要求，构建相应的课程标准，进而提炼、整合和序化教学内容。

五、课程实践技能点分析

1. 课程技能目标

财务报告分析课程技能的目标分为知识目标和职业技能目标。知识目标包括理解进行财务报表分析的主要原则和财务报表分析的各类需求者对信息的不同需求；掌握进行财务报表分析常用的基本思路、基本方法和一般步骤；掌握财务报表分析的主要内容，每种财务报表反映的企业活动内容以及它们之间的关系。

职业技能目标：通过对财务报表分析的学习，提高学生发现问题、分析问题进而解决问题的能力；提高学生透过数字表象看清数字背后真实情况的水平和技能，为企业进行正确的决策提供必要的帮助；提高学生对数字的敏感性，培养学生的综合创新能力。

2. 课程的实践技能点

财务报告分析课程教学由理论课和实践课构成，理论课采用任务驱动模式，由老师以案例的形式先给出任务，引发学生思考，让学生带着任务听课；本课程实践教学环节贯穿在项目教学中。财务报告分析课程实践技能点归纳如表4-19所示。

表 4-19　财务报告分析课程实践技能点

序号	课程技能点	参与式教学方法	教学时间安排
1	财务报表编制技能	小组合作	第 2 周
2	财务指标分析技能	案例分析	第 6 周
3	财务分析报告撰写技能	调查与访问	第 15 周

通过实施此方案，实现学生从被动的传统学习方式向开放式的自主学习模式的转变，积极探索与运用参与式教学、体验式教学和互动式教学。本课程的教学方法说明如表4-20 所示。

表 4-20　财务报告分析课程实践技能训练教学方法说明

序号	教学方法	具体说明
1	小组合作	要求学生自由组合成 6 个人左右的学习小组，选举小组负责人开展课程相关的团队练习训练
2	案例分析	本课程的案例分析是指要求每个学生去收集一家上市公司的财务报告及相关资料，通过详细阅读该公司的财务报告及相关资料，进行财务指标分析和财务综合分析，最后再将自己的分析结果与其他相关机构的分析做比较，找出自己的不足，以此提高学生对财务报告和财务分析的认识，培养学生分析问题和解决问题的能力
3	调查与访问	调查与访问是指带领学生去证券公司的研究机构或者其他相关的财务咨询机构，通过访问他们做财务分析时的工作流程以及撰写财务报告的经验指导，让学生深入到实务中去，深刻体验财务报告的撰写过程

六、课程实践技能参与式教学项目设计具体内容

1. 财务报表编制技能项目设计具体内容

（1）财务报表编制技能参与式教学内容设计。财务报表编制基本都是通过对日常会计核算记录的数据加以归集、整理来实现的。为了提供比较信息，资产负债表的各项目均需填列"年初余额"和"期末余额"两栏数字。其中，"年初余额"栏内各项目的数字可根据上年末资产负债表"期末余额"栏相应项目的数字填列。如果本年度资产负债表规定的各个项目的名称和内容与上年度不相一致，应当对上年年末资产负债表各个项目的名称和数字按照本年度的规定进行调整。"期末余额"栏各项目的填列可以根据明细账户期末余额分析计算填列和根据总账账户期末余额计算填列以及根据总账账户期末余额直接填列。

财务报表编制是一项复杂的工作,如果仅仅通过课堂上的理论讲授,学生的印象不会深刻而且容易遗忘,所以必须要让学生亲自动手去编制一份报表,通过实务训练加深印象,提高对财务报表编制过程的理解和报表各项目的认识。让学生按照 6 个人一组进行分组,以小组的形式合作共同来编制报表,既可以锻炼学生团队合作的能力,也可以让学生有疑问之处可以在小组内及时得到解疑。

在此环节,可以给学生提供一家公司的期末科目余额表,让学生根据这份余额表编制资产负债表和利润表,设置了如表 4-21 所示的实训任务。

表 4-21　财务报告编制技能实训任务表

技能项目名称	实训内容
财务报告编制技能	(1)编制资产负债表 (2)编制利润表 (3)编制现金流量表 (4)编制所有者权益变动表

(2)财务报表编制技能参与式教学评价标准。此模块的参与式教学评价标准是学生能够根据给定资料准确地把资产负债表各项目的期末余额填列出来,并且对表中各个项目的经济含义以及金额能够有更全面的理解和认识。为了防止学生各组之间进行抄袭,可以给不同的小组不同的资料,必须让学生动手动脑亲身体会财务报表的编制过程,只有理解了财务报表是如何得到的才能对报表有个正确的认识,为后面的财务报表分析打下坚实的基础。

2. 财务指标分析技能项目设计具体内容

(1)财务指标分析技能参与式教学内容设计。在理论的讲授中给学生介绍了财务指标的计算公式以及指标的经济含义,指标较多,可以分为三个方面,分别是偿债能力财务指标、营运能力财务指标和盈利能力财务指标。由于财务指标比较多,并且相似指标的计算公式有共同之处,学生仅仅通过课堂上的学习远远不够,必须要有参与式教学才能让学生深刻掌握这些财务指标。此模块中的参与式教学设计是让学生课后去查找自己感兴趣的一家上市公司的财务报告,根据上市公司的财务报表来计算该公司的偿债能力财务指标、营运能力财务指标和盈利能力财务指标,然后对指标的大小进行一个简单的分析,分析时可以参照行业的指标平均值做比较。最后再将自己的分析结果与其他机构或者财经网站上的分析结果进行对比,从中找出差异和不足。上市公司财务报告分析能力技能分解如表 4-22 所示。

表4-22　上市公司财务报告分析能力技能实训任务

序号	技能项目名称	实训内容
1	财务报表项目分析	（1）资产负债表分析任务 （2）利润表分析 （3）现金流量表分析 （4）所有者权益变动表分析
2	企业偿债能力分析	（1）同业比较分析、历史比较分析和预算比较分析进行偿债能力分析 （2）偿债能力与获利能力的关系分析 （3）各种分析指标之间的换算关系分析
3	企业盈利能力分析	（1）影响销售毛利的因素，并能通过因素分析法进行获利能力分析 （2）盈利能力指标的计算分析 （3）站在投资人和潜在投资人的角度，对企业的投资报酬情况有一个明确的认识，并进一步掌握企业的获利情况，进行投资等决策分析 （4）经营杠杆、财务杠杆和综合杠杆的计算能力
4	企业营运能力分析	（1）资产运用效率的各种衡量指标计算能力 （2）资产周转率的各种因素，包括表内表外因素影响力分析 （3）资产周转率趋势分析和同业比较分析 （4）资产周转率分析从总资产到分类资产以及单项资产分析的层层递进的分析
5	财务报表综合分析和综合评价	（1）传统杜邦财务分析体系 （2）改进的杜邦财务分析体系

（2）财务指标分析技能参与式教学评价标准。此模块中的参与式教学评价标准是学生经过分析一家上市公司的财务报表之后能够熟记各个财务指标的计算公式以及口述各个指标所表示的经济含义，能够灵活运用杜邦分析法进行财务报表的综合分析，能够根据指标的计算结果评价公司的偿债能力、营运能力和盈利能力，比如流动比率和速动比率指标数值较低意味着企业的偿债能力可能出现问题。

3.财务分析报告撰写技能项目设计具体内容

（1）财务分析报告撰写技能参与式教学内容设计。此模块的参与式教学是通过事先联系好的证券公司研究部或者是会计师事务所等财务咨询机构，带领学生去实地调查与访问，请工作人员向学生们讲解财务报告撰写的模板和主要内容以及他们撰写财务分析报告的心得和经验，让学生能够接触到实务中的财务报告分析，将理论与实务结合起来。调查与访问结束后，学生根据学习到的知识自己撰写一份财务分析报告，然后老师对每份报告进行批改。

（2）财务分析报告撰写技能参与式教学评价标准。此模块的参与式教学评价标准是通过学习，同学们能够将前述各模块的内容综合起来，将各单方面对企业的认识汇集起来，形成对该企业的全面认识，从而编制财务分析报告。能够理解财务分析报告编写的方法和要求以及掌握财务分析报告编写的应用。

七、课程参与式教学项目设计总结

财务报告分析是一门应用性较强的课程，如果仅仅通过课堂的面对面讲授将很难达到预期的教学效果，所以必须要有既能让学生学习到理论知识，又能将理论知识运用到实际中去的教学方法和教学过程，而参与式教学方法就很好地满足了这些要求。由于教学时间和教学场所的限制，本课程的参与式教学项目总共设计了三项，分别是财务报表编制技能项目、财务指标分析技能项目和财务分析报告撰写技能项目。在这三个项目的执行中将会遇到一些困难，比如，如何联系调查和访问的单位，带领学生出去实地走访如何解决学生人数过多的问题等，这些困难都需要在后续的课程教学中去努力解决。

会计综合模拟实训
参与式教学项目设计与实施

何 颖

一、课程简介

会计综合模拟实训课程是财务管理专业一门专业实践课程，本课程是在学习了基础会计、财务会计、成本管理会计等课程的基础上开设的一门实践应用课程。本课程是以某一企事业单位在一定会计期间发生的经济业务以及与之相关的内外部经济联系、会计核算程序为模拟对象，按照会计准则和会计制度的要求，使用真实的会计凭证、会计账簿、会计报表，进行手工账会计实务的演练。

二、课程教学目的

通过会计综合模拟实训模拟实践的训练，使学生熟练掌握会计操作的全部基本技能——建账、填制和审核原始凭证、记账凭证和登记账簿；从日常会计核算、成本计算到编制会计报告、年终结账、会计档案管理。让每个学生都可以身临其境得到锻炼，成为一个真正的会计人员，为会计主体处理会计事务，培养和提高学生财务管理的实际操作能力、分析判断能力、解决综合问题的能力，为将来的工作奠定良好的基础。

三、课程重点与难点

会计综合模拟实训课程的重点：①建账、填制和审核会计凭证、登记账簿、计算产品成本、结账与对账、编制财务报表以及装订会计凭证等方面的理论知识和业务操作。②综合手工训练，对会计综合模拟训练核心知识点的理解与应用，培养学生理论联系实际的能力。

会计综合模拟实训课程的难点：①把模拟企业一个月发生的经济业务填制到记账凭证，并粘贴原始凭证。②根据记账凭证的信息，填制各类的明细账，并填写期初余额和本期发生额，同时结算期末余额。③运用记账凭证填写科目汇总表，并填制总账。④根据所填制的记账凭证、明细账和总账，编制三大报表：资产负债表、利润表和现金流量表。把过去所学的理论知识变成手动的实践，是为了培养学生的动手能力以及理论联系实际的能力。

四、课程教学方法说明

会计综合模拟实训是一门实践性很强的应用科学，在教学上既要重视理论教学，又要强调对学生实践技能的培养。本课程在教学方法的设计上主要将重心放在以下两个方面：

1. 理论教学

理论教学部分较少，力求理论和实践的有效融合。理论主要放在讲解建账、填制和审核会计凭证、登记账簿、计算产品成本、结账与对账、编制财务报表时，填制的方法和需要注意的一些问题。让学生掌握理论知识。

2. 实践教学

在实践教学部分，主要练习工业企业会计实务实战演练。该部分主要是让学生根据模拟企业的经济业务，动手操作建账、填制和审核会计凭证、登记账簿、计算产品成本、结账与对账、编制财务报表以及装订会计凭证等业务，达到理论与实践相结合的教学目标。

五、课程实践技能点与对应参与式教学项目设计

会计综合模拟实训课程技能总目标：通过手工操作，让每个学生可以得到身临其境的锻炼，使其能成为一名真正的会计人员。
会计综合模拟实训课程技能具体目标主要包括两项：
第一，掌握每一个训练点的理论知识，作为综合实训的训练指导和规范示例。
第二，学生按照训练资料，结合对应的理论知识，分组完成七个技能训练单元。
会计综合模拟实训课程实践技能点与学时分配如表4-23所示。

表4-23　会计综合模拟实训课程实践技能点

序号	课程技能点	技能点具体内容	参与式教学方法	教学时间安排
1	建账	（1）开设三栏式总账、现金日记账、银行存款日记账、三栏式、数量金额式、多栏式明细账，并装订成册 （2）填写各种账簿的名称、扉页、目录等项目 （3）登记总账、日记账、明细账的期初余额	小组合作 手工账模拟	第1~3周

续表

序号	课程技能点	技能点具体内容	参与式教学方法	教学时间安排
2	会计凭证的填制与审核	（1）根据各项经济业务的原始凭证，分别填制记账凭证 （2）对所填制的记账凭证进行审核	小组合作 手工账模拟	第4~6周
3	设置和登记账簿	（1）根据训练二所编制的记账凭证逐日逐笔登记现金日记账和银行存款日记账 （2）根据训练二所编制的记账凭证及其相关原始凭证登记明细分类账 （3）根据训练二所编制的记账凭证编制科目汇总表，并据以登记总账	小组合作 手工账模拟	第7~9周
4	产品成本核算	填写产品的成本计算表，进行成本核算	小组合作 手工账模拟	第10~12周
5	结账和对账	（1）结出有关账户的本月发生额及月末余额 （2）结出有关账户的本年累计发生额及年末余额 （3）认真核对账目。经济业务全部记账后账簿记录与记账凭证要相互核对，做到账证相符；各种账簿之间相互核对，做到账账相符 （4）采用适当的方法更正错账	小组合作 手工账模拟	第13~14周
6	会计报表的编制	（1）根据账户余额，编制余额试算平衡表 （2）根据企业总分类账户及明细分类账户的本月发生额及期末余额编制资产负债表、利润表和现金流量表	小组合作 手工账模拟	第15周
7	装订凭证、账簿和报表	根据训练二、训练三、训练五的资料装订记账凭证；装订账簿；装订会计报表	小组合作 手工账模拟	第16周

通过实施此方案，实现学生从被动的传统学习方式向开放式的自主学习模式的转变，并从个人独立学习向团队合作的模式转变。积极探索与运用参与式教学、体验式教学和互动式教学。本课程的教学方法说明如表4-24所示。

表4-24　会计综合模拟实训课程实践技能训练教学方法说明

序号	教学方法	具体说明
1	团队练习	在第一次授课时，就要求学生自由组合成2个人左右的学习小组，选举小组负责人开展课程相关的团队练习训练
2	角色扮演	按照模拟的企业信息，由学生扮演其中的角色。通过提供的经济业务信息以及学生的角色扮演，让学生更好地了解每一个角色的工作内容、范围和职责

在训练课上，主要使用的仪器设备有以下几种：

第一,在会计手工模拟训练室进行训练。

第二,配备手工账的相关用品,包括凭证、账页、总账、明细账、报表、封底、封面、科目章、点钞机、记账笔、墨水、线绳、算盘、大头针、印泥、会计凭证装订机、直尺、计算器等。

六、课程实践技能参与式教学项目设计具体内容

会计综合模拟实训课程实践技能参与式教学项目设计具体内容如表4-25所示。

表4-25　会计综合模拟实训课程技能参与式教学项目设计具体内容

技能训练单元一:建账
1.训练目标 通过本单元训练,要求学生认识各种凭证、明细账页和总账,并掌握各类账簿开账、建账的要求与方法以及账簿期初余额的登记方法
2.训练内容 (1)总账建账 (2)现金日记账建账和银行存款日记账建账 (3)使用三栏式账页建立应收账款、预付账款、应付账款、预收账款、应交税费明细账 (4)使用数量金额式账页建立原材料、库存商品、发出商品明细账 (5)使用多栏式账页建立制造费用、管理费用、财务费用、销售费用、主营业务收入、主营业务成本、其他业务收入、其他业务成本明细账 (6)生产成本明细账建账 (7)应交增值税明细账建账 同学们把以上七种类型的账页分类装订并加上封面,同时填写下本训练中的企业的相关期初数据
3.训练需要的工具与设备 (1)在会计手工模拟训练室进行训练 (2)训练室需要配备手工账的相关用品,包括会计凭证、各类账簿、记账凭证封面和封底、会计科目章、记账笔、线绳、大头针、印泥、会计凭证装订机、直尺、计算器等
4.训练思考 (1)建账需要注意哪些问题 (2)不同行业的会计在建账时会有什么区别
技能训练单元二:会计凭证的填制和审核
1.训练目标 通过本单元训练,学生熟悉各类记账凭证,并掌握各类记账凭证的填制和审核。注意记账凭证填制的要求和审核要点
2.训练内容 训练任务1:记账凭证的填制 训练任务2:记账凭证的审核

续表

技能训练单元二：会计凭证的填制和审核
3. 训练需要工具与设备 （1）在会计手工模拟训练室进行训练 （2）训练室需要配备手工账的相关用品，包括会计凭证、各类账簿、记账凭证封面和封底、会计科目章、记账笔、线绳、大头针、印泥、会计凭证装订机、直尺、计算器等 4. 训练思考 （1）在审核记账凭证过程中，如果发现记账凭证有错误应该如何处理 （2）如果有误的记账凭证未记账，其处理方法和发现有误的记账凭证已记账的处理方法是否一样
技能训练单元三：设置和登记账簿
1. 训练目标 通过训练，使学生了解企业账簿的种类，掌握账簿的设置、启用、登记和错账更正的方法 2. 训练内容 根据技能训练单元二（会计凭证的填制和审核）所做的业务题 1~23 所填制记账凭证来填制以下相关的账簿，并接着完成业务题第 24~54 题 训练任务 1：账簿的设置 训练任务 2：账簿的启用 训练任务 3：账簿的登记 3. 训练需要的工具与设备 （1）在会计手工模拟训练室进行训练 （2）训练室需要配备手工账的相关用品，包括会计凭证、各类账簿、记账凭证封面和封底、会计科目章、记账笔、线绳、大头针、印泥、会计凭证装订机、直尺、计算器等 4. 训练思考 （1）如果发现账簿登记错误，记账凭证无误，应如何处理 （2）如果发现账簿登记错误，记账凭证有错误，又该如何处理
技能训练单元四：产品成本核算
1. 训练目标 通过训练，使学生了解企业产品成本的核算程序，掌握产品成本核算的方法 2. 训练内容 根据技能训练单元二（会计凭证的填制和审核）和技能训练单元三（设置和登记账簿）所做的业务题第 1~54 题所填制的记账凭证和账簿的相关数据，计算并分配相关的成本，完成成本的核算，完成业务题第 55~75 题，并写出相应的会计分录 3. 训练需要的工具与设备 （1）在会计手工模拟训练室进行训练 （2）训练室需要配备手工账的相关用品，包括会计凭证、各类账簿、记账凭证封面和封底、会计科目章、记账笔、线绳、大头针、印泥、会计凭证装订机、直尺、计算器等 4. 训练思考 （1）成本核算的方法有哪些 （2）制造业企业常用的成本核算方法是哪一种

续表

技能训练单元五：结账和对账
1. 训练目标 通过训练，使学生掌握结账和对账的方法 2. 训练内容 （1）结账 （2）对账 3. 训练需要的工具与设备 （1）在会计手工模拟训练室进行训练 （2）训练室需要配备手工账的相关用品，包括会计凭证、各类账簿、记账凭证封面和封底、会计科目章、记账笔、线绳、大头针、印泥、会计凭证装订机、直尺、计算器等 4. 训练思考 （1）结账的步骤有哪些 （2）对账的方法有几种
技能训练单元六：会计报表的编制
1. 训练目标 通过训练，使学生掌握资产负债表、利润表和现金流量表的编制原理及方法 2. 训练内容 根据技能训练单元二（会计凭证的填制和审核）、技能训练单元三（设置和登记账簿）和技能训练单元四（产品成本核算）的业务题第1~75题所填制的记账凭证和账簿的相关数据以及训练五结账和对账以后，运用账簿中正确的数据编制科目汇总表、资产负债表、利润表和现金流量表 （1）编制科目汇总表 （2）编制资产负债表 （3）编制利润表 （4）编制现金流量表（现金流量表一般在年末编制，训练中为了了解现金流量表的结构，也可尝试编制月度现金流量表） 3. 训练需要的工具与设备 （1）在会计手工模拟训练室进行训练 （2）训练室需要配备手工账的相关用品，包括会计凭证、各类账簿、记账凭证封面和封底、会计科目章、记账笔、线绳、大头针、印泥、会计凭证装订机、直尺、计算器等 4. 训练思考 如何对编制好的报表进行财务分析
技能训练单元七：装订凭证、账簿和报表
1. 训练目标 通过训练，掌握会计凭证和账簿的整理和装订方法 2. 训练内容 根据以上技能训练单元的完成，同学们把训练中企业所填制的凭证、账簿和报表进行整理和装订 （1）会计凭证的整理 （2）会计凭证的装订

续表

技能训练单元七：装订凭证、账簿和报表
3.训练需要的工具与设备 （1）训练方式：软件视频教学 （2）在会计手工模拟训练室进行训练 （3）训练室需要配备手工账的相关用品，包括会计凭证、各类账簿、记账凭证封面和封底、会计科目章、记账笔、线绳、大头针、印泥、会计凭证装订机、直尺、计算器等 4.训练思考 保证会计凭证的安全与完整是全体财会人员的共同职责，在立卷存档之前，会计凭证的保管由财会部门负责。那么财务人员在保管过程中应注意哪些问题

七、课程实践技能参与式教学评价标准和总结

会计综合模拟实训课程实践技能参与式教学评价标准是通过上述七个相互衔接的技能的练习和运用，使学生能够及时、有针对性地巩固理论知识；同时，通过模拟企业的实训资料进行会计实务实战演练，从而熟练掌握会计操作的全部基本技能，并最终达到能够综合应用的目的。在各项技能培养后，让学生们从建账、填制和审核原始凭证、编制记账凭证、登记账簿、成本计算、试算平衡、结账、会计报表编制到会计凭证的装订都亲手操作，让每个学生可以得到身临其境的锻炼，使其能成为一个真正的会计人员。同时，这几项技能的操作结果将作为教学的评价标准。

会计综合模拟实训是一门实践操作性很强的课程，该课程把会计理论知识与实训操作两者有机衔接、紧密配合，显著提高了课程的内容与质量。同时，在实训过程中也发现学生们的一些不足。比如，不够细心，经常看错或抄错数字，导致核算结果出错，在编制分录中不够熟练，今后还得加强学习。在实践中巩固知识，开阔了学生的视野，增进了学生对企业实践运作情况的认识，为学生毕业后走上工作岗位奠定了坚实的基础。

企业内部控制与风险管理参与式教学项目设计与实施

雷金英

一、课程简介

企业内部控制与风险管理以 2008 年以来国家五部委颁布的《企业内部控制基本规范》、《企业内部控制应用指引》、《企业内部控制评价指引》、《企业内部控制审计指引》为规范指导体系，以防范风险和控制舞弊为中心，以控制标准和评价标准为主体，是当前会计审计实务与学术领域的热点学科。企业内部控制与风险管理作为一门根植于企业管理实务的课程，以管理学与会计学理论为基础，与企业市场营销、企业战略、人力管理等课程紧密结合，能有效拓宽会计专业和财务管理专业高级人才的管理视野，提升其专业素养。本课程为会计专业和财务管理专业的进阶课程。

二、课程教学目的

通过本课程的学习，帮助学生了解内部控制与风险管理的发展历史；内部控制的五大要素构架体系；各类经济业务内部控制制度的建立程序和方法等；初步具备企业各种场景下内部控制风险点判断和控制措施的设计能力；能为各类企业建立和实施内部控制制度与风险管理提供理论基础和操作建议。

三、课程重点与难点

企业内部控制与风险管理课程的重点：①了解目前国内外最先进的内部控制理论和实践状况。②形成对内部控制制度从"整体框架"到"业务层次"的分析和评价能力。

企业内部控制与风险管理课程的难点：①如何引导学生系统了解和掌握内部控制与风险管理的理论，具体包括内部控制的产生与演进轨迹、理论框架和方式。②如何引导学生梳理、评估组织运行过程中的主要风险、关键环节和关键控制点，并辨析与每一个关键环节和关键控制点相关的有效控制措施。③如何引导学生诊断企业内部控制缺陷，评价内部控制效果并进行改进。

四、课程教学方法说明

企业内部控制与风险管理课程安排一个学期，课时计划是每周4学时，总学时数为64学时，其中讲授48学时，课堂练习16学时。本课程主要采用专题讲座的形式，以实务案例分析为教学方法，把职业训练的有关思想方法直接或间接地引入课堂教学过程中。在教学方式上注重采用紧跟当前实务的上市企业的实际案例，结合图表、视频等多媒体方式进行深入讲解，剖析案例企业的失败教训与成功经验。课后要求学生自选行业内三家上市公司，研究上市公司公开披露的财务报告和内部控制审计报告，以五要素为分析架构，分析企业内部控制实务应用中的问题，撰写分析报告。

五、课程实践技能点与对应参与式教学项目设计

企业内部控制与风险管理课程技能目标：在理解内部控制的框架体系和理论精髓的基础上，具备企业内部控制制度从"整体框架"到"业务层次"的设计分析和评价能力。具体包括内控框架体系构建能力、内控环境分析能力、风险识别与评估能力、控制活动设计能力、信息与沟通建设能力和内部监督制度分析能力（如表4-26所示）。

表4-26 企业内部控制与风险管理课程实践技能点与对应参与式教学项目设计

序号	课程技能点	参与式教学项目设计	教学时间安排
1	内部控制框架体系构建能力	课堂讨论、内控热点播报、视频互动、团队练习	第4周
2	企业内控环境分析能力	以团队形式，自选某家上市公司，展开内控环境、风险评估、控制活动、信息与沟通和内部监督五要素分析，同时要求在课堂上进行案例分享讨论	第6周
3	企业风险识别与评估能力		第8周
4	企业核心业务的控制活动设计能力		第11周
5	企业信息与沟通建设能力		第13周
6	内部监督制度分析能力		第14周

通过实施此方案，实现学生从被动的传统学习方式向开放式的自主学习模式的转变，积极探索与运用参与式教学、体验式教学和互动式教学模式（如表4-27所示）。

表4-27　企业内部控制与风险管理课程实践技能训练教学方法说明

序号	教学方法	具体说明
1	课堂讨论	在企业内部控制与风险管理知识点的讲授中，需要结合企业案例场景分析内部控制存在的问题，让学生放开思路，大胆表达自己的意见与建议，相互学习
2	内控热点播报	愿意参与学生每节课前五分钟热点内控案例分析
3	视频互动	视频案例是将国内外财务舞弊等企业管理经典案例以视频的形式在课堂上展示，让学生直观地认识企业，更深入地学习内控的精髓
4	小组案例分析	自选一家上市公司。主题为"×××上市公司的内部控制分析（共5项）"要求：①不能全抄网络资料，要有自己的观点。有视频材料可保存，章节结束后会请优秀小组上台展示。②字数不限。③随课程进度收集材料，等知识点完成后即提交电子版材料

六、课程实践技能参与式教学项目设计具体内容

企业内部控制与风险管理课程实践技能参与式教学项目设计具体内容如表4-28所示。

表4-28　企业内部控制与风险管理课程技能参与式教学项目设计具体内容

技能训练单元一：内部控制框架体系构建能力
1. 课堂讨论 案例1：女出纳贪污拆迁款250余万元 【讨论内容】女出纳舞弊的动因、条件 【训练目标】什么是内部控制？内部控制在企业的生存和发展中具有什么样的作用 案例2："鹿"死谁手？ 【讨论内容】三鹿集团企业管理中存在哪些问题 【训练目标】什么是内部控制？内部控制在企业的生存和发展中具有什么样的作用 案例3：河北邯郸农行金库5100万元被盗 【讨论内容】金库被盗的原因是什么 【训练目标】什么是内部控制？内部控制在企业的生存和发展中具有什么样的作用 案例4：小会计玩转2个亿 【讨论内容】小会计玩转2个亿的原因是什么 【训练目标】什么是内部控制？内部控制在企业的生存和发展中具有什么样的作用 2. 视频互动 案例1：蚂蚁金服的内控 【视频内容】内控是什么

续表

技能训练单元一：内部控制框架体系构建能力
【训练目标】什么是内部控制？内部控制在企业的生存和发展中具有什么样的作用
案例 2：安然是怎么死的
【视频内容】安然的舞弊由来及影响
【训练目标】了解 SOX 法案出台的背景，认知上市公司内部制度建设的由来
案例 3：中国股市记忆：银广夏塌了
【视频内容】银广夏的舞弊由来及影响
【训练目标】了解我国上市公司内部制度法规出台的背景，认知上市公司内部制度建设的由来
案例 4：感动中国，2002 刘姝威
【视频内容】刘姝威是如何发现财务舞弊的
【训练目标】了解我国上市公司内部制度法规出台的背景，认知上市公司内部制度建设的由来
案例 5：光大乌龙指事件的反思
【视频内容】光大乌龙指事件的影响
【训练目标】上市公司内部制度建设的基本内容
3. 内控热点展播
4. 团队练习
【练习内容】练习内容有以下几项：
（1）将班级学生自由组合成 5 个人左右的学习小组，形成一个团队
（2）选择某一项目，组建模拟经营公司，该公司由 10 人入股组成
（3）该公司取名称
（4）进行总经理竞聘。每个人都要起草竞聘总经理的讲演稿或发言提纲，并在公司中发表竞聘讲演。最后由公司全体成员投票选举产生总经理
（5）共同商定公司名称，进行人员分工
（6）班级组织一次交流，每个公司推荐两名成员发表竞聘讲演
【训练目标】增强对企业公司治理和组织结构的认知

技能训练单元二：企业内控环境分析能力
1. 课堂讨论
案例 1：董事长与总经理
【讨论内容】董事长与总经理之争的原因
【训练目标】认知公司治理结构不合理的成因
案例 2：有关战略的小故事
【讨论内容】企业战略的制定过程
【训练目标】认知什么是战略？企业战略制定过程应该如何分析
案例 3：格兰仕成本领先战略
【讨论内容】格兰仕成功的秘密
【训练目标】认知什么是成本领先战略？成本领先战略的实施条件
案例 4：情侣苹果
【讨论内容】如何选择目标市场
【训练目标】认知什么是差异化战略，差异化战略的实施条件

续表

技能训练单元二：企业内控环境分析能力
2. 视频互动
案例1：第一财经频道"2012十大公司治理新闻排行榜"榜单揭晓
【视频内容】公司治理的各类问题
【训练目标】什么是公司治理？公司治理的突出问题有哪些
案例2：雷士照明的控股权之争
【视频内容】股权之争的缘由
【训练目标】认知股权之争的公司治理实质
案例3：史玉柱的起与落
【视频内容】史玉柱的经历
【训练目标】认知CFO在公司治理中的地位
案例4：海尔张瑞敏痛砸冰箱
【视频内容】海尔的质量管理
【训练目标】认知海尔集团的发展战略
3. 团队自选上市公司案例分析
【练习内容】练习内容有以下几项：
（1）×××上市公司组织架构分析（公司治理和内部机构）
（2）×××上市公司发展战略分析
（3）×××上市公司人力资源分析
（4）×××上市公司社会责任分析
（5）×××上市公司企业文化分析
【训练目标】具备企业内控环境分析能力
技能训练单元三：企业风险识别与评估能力
1. 课堂讨论
案例1：柯达破产：被时代抛弃了的"黄色巨人"
【讨论内容】柯达破产的原因
【训练目标】认知企业风险的种类，识别关键风险，提出风险应对策略
案例2：中信泰富衍生金融工具损失
【讨论内容】中信泰富风险产生的原因分析
【训练目标】认知企业风险的种类，识别关键风险，提出风险应对策略
2. 视频互动
案例：天津港爆炸案的反思
【视频内容】天津港爆炸案的始末
【训练目标】认知企业风险的种类，识别关键风险，提出风险应对策略
3. 团队自选上市公司案例分析
【练习内容】练习内容有以下几项：
（1）×××上市公司目标设定分析
（2）×××上市公司风险识别分析
（3）×××上市公司风险分析
（4）×××上市公司风险应对分析
【训练目标】具备企业风险评估能力

续表

技能训练单元四：企业核心业务的控制活动设计能力
1. 课堂讨论 案例1：法国兴业银行金融丑闻的教训 【讨论内容】金融丑闻产生的原因 【训练目标】不相容岗位相分离控制手段的运用能力 案例2：水晶灯下的"黑手" 【讨论内容】采购到赝品的原因分析 【训练目标】授权审批控制手段运用能力 案例3：加油站出纳受贿案 【讨论内容】加油站出纳受贿的条件分析 【训练目标】会计控制手段运用能力 案例4：睡虎地秦简上的财产保护控制 【讨论内容】财产保护控制的手段分析 【训练目标】财产保护控制手段运用能力 案例5：华能集团的预算管理机构 【讨论内容】预算管理机构如何设置 【训练目标】预算控制手段运用能力 案例6：刘姝威老师是如何发现蓝田股份问题的 【讨论内容】运营分析的具体方法有哪些 【训练目标】运营分析控制手段运用能力 案例7：山西票号的"身股制" 【讨论内容】绩效考评的具体方法有哪些 【训练目标】绩效考评控制手段运用能力 2. 视频互动 案例：德国"最愚蠢银行" 【视频内容】国家发展银行转账风波 【讨论内容】这是内部控制的悲剧吗？悲剧是内部控制链条太长吗？这家银行的内部控制有反思之处吗 【训练目标】内部控制具体手段应如何综合运用 3. 案例分析 案例1：上市是个美丽的错 【分析内容】融资风险有哪些 【训练目标】资金活动业务的流程、风险点与控制手段运用能力 案例2：某公司制定了《现金、银行账户和财会印鉴管理办法》 【分析内容】营运资金管理控制手段有哪些 【训练目标】资金活动业务的流程、风险点与控制手段运用能力 案例3：某工厂材料采购流程 【分析内容】某工厂材料采购流程具体控制手段的不足与改进分析 【训练目标】采购业务的流程、风险点与控制手段运用能力 案例4：999集团存货内控制度的分析 【分析内容】999集团存货内控制度的具体流程

续表

技能训练单元四：企业核心业务的控制活动设计能力
【训练目标】资产管理业务的流程、风险点与控制手段运用能力
案例5：某工厂存货管理的缺陷分析
【分析内容】某工厂存货内控制度的具体流程
【训练目标】资产管理业务的流程、风险点与控制手段运用能力
案例6：销售飞单你能控制吗
【分析内容】销售飞单产生的原因分析
【训练目标】销售业务的流程、风险点与控制手段运用能力
案例7：某工厂销售业务控制缺陷分析
【分析内容】销售业务管理中控制缺陷具体体现在哪里
【训练目标】销售业务的流程、风险点与控制手段运用能力
案例8：一款手机影响了整个世界，瞧瞧人家iPhone这辈子
【分析内容】研发保密机制的重要性
【训练目标】研究与开发的流程、风险点与控制手段运用能力
案例9：中国铁建沙特巨亏之路
【分析内容】中国铁建沙特巨亏的原因分析
【训练目标】工程项目业务的流程、风险点与控制手段运用能力
案例10：雷士照明的担保之路
【分析内容】雷士照明担保的失控原因
【训练目标】担保业务的流程、风险点与控制手段运用能力
4. 团队自选上市公司案例分析
【练习内容】练习内容有以下几项：
（1）×××上市公司具体业务控制手段分析
（2）×××上市公司控制活动的不足分析
（3）×××上市公司控制活动的改进分析
【训练目标】具备企业核心业务的控制活动设计能力
技能训练单元五：企业信息与沟通建设能力
1. 课堂讨论
案例1：销售部与生产部的争论
【讨论内容】销售部与生产部争论的原因
【训练目标】认知信息与沟通在内控中的作用
案例2：江苏电力：将财务信息化进行到底
【讨论内容】财务信息化具体包括哪些方面
【训练目标】认知信息与沟通在内控中的作用
2. 视频互动
案例：企业信息化与ERP
【视频内容】企业信息化与ERP的关联
【训练目标】认知企业信息化建设的过程与海尔集团的发展战略

续表

技能训练单元五：企业信息与沟通建设能力
3. 团队自选上市公司案例分析 【练习内容】练习内容有以下几项： （1）×××上市公司信息与沟通手段分析 （2）×××上市公司信息与沟通不足的分析 （3）×××上市公司信息与沟通改进的分析 【训练目标】具备企业信息与沟通建设能力
技能训练单元六：内部监督制度分析能力
1. 课堂讨论 案例1：卧龙地产：内部控制监督制度 【讨论内容】内部监督制度包括哪些内容 【训练目标】认知内部监督在内控中的作用 案例2：福建龙净环保股份有限公司内部控制监督制度 【讨论内容】内部监督制度包括哪些内容 【训练目标】认知内部监督在内控中的作用 2. 视频互动 案例：证监会"捉鼠"刮起基金公司内部监控风 【视频内容】内部监督如何建立 【训练目标】内部监督的建立方法 3. 团队自选上市公司案例分析 【练习内容】练习内容有以下几项： （1）×××上市公司内部监督现状分析 （2）×××上市公司内部监督的完善分析 【训练目标】具备内部监督制度分析能力

七、课程实践技能参与式教学组织与评价标准

依据企业内部控制与风险管理课程对学生实践技能培育的目标，结合五大技能培训要求，课程参与式教学组织与评价标准设计如表4-29所示。

表 4-29　课程实践技能参与式评价标准

项目	要求和实施时间	评价标准	
		PPT 展演（40分）	案例分析文案（60分）
学生团队组建	（1）人数：5~6人 （2）性别：男 + 女 教学第1周：陈述课程教学目标、要求、形式，布置团队组建任务	（1）团队形象（10分） 团队台风好，给人印象深刻	（1）准确性（20分） 用语准确，引用数据及案例翔实可靠，理论运用恰当
实践教学内容构成	下列五大能力的自选案例分析报告和团队课堂PPT案例展演，每个模块10分钟 （1）教学第6周：《企业内控环境分析能力》PPT展演 （2）教学第8周：《企业风险识别与评估能力》PPT展演 （3）教学第11周：《企业核心业务的控制活动设计能力》PPT展演 （4）教学第13周：《企业信息与沟通建设能力》PPT展演 （5）教学第14周：《内部监督制度分析能力》PPT展演	（2）PPT制作（10分） PPT简洁、清晰和演讲内容有机结合 （3）演讲内容（20分） 演讲内容结构完整，有明确讲解主线	（2）逻辑性（20分） 引用数据翔实可靠，理论依据论证有力，逻辑严谨 （3）创新性（20分） 思维开阔，观点新颖，富有创意

八、课程参与式实践项目设计总结

会计专业或财务管理专业在学习企业内部控制与风险管理课程时，会明显感觉学习方法与基础会计、中级财务会计、财务管理、成本管理会计等财务类课程的差异性。财务类课程注重理解、演算，似乎总有一个对错的标准答案进行学习成效的评判。而企业内部控制与风险管理课程注重案例分析，注重对管理实务中管理问题的独特思考能力。没有量化的唯一标准评价案例分析的好与坏。案例分析中特别注重对问题的敏感性认知和创新思维能力。希望学生能通过本课程参与式实践技能所设计的各个项目的实训，了解企业管理的特点，把握未来专业方向。

保险学
参与式教学项目设计与实施

杨 丽

一、课程简介

保险学是金融专业、保险专业的一门重要的必修专业基础课。保险学研究的对象是对自然灾害、意外事故造成的财产损失和人身伤亡,运用保险方式,组织分摊补偿而形成的特定的经济关系。涉及多学科领域,如经济学、金融、法律、数学、统计学、灾害学等多领域的知识。从学科发展趋势看,保险学课程的学习为学生日后对金融与保险的进一步研究提供了一个跨学科获取交叉知识、增强综合能力的基础平台。

二、课程教学目的

保险学课程着重介绍保险学的基础知识、基本理论和基本技能。通过本课程的学习,可使学生掌握保险学的基本原理,深化对保险及保险学的理解。了解保险学的研究对象及特点,明确风险、风险管理及保险的关系,深刻认识保险在社会经济中的职能和作用;了解保险的起源与发展、保险的类别、各项保险业务,掌握保险运行的基本环节和基本规律;掌握保险合同的相关重要问题及保险的各项重要原则,了解保险基金,认识、把握保险市场,分析思考保险的相关理论及实际问题,理解制定保险法律法规及方针政策的客观依据,分析保险业发展的方向及策略,并为学习其他金融、保险专业课奠定理论基础。

三、课程重点与难点

保险学课程的重点是风险分类、风险管理的程序、风险与保险的关系;可保风险的理解;保险职能作用;保险合同的特征、种类和形式;保险合同的构成要素;保险合同的订立、生效及变更;保险的基本原则;不同类型保险合同的特征。

保险学课程的难点是保险的主体及客体；保险合同的订立、生效及变更；保险的基本原则。

四、课程教学方法说明

在教学内容方面，不断充实、拓展保险学教学内容。力求实现保险理论与保险实践、保险国际惯例与中国实际、保险创新与保险基础理论、基本知识、基本技能的高度结合。

在教学方法和教学手段方面，以科学的教育思想为指导，围绕各个环节展开教学。努力改变"填鸭式"的以教师讲授为中心的教学模式，利用案例教学和多媒体技术等手段，积极采用"启发式"教学模式，努力构建一个以学生为中心，以培养学生扎实的理论基础及独立分析能力为目标的教学环境，以利于培养符合社会需要的保险专业人才。通过改革，形成较为系统、规范的教学模式，如课堂教学、课堂讨论、案例分析、外聘专家授课、课外作业、辅导答疑、考试、实习等。整个教学过程分为三个教学环节：课堂讲授、讨论及考试；课后作业、辅导；实训课和实习。

在对外交流和实践课改革方面，进一步利用校外教学资源，通过召开或参加学术研讨会、互派访问学者等方式，加强与国内外保险类专业的联系；通过市场调查、实习等方式，加强与实际部门和管理部门的联系。同时，进一步探索实践课的改革，强化实训课的效果，按照"授课—模拟—调查"的实践性教学的设计思想来组织教学实践环节。

保险学课程提倡"启发式"教学，避免教师课堂上单纯灌输理论与课下学生死记硬背的现象。在教学过程中，主讲教师对于关键概念、分析问题的主要方法以及核心理论等均设计分层次的、逐步深入的问题，积极启发学生主动思考，在打好基础知识的同时，培养学生独立分析问题和解决问题的能力。同时鼓励学生发表自己不同的意见和看法，特别是对于有争议的问题，教师只详细地述说相关的理论解释，并给出有针对性的点评，不搞一言堂式的结论。除此之外，本课程充分利用多媒体设施进行教学，提高师生之间的互动性。同时，鼓励学生积极参与保险领域的实践活动，这样既能加深学生对课堂所学知识的理解，也能启发学生利用知识来分析和解决实际问题。

五、课程实践技能点与对应参与式教学项目设计

保险学课程技能总目标：通过本课程的学习，使学生掌握保险的基本原理，具备从事保险业务工作所必需的基本知识和基本技能；帮助学生提高分析问题和解决问题的能力，能进行个人和家庭的风险保障规划，建立科学的个人投资理财观念。

保险学课程技能具体目标主要包括以下几点：

第一，培养学生了解保险的基本原理，熟悉保险实务运作过程。
第二，能运用保险的基本原则分析和解决保险实务中碰到的问题。
第三，能重点掌握保险合同的内容及保险合同的建立、变更与消灭。
第四，能从事保险的经营管理工作。

保险学课程实践技能点与对应参与式教学项目设计如表4-30所示。

表4-30 保险学课程实践技能点与对应参与式教学项目设计

序号	课程技能点	参与式教学项目设计	教学时间安排
1	风险的辨识能力	课堂讨论、团队练习、案例分析	第1周
2	风险管理程序和方法的设计技能	案例分析、课堂讨论	第2周
3	辨识可保风险的技能	课堂讨论、案例分析	第3周
4	保险职能作用的认知能力	课堂讨论、案例分析	第4周
5	保险合同的设计、管理技能	市场调查与访问	第5~6周
6	合格保险合同主体和客体的认知能力	案例分析、课堂讨论	第7~8周
7	利用保险的基本原则，进行保险核赔的能力	案例分析、课堂讨论、论文写作	第9~10周
8	根据人身保险产品特点、类型，进行人身保险合同设计能力	个人作业、案例分析、课堂讨论	第11周
9	设计年金保险的能力	案例分析、课堂讨论	第12周
10	健康保险经营风险的评估能力	案例分析、课堂讨论、市场调查与访问	第13周
11	根据财产保险的赔偿原则，进行核赔的能力	案例分析、课堂讨论、市场调查与访问	第14周

通过实施此方案，实现学生从被动的传统学习方式向开放式的自主学习模式的转变，积极探索与运用参与式教学、体验式教学和互动式教学。本课程的教学方法说明如表4-31所示。

表4-31 保险学课程实践技能训练教学方法说明

序号	教学方法	具体说明
1	课堂讨论	在保险学知识点的讲授中，每章重要的知识点都设有案例辅助解释说明，在课堂教学中可以采用形式多样化的教学方式展开讨论（如个人分析、小组分析等方法），由学生应用所学知识，放开思路，大胆表达自己的意见与建议，相互学习
2	团队练习	在第一次授课时，就要求学生自由组合成10个人左右的学习小组，选举小组负责人开展课程相关的团队练习训练
3	案例分析	案例分析是保险学教学理论联系实际的重要形式。将学生分为若干组（每组人数视班级大小而定），先分组讨论分析，然后每组选派1名代表，将本组推荐的解决问题的方案在全班进行交流，其他组的同学可以提出质疑。各小组汇报结束后，教师进行简短小结。教师的指导重点放在引导学生寻找正确的分析思路和对关键点的多视角观察上，而不是用自己的观点影响学生。教师对案例分析的总结，也不要对结果或争论下结论，而是对学生们的分析进行归纳、拓展和升华

续表

序号	教学方法	具体说明
4	调查与访问	根据教学与训练需要，组织学生进行社会调查，深入保险企业，访问一线保险工作者，了解保险业发展情况，熟悉保险市场和保险产品，再由学生写出调研报告
5	视频教学	视频教学包括视频案例与视频讲座。视频案例是将国内外保险经营管理中的典型案例，通过剪辑和艺术处理制成音像片。视频讲座是业界知名人士的著名演讲，有利于开阔学生视野
6	学生讲坛	要求学生上网检索和整理热点保险事件的相关信息，结合保险学所学相关知识加以分析，并要求在课堂中，能派代表在讲台前展示并引导同学深入讨论。使用该方法的目的在于能结合热点问题，增强学生认识，提高学生运用所学知识分析与解决实际问题的能力
7	论文写作	专题小论文
8	校外实习	参观企业与岗位实习

六、课程实践技能参与式教学项目设计具体内容

保险学课程实践技能参与式教学项目设计具体内容如表 4-32 所示。

表 4-32　保险学课程技能参与式教学项目设计具体内容

技能训练单元一：风险的辨识能力
1. 课堂讨论 （1）风险的定义 【讨论内容】什么是风险？只有不好的东西才是风险吗 【训练目标】正确理解风险的定义，突破日常习惯性的认识误区，认识到风险是指未来结果的不确定性，而保险针对的是未来亏损的不确定性风险 （2）风险类型 【讨论内容】经济生活中有哪些风险存在 【训练目标】引导学生认识到风险有很多类型，按照不同标准，可以划分为多种形式 2. 案例分析 风险的组成要素 【分析内容】一支烟蒂毁一座城 【训练目标】通过案例分析，引导学生理解风险因素、风险事故和风险损失之间的关系
技能训练单元二：风险管理程序和方法的设计技能
1. 课堂讨论 （1）风险管理的程序 【讨论内容】试分析你所在学校可能面临的各种风险，学校如何应对风险，实现有效的风险管理 【训练目标】正确理解风险的定义，突破日常习惯性的认识误区，认识到风险是指未来结果的不确定性

续表

技能训练单元二：风险管理程序和方法的设计技能
（2）风险管理的方法 【讨论内容】如何管理风险 【训练目标】引导学生认识到风险管理有很多方法，每种方法都有适用的条件和情形 2. 案例分析 风险管理的方法 【分析内容】某企业的风险类别以及各类风险如何管理 【训练目标】引导学生进行风险识别，掌握不同种类风险的科学管理方法
技能训练单元三：辨识可保风险的技能
1. 课堂讨论 （1）可保风险 【讨论内容】"9·11"事件对全球的保险公司和再保险公司影响巨大，试分析保险公司哪些风险是可保的 【训练目标】引导学生理解可保风险的条件 （2）逆选择及道德风险的应对 【讨论内容】逆选择和道德风险是保险公司在承保时考虑的重要因素，试讨论保险公司有效降低逆选择和道德风险的方法 【训练目标】启发学生思考降低逆选择和道德风险的方法 2. 案例分析 C人寿保险公司承保风险分析 【分析内容】从风险选择角度，根据风险管理、客户价值理论以及信息不对称理论原理，结合C人寿公司实际情况，探索提出适合公司特点的、可行的承保风险管理建议 【训练目标】理解可保风险的特征要素
技能训练单元四：保险职能作用的认知能力
1. 课堂讨论 保险的作用 【讨论内容】保险与自保、储蓄、救济、保证、赌博有什么本质区别 【训练目标】引导学生理解保险的职能作用 2. 案例分析 保险的职能作用 【分析内容】2008年汶川大地震，各保险公司快速响应，应赔尽赔，使灾区人民快速恢复正常的生产、生活秩序 【训练目标】理解保险的职能作用
技能训练单元五：保险合同的设计、管理技能
1. 课堂讨论 保险合同的特征 【讨论内容】保险合同和一般合同相比有什么共性和特性？保险合同为什么有射幸性和个人性特征 【训练目标】理解保险合同的特征

续表

技能训练单元五：保险合同的设计、管理技能
2. 调查与访问 保险合同的种类和形式 【调查访问内容】选择2~3家保险公司，调查访问现实中保险合同有哪些种类？具体又有哪些合同形式 【训练目标】了解保险合同的种类和形式
技能训练单元六：合格保险合同主体和客体的认知能力
1. 案例分析 （1）保险合同的主体（人身保险） 【分析内容】外公为外孙购买人身意外险，以自己为受益人，合同生效吗？保险事故发生后，保险公司是否需要理赔 【训练目标】使学生理解可保利益原则，人身保险中投保人与被保险人之间必须具有可保利益 （2）保险合同的主体（财产保险） 【分析内容】所有权转移，原保险合同的投保人是否还能得到保险公司的赔偿 【训练目标】使学生理解财产保险中，投保人必须在保险事故发生时对保险标的具有保险利益 （3）保险合同的主体（受益人） 【分析内容】受益人与被保险人同时死亡，保险金如何给付 【训练目标】理解保护投保人或被保险人原则，在受益人和被保险人在同一事故中死亡，无法证明死亡先后顺序的，推定受益人先于被保险人死亡，保险金作为被保险人的遗产，由被保险人的法定继承人继承 2. 课堂讨论 保单受益人法定和指定的区别 【讨论内容】继承人和保单受益人有区别吗 【训练目标】让学生明白保单受益人应该明确指定，否则会影响到保险金的给付对象和给付数额
技能训练单元七：利用保险的基本原则，进行保险核赔的能力
1. 案例分析 （1）保险利益原则 【分析内容】外公对外孙具有保险利益吗？是否可以为外孙购买人身保险？所有权变更后，原所有人还可以向保险公司申请赔偿吗 【训练目标】通过人身保险和财产保险的两个案例，使学生明白保险利益原则 （2）最大诚信原则 【分析内容】分析以下两点内容： 1）龚某身患胃癌，住院手术，家属和医生出于善意隐瞒了病情，患者出院后不久购买了简易人身保险，一年后旧病复发去世，保险公司需要向受益人赔偿吗 2）年龄误告造拒赔，合理吗 【训练目标】使学生理解最大诚信原则，明白告知、保证、弃权与禁止反言的含义 （3）近因原则 【分析内容】成某购买了团体人身意外伤害保险，后来不幸从楼上摔下致使右手上臂肌肉破裂。后由于伤口感染，导致右肩关节结核扩散至颅内及肾，送医院治疗两个月无效死亡。事后保险人经过调查发现，被保险人成某有结核病史，且动过手术，体内存留有结核杆菌。保险公司拒赔合理吗

续表

技能训练单元七：利用保险的基本原则，进行保险核赔的能力
【训练目标】使学生理解若引起保险事故发生，造成保险标的损失的近因属于保险责任，则保险人承担损失赔偿责任；若近因属于除外责任，则保险人不负赔偿责任。即只有当承保风险是损失发生的近因时，保险人才负赔偿责任 （4）损失赔偿原则 【分析内容】分析以下两点内容： 1）某工厂为自己价值 100 万元的厂房同时向三家保险公司投保一年期的火灾保险，在保险期间厂房失火，三家保险公司都需要理赔吗？各自理赔多少 2）学校为学生集体投保平安保险附加意外伤害医疗保险，学生郑某被同学投来的石子伤了眼睛，后来医生治疗摘除了眼球，保险公司理赔过后，郑某还可以向事故责任方索赔吗 【训练目标】通过案例分析，使学生理解重复保险的损失分摊原则以及代位原则 2. 课堂讨论 保险不可抗条款 【讨论内容】两年期不可抗条款，在实践中的使用面临很大争议，谈谈自己的认识 【训练目标】理解两年不可抗条款的立法本意以及在实践中具体的使用

技能训练单元八：根据人身保险产品特点、类型，进行人身保险合同设计能力
1. 课堂讨论 （1）人身保险的特点 【讨论内容】人身保险事故有什么特点？相应地，人身保险产品有什么特点 【训练目标】理解人身保险的事故特点及相应的产品特点 （2）人身保险公司的投资资金量大，但灵活性不足 【讨论内容】与财产保险相比，人身保险公司可用于投资的资金多，但投资的灵活性不足，为什么 【训练目标】理解人身保险的特征 2. 案例分析 （1）意外伤害保险 【分析内容】给定的下列事故哪些属于意外伤害的承保范围 【训练目标】理解意外伤害保险的界定 （2）各种类型人身保险产品 【分析内容】考虑不同人群可能需要哪些类型的人身保险，例如，父母、刚出生的婴儿、身体虚弱者等 【训练目标】熟悉各种类型的人身保险产品

技能训练单元九：设计年金保险的能力
1. 课堂讨论 （1）年金保险的特征 【讨论内容】为什么同龄女性和男性相比，前者的年金保费率通常要高于后者？同龄女性和男性相比，定期寿险保费率哪个更高 【训练目标】使学生明白年金费率与寿险费率不一样，前者随着死亡率的提高而逐渐降低 （2）年金保险的类型

续表

技能训练单元九：设计年金保险的能力
【讨论内容】 变额缴费年金、延期年金、联合生存年金以及变额给付年金各自有哪些特点？它们分别适用于哪些投保者 **【训练目标】** 使学生理解年金保险不同的类型及其特点 2. 案例分析 年金保险类型及其特点 **【分析内容】** 周先生预计10年后退休，退休后没有其他经济来源，现想购买一份年金保险。哪种产品比较适合他 **【训练目标】** 年金产品的类型及其特征
技能训练单元十：健康保险经营风险的评估能力
1. 课堂讨论 （1）健康保险的特征 **【讨论内容】** 为什么健康保险通常使用短期合同，且费率厘定主要使用非寿险精算技术？通常健康保险面临的道德风险和逆选择都比寿险严重，为什么？健康保险的合同设计可以从哪些方面防止这些情况的频繁发生 **【训练目标】** 使学生理解健康保险的主要特征以及经营风险 （2）健康保险的经营风险 **【讨论内容】** 有人认为健康保险的存在会导致医疗费用的上升和不必要的医疗资源浪费。你是如何看待这个问题的 **【训练目标】** 通过讨论，引导学生理解健康保险的作用及经营风险 2. 案例分析 健康保险风险控制方法 **【分析内容】** 不同国家健康保险经营风险控制方法的对比分析 **【训练目标】** 通过案例对比分析，使学生理解理论和实践中采用的各种健康保险风险控制方法 3. 调查与访问 健康保险风险控制 **【调查访问内容】** 在医疗服务中及相关保险机构，采用什么措施和制度来避免健康保险的经营风险 **【训练目标】** 理解健康保险经营风险的不同控制方法
技能训练单元十一：根据财产保险的赔偿原则，进行核赔的能力
1. 课堂讨论 （1）财产保险赔偿原则 **【讨论内容】** 财产保险的免赔额设置有哪几种方式？免赔主要有什么作用 **【训练目标】** 使学生理解财产保险的赔偿原则 （2）财产保险的分摊原则 **【讨论内容】** 周先生以同一辆车为保险标的，与三家保险公司分别签订财产保险合同。在不同分摊原则下，三家各自赔多少 **【训练目标】** 使学生掌握三种不同的分摊原则 2. 案例分析 财产保险的基本原则 **【分析内容】** 房屋升值或贬值，汽车随着折旧发生，当发生全损或部分损失时，足额与不足额投保应如何理赔 **【训练目标】** 使学生理解财产保险的基本原则

七、课程实践技能参与式教学评价标准

保险学考核总成绩 = 考勤 + 平时成绩 + 期末考试成绩。其中，考勤占 10%；平时成绩占 20%，主要考察课堂讨论、案例分析及社会调查的完成情况；期末考试成绩占 70%，主要考核本门课程的基本原理。

八、课程实践技能参与式教学设计总结

保险学课程要求学生不但要掌握基础理论知识，还需要具有通晓保险专业操作性学问及与其相关的运用工具和规则体系的应用能力。保险实践教学是培养学生保险应用能力和实际操作的重要环节，其总体目标有以下几点：①通过现代化教学手段，使学生对保险基本规律有更全面的理解和更深刻的认识，对保险公司的组织结构、保险业务管理、保险资金的运用等基本范畴、内在关系及其运动规律有较系统的掌握。②通过上机操作、专题讨论、实地考察等多种教学方式，使学生了解国内外保险市场的现状，掌握观察和分析保险问题的正确方法，培养辨析和解决保险实际问题的能力。③提高学生在社会科学方面的综合素养，使学生掌握保险实务的基本原则、基本技能，以适应我国保险业对人才知识、能力、素质的要求。基于这样的目标设计了上述实践技能参与式教学模式，顺应应用型本科教学改革的趋势，在未来的教学中逐步调整完善实践教学设计是提高本课程教学质量的重要保证。